U0669936

全国妇联家庭和儿童工作部　中国儿童中心◎编

全国家庭亲子阅读活动创新案例集

SJ 北京时代华文书局

敦煌文艺出版社

图书在版编目（CIP）数据

全国家庭亲子阅读活动创新案例集 / 全国妇联家庭和儿童

工作部, 中国儿童中心编. -- 兰州 : 敦煌文艺出版社, 2022.11

ISBN 978-7-5468-2265-5

Ⅰ.①全… Ⅱ.①全…②中… Ⅲ.①阅读辅导-亲子教育-

教案(教育) Ⅳ.①G252.17②G781

中国版本图书馆CIP数据核字（2022）第220544号

全国家庭亲子阅读活动创新案例集

全国妇联家庭和儿童工作部　　中国儿童中心　编

项目负责：马吉庆

责任编辑：马吉庆
装帧设计：　Amber Design

敦煌文艺出版社出版、发行
地址：（730030）兰州市城关区读者大道568号
邮箱：dunhuangwenyi1958@163.com
（0931）213 1906（编辑部）
0931-8773112　0931-2131387（发行部）

三河市祥宏印务有限公司
开本　710毫米×1000毫米　1/16　印张　22　字数　220千
2022年11月第1版　2022年12月第1次印刷
印数　1～10000册

ISBN 978-7-5468-2265-5
定价：88.00元

前　言

为深入贯彻习近平总书记关于注重家庭、注重家教、注重家风的重要论述，落实党中央国务院关于开展全民阅读的重要部署，全国妇联自2016年起，在亿万家庭中开展了"书香飘万家"全国家庭亲子阅读活动。活动通过举办主题示范活动、推荐优秀阅读书目、命名阅读体验基地、开发系列指导课程、开展线上线下指导、进行阅读展示推广等，传递科学家庭教育理念，引领家庭文明风尚，在形成家庭书香氛围、培养儿童阅读习惯、培育良好家风、促进社会主义核心价值观在家庭落地生根等方面发挥了积极作用。

党的二十大将加强家庭家教家风建设、深化全民阅读活动作为提高全社会文明程度，建设社会主义文化强国的战略举措进行了部署。开展好家庭亲子阅读活动，是各级妇联组织贯彻落实党的二十大和习近平总书记重要指示和批示精神，以家庭工作为切入点，以亲子阅读为载体，推进书香家庭建设，助力全民阅读广泛深入开展的重要举措。

几年来，各地妇联在亲子阅读活动中积极作为、主动探索，创新推出了很多有效模式，并总结了诸多的实践经验。为了更好地总结推广这些经验模式，鼓励探索优化开展家庭亲子阅读的方式方法，推进家庭亲子阅读活动系统化、高质量发展，全国妇联家庭和儿童工作部组织开展了"全国家庭亲子阅读活动创新案例"征集活动，得到了各级妇联和全国家庭亲子阅读体验基地的积极响应和大力支持。全国家庭亲子阅读活动办公室对各地上报的创新案例进行了初评，并组织北京师范大学文学院陈晖教授、中国青年政治学院青少年工作系何玲教授、中国科学院心理研究所李甦研究员、儿童阅读专家李一慢、中国少年儿童新闻出版总社党委常委刘勇敏、中国新闻出版研究院国民阅读与促进中心徐升国主任等专家进行评审，精选 100 个创新案例，形成《全国家庭亲子阅读活动创新案例集》，供各地学习借鉴。

全国妇联家庭和儿童工作部

中国儿童中心

2022 年 12 月

目 录
CONTENTS

◎书香·家·春秋

北京市甲骨文·悦读空间 /001

◎"阅读悦成长"亲子读书会

北京市门头沟区龙山家园公益童书馆 /004

◎"垃圾分类'家'行动",变废为宝看我的!

北京市外研书店东升科技园店 /007

◎童书育儿智慧读书会

　　——孵化书香宝宝

北京市顺义区胜利街道建新南区第一社区居民委员会 /010

◎史河拾瑰宝,悦读连心桥

　　——传统文化亲子手工系列活动

河北省唐山市图书馆 /014

◎阅读滋养心灵,科技助力成长

　　——线上青少年亲子科技活动

河北省唐山市图书馆 /017

◎亲子共读,交流分享,快乐成长

　　——和孩子一起享受生活的新方式

山西省晋中市太谷区直机关第一幼儿园 /020

◎"晋小图"中华传统文化系列活动之"二月二"特别活动

　　——舞龙戏珠中国年,春回大地中国心

山西省晋中市图书馆 /023

◎ "棉花糖姐姐讲故事"活动

内蒙古自治区鄂尔多斯市东胜区图书馆 /026

◎ "娅日桂"阅读活动

内蒙古自治区呼伦贝尔市图书馆 /029

◎ 共享亲子阅读，传承优良家风

　　——第四届家庭教育日记之亲子阅读日记

辽宁省沈阳市沈河区家庭教育学校亲子活动体验基地 /032

◎ 星空下的图书馆奇妙夜

辽宁省鞍山市图书馆 /035

◎ "环球小孩儿"系列主题活动

吉林省妇女儿童活动中心亲子阅读空间 /039

◎ "捐一缕书香，献一片深情"关爱自闭症儿童亲子阅读活动

吉林省新华书店集团外文书店 /042

◎ "小树苗"亲子阅读系列活动

吉林省长春市图书馆 /045

◎ "亲子同读品书香，饱读经典气自华"主题亲子阅读活动

吉林省吉林市船营区第二十五小学校家庭亲子阅读体验基地 /048

◎ "书香润德·阅读在身边"亲子阅读大赛

吉林省妇女联合会 /051

◎ "小小朗读者"系列家庭亲子阅读活动

黑龙江省宁安市图书馆 /054

◎ 爱阅读，长智慧，涵养家国情怀

　　——"亲子阅读分享会"系列活动案例

黑龙江省大庆市妇女儿童活动发展中心 /057

◎童话绘本添童趣，亲子阅读助成长

——"爱悦享"童话节创新案例

黑龙江省黑河市幼儿园 /060

◎雪孩子阅读成长计划

黑龙江省哈尔滨市图书馆 /063

◎"齐图图乐儿坊"亲子阅读基地

黑龙江省齐齐哈尔市妇联家庭和儿童工作部 /066

◎"爱·陪伴"亲子阅读生态系统

上海市杨浦区妇女儿童活动中心 /069

◎"梦享成长"亲子阅读系列活动

江苏省妇女儿童活动中心 /074

◎"溢彩飞扬，悦动童年"亲子阅读嘉年华

江苏省扬州市少儿图书馆 /077

◎云阅读·云指导·云服务

——疫情背景下亲子阅读创新项目

江苏省常州市妇联、常州市幸福种子亲子阅读中心 /081

◎"爱阅·家"家庭阅读推广活动

江苏省苏州市苏州工业园区图书馆 /084

◎"莫愁进百校"亲子阅读系列活动

江苏省《莫愁》杂志社 /088

◎创亲子共读新生态，育儿童阅读好习惯

江苏省溧阳市东升实验幼儿园 /091

◎"有福'童'享"——智慧树苗培育计划

江苏省镇江市童乐乐青少年公益服务中心 /095

◎ "小小领读者" 系列活动

江苏省南通市崇川区新城桥街道欣欣然亲子俱乐部 /100

◎ "故事时间" 阅读活动

江苏省盐城市图书馆 /104

◎ 故事时间　连接你我

　　——零岁起步的亲子阅读指导服务

浙江省嘉兴市图书馆 /108

◎ 亲子共读经典　践行传统文化

浙江省杭州市西湖区图书馆 /112

◎ 以 "读" 攻毒，助力战 "疫"

　　——非常时期的家庭亲子阅读活动

浙江省宁波市海曙区纸飞机儿童阅读推广中心 /115

◎ "Parent-child" 俱乐部家庭阅读系列活动案例

浙江省宁波市图书馆永丰馆 /118

◎ 打造少儿阅读品牌　建好书香海曙之根基

浙江省宁波市海曙区图书馆 "小海狸" 亲子阅读点 /121

◎ "柚一家·阅声书房"

　　——打造全民阅读家庭工作特色平台

浙江省台州市玉环市妇女联合会 /124

◎ "德清嫂" 亲子阅读活动

浙江省德清县妇女儿童活动中心 /128

◎ 亲子阅读，家庭生活新常态

　　——爱心树父母学堂 "阅动鹿城" 创新项目

浙江省温州市鹿城区妇女联合会、鹿城区家庭教育学会、爱心树父母学堂 /131

◎读山阅水·亲心阅美

　　——"大阅读"活动方案

浙江省温州市瑞安市罗山幼儿园 /135

◎家庭教育智慧课堂——共享亲子阅读美好时光

浙江省锦麟公益基金会 /139

◎馆员妈妈讲故事

安徽省图书馆少儿部 /143

◎疫情期间的"亲子阅读推广"创新案例

安徽省 ZA 儿童绘本馆 /146

◎"书香润心灵　阅读促成长"亲子阅读"四能"主题活动

安徽省宿州市图书馆 /149

◎朗读者系列活动

安徽省映月书苑（映月书苑阅读空间）/152

◎三明智慧父母读书会

福建省三明市图书馆 /155

◎书香润德，阅伴万家

福建省泉州市台商投资区第一民族幼儿园 /158

◎书香暖童心　伴读共成长

福建省泉州市洛江区机关幼儿园 /162

◎小手牵大手，悦读齐步走

　　——亲子阅读系列活动

福建省南安市第三幼儿园 /165

◎"阅读吧，少年"

　　——宝盖镇亲子阅读活动

福建省石狮市宝盖镇妇女联合会 /169

◎ "书香小芽儿"系列亲子线上阅读分享活动

福建省泉州市妇女联合会 /173

◎相 "绘" 社区里·识 "爱" 家庭中

　　——社区故事家庭培育活动

福建省厦门市思明区滨海街道上李社区居委会、福建省厦门市思明区启福社会工

作服务中心 /176

◎阅读让家庭更美好

　　——"芦笛声声"亲子阅读会案例

江西省萍乡市芦溪县妇女联合会 /180

◎ "云" 端之上，将阅读进行到底

江西省萍乡市经济开发区光丰小学 /183

◎ "共·互" 家庭亲子阅读活动案例

　　——科技带来的阅读新体验

江西省赣州市全南县第四小学 /185

◎和你一起读，美文推 "诵" 活动

江西省赣州市赣县区城关小学 /188

◎ "保护生态环境　共建文明南昌"

　　——走进海洋馆亲子阅读研学活动

江西省南昌市妇女儿童活动中心 /191

◎亲子悦读　畅游书海

山东省肥城市老城街道中心小学 /194

◎亲子阅读促进家、校、社共育

　　——"亲子阅读品鉴交流会"创新案例

山东省威海市妇女儿童活动中心 /197

◎引领儿童阅读进家庭

  ——威海市图书馆"阅宝起航计划"

山东省威海市图书馆 /201

◎"周末亲子阅读一小时"公益服务项目

山东省枣庄市薛城区志扬社会工作服务中心 /205

◎"书香飘万家，家庭共成长"

  ——21 天亲子阅读打卡活动

山东省临沂市费县妇女联合会 /208

◎书城故事会展新颜，经典故事"演"出来

山东省青岛书城文化发展有限责任公司 /211

◎"小蜜蜂"亲子阅读活动

河南省三门峡市图书馆 /214

◎"书香飘万家，相伴同悦读"

  ——亲子绘本故事大赛

河南省妇女儿童活动中心 /218

◎"经典润泽人生，书香溢满家园"亲子阅读活动

河南省濮阳市开德书院 /221

◎庆六一"江海相连 云享书香"

  ——宜昌、青岛两地儿童阅读直播连线活动

山东省青岛市妇女联合会 / 湖北省宜昌市妇女儿童活动中心 /224

◎陪伴成长 亲子阅读打卡日记

  ——线上和线下融合 引领亲子阅读风尚

湖北省黄石市下陆区初心同行阅读推广中心 /227

◎利用数字资源 协同合作 深耕亲子阅读

  ——青青故事会案例

湖南省湘潭市少年儿童图书馆 /231

◎书香助力战"疫"，阅读通达未来

    ——以艺抗疫　携手共读

湖南省益阳市图书馆 /235

◎"游读"：让阅读的效果在游历中升华

湖南省湘潭市九华和平科大小学 /239

◎"阅读接力　为爱发声"

    ——家庭亲子阅读主题活动

湖南省长沙市妇女联合会 /242

◎"红茶书屋"系列活动

广东省广州市海珠区妇女联合会 /246

◎"玉兰花开　愉阅东莞"系列活动

广东省东莞市妇女联合会 /249

◎"看见幸福 '阅'出梦想"

    ——"4·23"世界读书日亲子共读活动

广东省韶关市妇女联合会 /253

◎"绘本润童心"系列活动

广东省中山市火炬开发区妇女联合会 /256

◎"弘扬苏区精神　品阅精彩人生"

    ——亲子共读分享暨朗诵比赛活动

广东省南雄市妇女联合会 /260

◎"与你共成长"

    ——"小书童"亲子线上阅读活动

广西期刊传媒集团 /264

◎绘本阅读营

    ——立体化阅读体验引领亲子共读

广西师范大学出版社独秀书房·旗舰店 /268

◎ "领读人剧场"

    ——以沉浸式阅读创设亲子共读场景

广西师范大学出版社独秀书房·旗舰店 /272

◎ 阅读点亮文明家风

    ——"好家风　好家训"亲子阅读活动案例

海南省昌江县王子悦读馆 /276

◎ 爱上阅读，从一隅阅读空间开始

    ——幼儿园阅读月活动

中国人民解放军海南省军区幼儿园 /281

◎ 故事爸爸妈妈义工团

中国人民解放军海南省军区幼儿园 /285

◎ 传承好家风，弘扬好家训

    ——亲子诵读活动

海南省三亚市图书馆 /288

◎ "图书淘宝我快乐"亲子阅读活动

重庆市少年儿童图书馆 /291

◎ "e 读"线上亲子阅读系列活动

重庆市少年儿童图书馆 /294

◎ "我是抗疫小战士"主题活动

重庆市巫山县博物馆 /298

◎ 亲子阅读故事会

    ——儿童阅读与父母沙龙融合的阅读故事会

贵州省贵阳市钟书阁书店 /300

◎ 森蓝读书会

云南省昆明森蓝亲子阅读空间 /304

◎ "秦韵国学堂"亲子阅读活动

陕西省图书馆少年儿童馆 /308

◎ 多彩阅读，你我同行

陕西省延安洛杉矶保育院 /311

◎ "书香三秦　德润万家　亲子阅读　相伴成长"系列活动

陕西省妇女联合会 /314

◎ "书香四溢，与爱同行"亲子阅读主题系列活动

甘肃省妇联第二保育院 /318

◎ "亲子共读好时光"活动

青海省西宁市保育院 /321

◎ 亲子阅读，快乐成长

新疆生产建设兵团第二师师直幼儿园 /324

◎ 亲子阅读《声律启蒙》

新疆生产建设兵团第一师塔里木第一幼儿园 /327

◎ 儿童之家 "六点半课堂"

新疆生产建设兵团第七师胡杨河市 128 团腾飞里社区 /330

◎ 书本的世界

新疆生产建设兵团七师一团 /332

◎ 健康成长·快乐阅读

新疆生产建设兵团第十二师五一农场怡和园社区 /334

书香·家·春秋

1. 活动主题

"书香·家·春秋"家庭阅读活动，主要是倡导三个"半小时"，即家庭成员每天共同阅读半小时、家庭成员每天自主阅读半小时、家庭成员每天放下手机半小时。通过每个季度向家庭推荐书单、发放漂流图书、举办相关主题活动等方式，培养家庭阅读习惯，引领家庭阅读风尚，促进儿童成长和家庭幸福和谐。

2. 活动背景

为积极倡导家庭阅读，助力书香西城建设，2016年北京市西城区妇联推出了"书香·家·春秋"系列阅读活动。通过打造家庭书香角落，指导图书的收藏和陈列，营造家庭阅读氛围；通过推广家庭阅读计划，实现每天半小时父母带头阅读，有效地推动家庭阅读的软环境和硬环境的建设。

3. 参与对象

主要是以家庭为主。

4. 准备情况

依托北京最美社区书店——甲骨文·悦读空间、北京最美社区书苑——椿树书苑等社区阅读空间，根据每年工作重点策划家庭亲子阅读系列活动，通过每季度发布推荐书单、邀请知名阅读推广人举办阅读分享讲座等常态化活动，为社区家庭提供阅读服务。

5. 实施情况

（1）"书香·家·春秋"最美阅读角落评选。所有参与阅读活动的家庭可以领到一个特制小书架，小书架上可以存放12本"书香·家·春秋"活动推荐的读本。书架的存放、布置由家庭独立完成，拍成照片后上传，由网友及活动组委会评选出特色阅读角落。（2）"书香·家·春秋"阅读分享计划。通过"西城女性"公众号，开展针对推荐家庭阅读书单的征文活动，所有参与家庭阅读计划的家庭必须完成读后感，凭借读后感换取后续的家庭读本，分享家庭阅读的精彩。（3）"书香·家·春秋"读书换书大集。每季度推荐12本书给参与活动的家庭，所有参与家庭阅读计划的家庭带着自己的书籍到现场交流阅读感受，交换书籍。四个季度的新书会在所有家庭中漂流、分享。（4）"书香·家·春秋"书香家庭评选。倡导家庭阅读习惯的养成，倡导每天阅读半小时。每年的3月8日，揭晓前一年度的书香家庭，并给予图书奖励。

2020年，在疫情防控常态化背景下，在"4·23"世界读书日期间举办了线上"我们家的读书日"主题活动，通过主题书籍漂流、视频课堂呈现、音视频分享等形式，将听、说、读、写充分结合，引导家庭开展丰富多彩的阅读活动。采取线上社群打卡方式，推出"家课堂""家阅读""家分享"等"书香·家·春秋"系列家庭亲子阅读活动。

6. 活动效果

"书香·家·春秋"活动自2016年至今，推荐了65个种类的图书共8000多册，推出了14场主题阅读活动，约有1000多户家庭共3800多人参与活动。

这里古香古色，皇家园林恢宏大气，紫禁城庄重肃穆；这里包容万象，文化多元，发展迅速；这里百里飘香，传统小吃让人牵肠挂肚……这里就是我爱的家乡——北京。

家阅读——《我的家乡美》

◎我的家乡美

阳台上、书架旁，一壶清茶，慵懒地坐在地垫上看书，这是我最喜欢的时光。

家阅读——《我家读书角》

◎我家读书角

北京电视台《北京日报》《北京晚报》《光明日报》《新京报》《北京晨报》，新华网、新浪网等媒体对活动做了详细的报道。

　　"书香·家·春秋"在创新和丰富家庭亲子阅读主题实践活动的同时，也加强了相关理论研究并适时发布相关调研和统计数据：2018年、2019年、2020年，联合西城区统计局先后发布了家庭阅读数据、亲子阅读数据、老年阅读数据、读书生活的数据调查，统计数据和阅读相结合，进一步提高了阅读指导服务的精准性，更好地推动了全民阅读工作的展开和实施，让更多的家庭感受到了阅读的魅力。

（撰稿人：北京市甲骨文·悦读空间　张璟煜）

"阅读悦成长" 亲子读书会

1. 活动主题

以亲子绘本阅读为载体，为适龄儿童家庭提供"亲子悦读家园"阅读指导沙龙、绘本主题讲读等各类延展互动活动，通过形式多样的阅读主题活动培养孩子们的阅读兴趣，让孩子们爱上阅读，传播亲子阅读方法和指导家长更好地开展亲子阅读。

2. 活动背景

龙山家园公益童书馆致力于打造家庭附近的社区图书馆。它是北京市妇联打造的系列"公益童书馆"之一。市妇联在全市范围内已建成 6 个中心馆，孵化 17 个社区馆，服务人数超 8 万人次。"公益童书馆"推动营造"多读书、读好书、好读书"的社区氛围，使读书成为家庭中父母和孩子们的一种生活方式。

3. 参与对象

服务门头沟龙山家园公益童书馆周边社区 0～12 岁儿童的家庭。

4. 准备情况

（1）挑选适龄儿童的绘本，制作讲读 PPT。（2）准备绘本内容延伸活动材料，根据具体绘本内容，准备音频、视频、手工材料等相关用品。（3）在活动的前一周，将活动时间、内容、参与孩子的年龄段告知社区居委会，居委会利用社区活动群发出招募通知，本着先报先得的原则，选取参与家庭。

5. 实施情况

主要分为 4 个阶段：第一阶段，主题（话题）内容导入；第二阶段，解读绘本非语言信息和绘本精读；第三阶段，开展绘本延伸舞蹈、亲子互动游戏、手工制作、绘画等活动；第四阶段，孩子讲解自己创作的作品，家长分享活动心得。

◎绘本《我是彩虹鱼》手工展示

◎一起来游戏

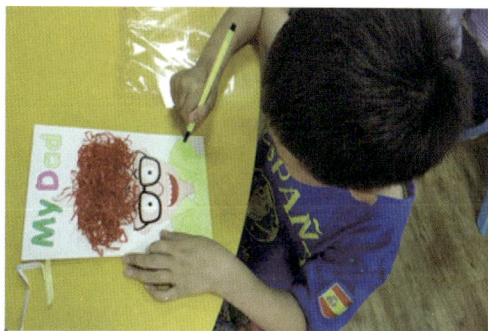

◎最帅的爸爸

　　活动内容主要包括三大要素：（1）安全感建构。通过绘本亲子阅读，让家长认识小朋友的内心世界，让孩子明白自己的需求、学会表达，以促进良好的亲子沟通，营建孩子的安全感。例如绘本《妈妈发火了》，让家长了解儿童成长中的敏感期，让孩子知道不管发生什么糟糕的事情，妈妈一样爱自己。（2）儿童及成人的情绪管理。儿童情绪是重要养育人与儿童互动的过程中产生的。指导家长认识儿童的情绪、儿童的情绪与儿童成长之间的关系。（3）高质量亲子陪伴。家庭教育的核心是改善重要养育人与儿童之间的关系，为和谐的亲子关系的形成提供服务、支持与指导，倡导高质量亲子陪伴。

6. 活动成效

　　（1）提高儿童及家庭综合素养。由于参与活动的儿童多数是隔代监护，对阅读指导了解不多，通过阅读指导活动提高家长对阅读的认识，让家长与孩子建立亲子关系，拓展儿童视野。（2）促进家庭和谐。在活动中有一部分孩子因父母离异或感情不和造成性格孤僻、任性，通过阅读活动让家长理解孩子，给孩子正确的引导，积极反思自己的情绪给孩子带来的影响。（3）激发孩子与家长的阅读兴趣。指导家长学会如何陪孩子读好绘本、如何培养儿童的早期阅读兴趣、如何引导儿童养成早期阅读习惯；用绘本有效地开展亲子阅读、父母课堂等活动，活动效果好，家长反馈好。

（撰稿人：北京市门头沟区龙山家园公益童书馆　李晨莉）

"垃圾分类'家'行动"，变废为宝看我的！

1. 活动主题

希望通过"垃圾分类'家'行动"让小朋友们了解垃圾分类的重要性，同时告诉大家尽可能地利用自己家庭的垃圾，变废为宝，从而节约资源。

2. 活动背景

为进一步推动新修订的《北京市生活垃圾管理条例》实施，提高居民垃圾分类能力，增强居民垃圾分类意识，让绿色环保理念深入人心，东升镇妇联联合北京外研书店开展了以"垃圾分类'家'行动"为主题的宣传实践活动。通过讲解垃圾分类的相关知识，结合小朋友轻松易懂的垃圾分类绘本故事，以及变废为宝的生活小妙招手工环节，从多层次、多方面加深社区居民对垃圾分类知识的了解，引导大家积极参与垃圾分类的实践工作。

3. 参与对象

参与活动人员：志愿家庭3组，包括家长在内，共计7人；活动现场的小朋友以及看护人员共计7人。

活动工作人员：讲解老师1人，助手1人，现场秩序维护人员4人，摄像师1人，拍照人员2人，主持人1人。

4. 准备情况

确定活动主题以及举办活动日期之后，开始活动之前的准备：购进5套垃圾分类道具，提供给小朋友们在参与卡片垃圾分类小游戏时使用；编辑推文发布推送，作为活动招募的主要渠道，后期搭配微信社群以扩大活动详情的影响面和影响力。

参加活动者需要准备的物品：

（1）容量为5升的、带盖子的塑料空瓶2个（1个用来制作花盆，1个制作环保酵素容器）；（2）白色垃圾（各种干净的塑料瓶和塑料袋），不作数量要求（用来换绿植）；（3）生鲜果蔬垃圾，每人900克。

5. 实施情况

2020年8月20日下午2点，活动在北京外研书店东升科技园店如期举行。

首先是北京外研书店四月姐姐为大家讲述垃圾分类绘本故事《扔或不扔》。

◎四月姐姐讲故事

◎老师带领小朋友们投放垃圾分类卡片

◎老师和小朋友们在做花盆

◎老师给小朋友们讲垃圾分类的重要性

◎小朋友们和老师兑换多肉

◎活动结束合影

接下来由讲解老师给小朋友们讲解垃圾分类的重要性，带领小朋友们正确投放垃圾分类小卡片。然后进行变废为宝的手工活动，老师教大家用5升大的矿泉水空瓶做成一个花盆，小朋友们还用自己带来的多余的空塑料瓶和老师兑换了可爱的小多肉一盆。活动最后，老师带领着小朋友们一起将现场打扫干净。

6. 活动效果

本次活动的特色是，小朋友可以亲身体验垃圾分类，并通过自己的双手做到变废为宝，实现资源再利用。在愉快的手工活动中，他们不仅享受到了动手劳动的快乐，也在做手工的过程当中，深刻地体会到资源节约、资源回收以及垃圾分类在我们生活中的重要性，寓教于乐，小朋友们更能理解其中的意义。

通过此次活动，我们教育小朋友们"改善生活环境，充分利用可回收资源"要从小做起、从自身做起，更好地促进和增强全民的"绿色意识"。

（撰稿人：北京市外研书店东升科技园店　李美云　李俊超）

童书育儿智慧读书会

——孵化书香宝宝

1. 活动主题

"童书育儿智慧读书会——孵化书香宝宝"是顺义区建南第一社区联合首都师范大学"童书育儿法"研究团队一起开展的服务 0 ~ 3 岁婴幼儿家庭的亲子阅读创新活动。它是以阅读为载体、以童书为工具来引导 0 ~ 3 岁婴幼儿家庭教育。

2. 活动背景

"童书育儿智慧读书会——孵化书香宝宝"借鉴国际先进的早期阅读的理念和活动策略，以北京市顺义区建南第一社区为孵化基地，以首都师范大学"童书育儿法"研究团队为智力支持，为 0 ~ 3 岁婴幼儿家庭提供亲子共读的资源、方法，致力于打造具有示范性的 0 ~ 3 岁婴幼儿早期阅读干预项目。高效促进婴幼儿身心发展的同时，指导社区年轻家长成长为掌握"童书育儿法"的"童书妈妈""童书爸爸"，促进社区儿童的发展，提升家庭的幸福力。

3. 参与对象

参与人群是北京市顺义区建新南区第一社区及周边社区 0 ~ 3 岁婴幼儿家庭。每期参与数量为 10 ~ 20 个家庭。

4. 准备情况

材料准备：此活动采用"大书"形式。因为活动以脑科学、心理学、教育学为理论根据，所以活动采取的是"互动式"教学法，借助大屏幕展示童书以及互动式课程，有效提升婴幼儿的阅读兴趣，促进婴幼儿的认知与发展。

宣传形式：社区电话、短信、微信群通知、家长口头通知等。

5. 实施情况

活动以提高家庭亲子阅读质量为目的，考虑到在很多 0 ~ 3 岁婴幼儿的养育过程中祖辈参与较多，所以祖辈的亲子阅读方法指导也是活动的主要目标。

活动流程主要分为三部分：

（1）互动式阅读

活动不是以照本宣科式阅读展开的，而是在社区大屏幕的支持下，基于互动式阅读展开。因为活动有具体可落实的系列教案，所以在活动开展过程中，能够充分调动婴幼儿的观察力、注意力、思维力。参加婴幼儿虽然不满 3 岁，但是孩子们的参与热情随着课程的系列化开展日益高涨，专注力和开口表达时长均有显著提升。

（2）阅读成长游戏

活动所选绘本与家庭教育中突出的成长问题相结合。比如一起读《生气汤》绘本时，让幼儿在游戏纸上画出自己生气时的颜色。一个叫于泽洋的小朋友把自己的肚子画成了棕色，还捅出了一个窟窿。问他为什么这么画时，他回答说：生气时肚子要爆炸了，所以这么画。

（3）家长一对一咨询指导，给予个性化阅读方案

每期活动结束后，会根据家长们的亲子阅读困惑进行一对一的咨询指导。每个孩子都是独一无二的个体，个性气质都有不同。当前"85 后""90 后"的家长很关注如何基于此，为孩子提供契合度和适配度均高的阅读资源和方法。这是家长们颇为困惑之处，也是提升家庭亲子阅读质量的关键，所以活动特设这个板块，为家长答疑解惑。

6. 活动效果

（1）活动特色

第一，这项活动以北京市顺义区建南第一社区的社区力量为依托，聚焦 0 ~ 3 岁婴幼儿早期阅读活动。

第二，借助首都师范大学科研团队的力量，使社区牵头的亲子阅读活动更富科学性、专业性、创新性，不仅对社区家庭起到指导作用，也为 0 ~ 3 岁婴幼儿的社区阅读活动怎么做提供了具有示范性的案例。

第三，这项活动做到了课程化、系统化、长期化。它不是一次、两次的亲子故事会，而是围绕明确的主题"童书育儿智慧读书会——孵化书香宝宝"的

课程设计。

第四，这项活动以脑科学、教育学、心理学为理论根据，所选择的阅读资源、所依托的活动方式、所采用的活动材料，都是围绕着儿童认知发展、动作发展、语言发展、感知觉发展、情绪与社会性发展等方面展开，可以说，是以阅读为载体对 0～3 岁婴幼儿家长科学育儿给予的另辟蹊径的引导。

第五，这项活动采取互动式教学法，在活动评价上特别重视婴幼儿的专注力、开口时长维度的评价，参与活动的孩子不仅在阅读兴趣方面有了很大提升，在认知发展、情绪与社会性发展方面也有了显著进步。

第六，这项活动借助了新媒体直播的力量，推出了"家长空中课堂"音频直播活动，每周六晚 8 点至 8 点 40 分，为家长提供亲子共读的资源与方法，帮助社区爸爸妈妈掌握童书育儿的方法，孵化"书香宝宝"。

（2）活动成效及社区影响力

①参加活动的幼儿不仅在阅读兴趣、阅读数量、阅读频率上得到了提升，还在认知发展、语言发展、感知觉发展、情绪与社会性发展等方面都得到了不同程度的提升。

②参加活动的家庭，在家庭藏书、阅读重视程度方面有了提升，并在阅读方法价值理念、亲子共读方法论层面有了新的认识。

③特别是"家长空中课堂"的开展，使得社区家长对这项活动的认知度更高了。

④ 2019—2020 年，《中国教育报》《中国妇女报》等权威媒体对这项活动进行了大篇幅报道，高度肯定了这项活动的社会价值和实践意义。其中《中国妇女报》对参加这项活动的家长进行了专访，家长回答记者提问时说："通过这个活动，我更能抓住孩子的特点来选书，更懂孩子。"

⑤对这项活动的报道《如何"让亲子共读"更有效、更科学》也展现在了"学习强国"平台上，使得我们开展这项活动有了更大的前进动力。

（撰稿人：北京市顺义区胜利街道建新南区第一社区居民委员会）

史河拾瑰宝，悦读连心桥
——传统文化亲子手工系列活动

1. 活动背景

中华优秀传统文化是先辈们传承下来的文化遗产，是民族智慧的结晶，是中华民族精神的体现。公共图书馆作为免费向公众提供公共文化服务的公益性机构和青少年亲子教育活动基地，义不容辞地承担着引导广大青少年继承和发扬中华优秀传统文化的使命，应为中华优秀传统文化的传承和青少年的成长贡献力量。

2. 参与对象

7～14周岁青少年及其家长，每次活动限15组家庭。

3. 准备情况

唐山市图书馆将手工活动与中华优秀传统文化结合起来，在不同的节日、节气安排相对应的活动，并通过制订活动计划、网上搜集素材、制作活动视频和幻灯片、采购活动用品、布置活动场地等前期活动准备，力求复现传统节日场景，将民族文化融于趣味十足的手工制作之中，让小朋友切身体会传统节日的气氛，感受中华优秀传统文化的无穷魅力。

4. 实施情况

以弘扬中华优秀传统文化、提升青少年文化素养为目的的青少年传统文化亲子手工活动于2019年在少儿部开展。在新春前夕的"红红火火说新年，欢欢喜喜扎灯笼"亲子手工活动中，小读者们听老师讲解春节的风俗习惯、南北方过节差异，和爸爸妈妈合作动手做灯笼；在元宵节期间举办的主题为"闹元宵，猜灯谜"的手工类民俗文化讲座上，小读者们在老师的带领下了解元宵节的由来和历史发展，学习元宵节的民俗风情，在亲子共同动手制作小花灯的过程中，感受元宵节的快乐及过节时的融融亲情；开展中秋节特别活动，小朋友和家长一起学习中秋节的起源、习俗等知识，分享神话故事，诵读相关诗词。唐山市图书馆还在周末和节假日开展其他丰富多彩的亲子活动，如"我与春天有个约会"亲子折纸活动、"谁言寸草心"母亲节特别活动、暑假期间的亲子魔方训练营活动等。

2020年春节前夕，唐山市图书馆少儿部邀请专业老师开展了"弘扬传统文化，传承国学经典"之木版画制作活动和"弘扬传统文化，传承国学经典"之捏糖人儿活动，小朋友和家长一起在活动中了解中华传统技艺中的年画和糖人儿的起源、历史发展状况以及制作工艺等。

5. 活动效果

截至2020年9月，唐山市图书馆共开展了传统节日亲子手工活动7期，传统文化诗词诵读和阅读推广活动3期，特殊节日主题亲子手工活动4期，暑期亲子魔方训练营3期。活动得到了青少年读者和家长的积极参与和广泛好评。

此系列活动的特色和创新点主要有四点。

首先，创新活动形式，扩展服务平台。在利用传统线下开展活动的同时，积极加强少儿传统文化数字资源建设，利用线上平台进行活动的招募、宣传和回放，同时通过图书馆网站、手机APP、微信公众号等多种平台，为广大青少年提供优质、丰富的传统文化资源和活动情况介绍，使小读者和家长随时随地都可以利用唐山市图书馆提供的各种途径了解活动内容，接受传统文化的浸润和滋养。

其次，设置传统文化书籍专架，营造浓厚的传统文化氛围。少儿部精心挑选最新出版的、社会好评度高的传统文化书籍在"热借专架"集中摆放，在古文诗词、民俗故事等少儿传统文化书籍集中的书架上张贴明显的书籍类型标识，加强少儿阅览室传统文化氛围建设。

再次，家风教育和传统文化礼仪相结合。通过对传统文化作品、国学经典诗词的学习和诵读，使小读者更深入地了解家风文化、学习传统礼仪；在交流分享家人相处趣事的过程中体会家庭的意义和亲情的珍贵；在手工制作亲子小礼品的过程中懂得爱和感恩。

最后，在开展传承中华优秀传统文化的活动时寻求广泛合作。少儿部积极

◎ "弘扬传统文化,传承国学经典"之木版画制作

◎ 少儿悦读推广——中秋佳节,邀您共赏时节之美

◎ "红红火火说新年 欢欢喜喜扎灯笼"活动

◎ 月儿圆圆画中秋——中秋节手工制作活动

与学校、社会团体合作,将中华民族传统民族技艺和地方特色传统文化引进图书馆,使小读者们在活动中了解传统节日的起源,学习糖人儿、年画等传统技艺手工制作过程,感受传统文化艺术魅力的同时,提高了文化素养和民族自豪感。

唐山市图书馆开展的传统文化亲子手工系列活动,不仅加强了图书馆文化氛围建设,丰富扩展了图书馆服务内容,提高了公共图书馆的文化底蕴和社会影响力。通过促进家庭阅读、加强家风建设,打造传统文化亲子阅读和活动基地,提升了青少年的思想道德水平和精神文化素养。

(撰稿人:河北省唐山市图书馆 吴凤芹)

阅读滋养心灵，科技助力成长

——线上青少年科技活动

1. 活动背景

公共图书馆作为公共文化服务机构，承担着对青少年开展社会教育的使命，可以利用其丰富的馆藏资源和整洁的场馆环境为青少年及其家庭提供高质量的科普读物，开展科普阅读推广工作，从而助力家庭和学校教育，全面提高青少年的科学素养。

2. 参与对象

7 ~ 14 周岁青少年及其家长，每次活动限 15 组家庭。

3. 准备情况

2020 年初新冠肺炎疫情暴发，唐山市图书馆配合疫情防控需要于一月底闭馆并正式创建自媒体。一是开通唐山市图书馆官方抖音号，以每周一次的更新频率发布唐山市图书馆的宣传视频、活动介绍、借阅知识等内容。二是开展钉钉和唐山市图书馆 APP 线上亲子科普教育直播活动，制订直播活动方案和活动内容，联系活动老师，制订活动教具发放和回收方式。

4. 实施情况

在大家的共同努力下，第一期线上亲子科技直播活动于 2020 年 6 月 13 日正式在钉钉和唐山市图书馆 APP 直播平台上线，并根据活动安排以平均每两周一期的频率开展。每次直播结束后，老师在活动群中发布课程资料、课程回放，家长们交流学习体验，孩子们分享作业成果。大家的学习气氛浓厚，反响热烈。

总结本次活动的特色和创新之处主要有三点。

首先，打破时空限制，扩展受众群体，培养家庭学习新模式。利用网络直播平台开展儿童文化科普活动，使青少年家庭不受地点和媒介的限制，随时随地地参与到活动中，便捷高效地享受图书馆的文化资源，打破了传统的依靠场馆开展活动的时空局限性。参与活动的儿童读者与家长共同学习、观看活动直播、进行线上互动交流，为亲子陪伴、"家""馆"共育提供了平台和机会。

其次，将课堂教育和家庭教育相结合，互动拉近亲子关系。线上活动中，家长和小朋友一起动手拼搭模型、相互协作，为亲子相处提供了充足的时间；活动结束后，留给家长和孩子共同完成的科学实验小作业，供孩子和家长一起继续探索和学习，在一同体验科学魅力的同时，沟通亲子感情，增进彼此了解，营造热爱阅读、求知探索的良好家庭氛围。

◎少儿部馆员和老师一起开展亲子科普直播活动

最后，亲子科普阅读和科技实践活动相结合，双向助力青少年成长。唐山市图书馆将专业的老师和科技课程请进图书馆，为小读者和家长们带来一场又一场充满知识和趣味的线上科技创新课程。同时，图书馆馆员通过微信公众号、抖音 APP 等平台为小读者和家长们推荐科普读物通过线上活动助推亲子阅读的良好习惯，培

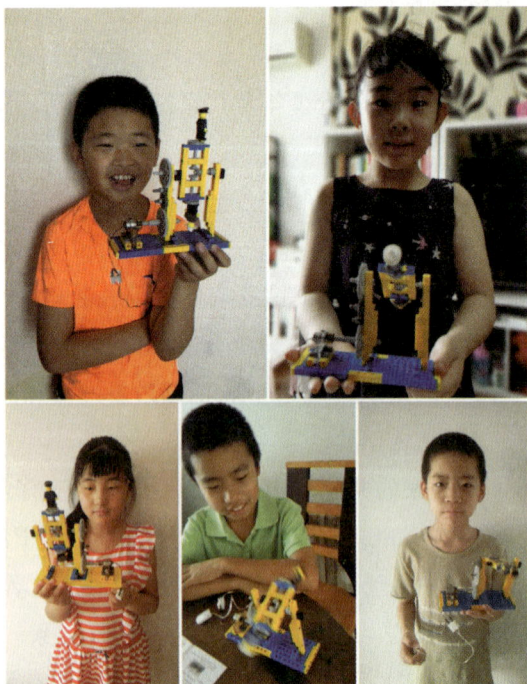

◎小读者亲自拼搭作品展示

养青少年热爱科学、勇于探索的兴趣和品质。

截至 2020 年 9 月底，唐山市图书馆共开展钉钉和 APP 亲子科技直播活动11 场；6 月份完成唐山市图书馆官方抖音号的申请，共拍摄和发布视频 25 条，家长和孩子通过活动群分享活动成果、交流活动体会，《唐山晚报》等媒体进行了活动介绍和活动发布，进一步扩大了活动的影响力和辐射范围。

5. 活动效果

唐山市图书馆的本次科普教育直播活动取得了良好的效果，不仅为公共图书馆在特殊时期应急服务能力建设提供了思路和借鉴，也为公共图书馆在信息获取碎片化、阅读方式多渠道的互联网形势下，开拓思路、转变职能、创新形式提供了参考和范例。

（撰稿人：河北省唐山市图书馆　穆桂芊）

亲子共读，交流分享，快乐成长

——和孩子一起享受生活的新方式

1. 活动背景

2018 年 11 月，山西省晋中市太谷区直机关第一幼儿园成为太谷妇联和太谷教育局的亲子阅读实践基地，旨在搭建亲子阅读实践平台，为孩子提供良好的阅读环境，激发孩子与家长阅读书籍的热情，促进家长与孩子之间的关系，促使孩子与家长在阅读中增长知识和智慧。为此，幼儿园开展了丰富多彩的家庭亲子阅读活动，如绘本精读沙龙、童话剧场等多种形式的阅读活动。

2. 活动主题

2019 年 11 月 11 日，幼儿园举行了"亲子共读，交流分享，快乐成长"亲子阅读活动。希望通过活动，让家长和孩子一起享受阅读的快乐，通过爱的传递，让孩子热爱书籍，让快乐阅读的习惯伴随孩子终身。

3. 参与对象

大班全体幼儿 114 人、大班家长 120 人、大班老师 8 人。

4. 准备情况

活动地点：太谷一幼总园多媒体活动室。

材料准备：大班教研组长准备亲子阅读交流材料，家长准备亲子绘本推荐 PPT，幼儿自带一本喜欢的绘本。

组织形式：好书推荐交流分享、亲子阅读绘本分享。

5. 实施情况

这次亲子阅读分享交流活动共分四个环节：经验分享—好书推荐—交换图书—亲子阅读。大班教研组长孟慧老师从亲子阅读的好处，以及作为家长应该如何与孩子共同阅读两个方面与家长进行了交流。运用鲜活的事例引导家长运用正确的方法进行亲子阅读，引领孩子度过语言发展的关键期，使孩子养成良好的阅读习惯。

（1）经验分享（大班教研组长孟慧）

带领家长了解亲子阅读的好处。

①亲子阅读凝聚亲情和智慧。②亲子阅读培养能力和习惯。③亲子阅读提升孩子记忆力。④亲子阅读共同收获和提升。

探讨如何与孩子共同阅读。

①在阅读过程中，家长是孩子的引导者，要激发孩子的阅读兴趣。

a.创设良好阅读环境。b.与孩子一起选书。

②在阅读过程中，家长是孩子的支持者，要帮助孩子提高阅读能力，增强语言能力。

a.阅读要形象生动。b.与孩子一起互动。c.感受语言的魅力。

③在阅读过程中，家长是参与者，阅读可以加深孩子和父母的情感，促进孩子的身心健康。

（2）好书推荐（大班家长代表）

大班9位家长进行了好书推荐，将他们喜欢的、认为优秀的绘本图书推荐给大家，进行资源共享。从作者的介绍、图画的风格及寓意、故事蕴含的教育价值等方面，为大家做了引领与拓展，帮助家长和孩子选择绘本、解读绘本、欣赏绘本。家长推荐的绘本有《我的幸运一天》《长大以后做什么》《坏心情的一天》《承认错误不丢脸》《我不敢说，我怕被骂》等。通过PPT、图片、绘本等，说明推荐的理由，绘本反映的教育理念、展现的智慧等，帮助家长及孩子扩展了亲子阅读书籍的范围，激发了家长及孩子阅读的欲望。

◎亲子阅读经验分享

（3）交换图书

交换图书的环节是请小朋友在附近找一个本班的同学，向他

◎请孩子来读一读绘本　　　　　　　　◎亲子共读绘本

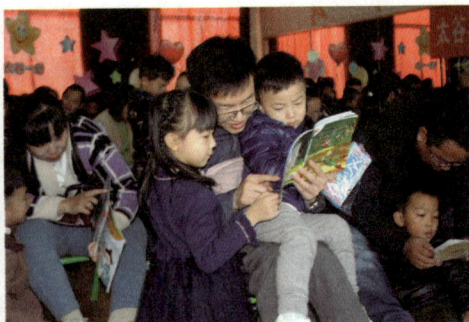

推荐自己带来的图书，然后互相交换图书，最后回到自己的座位。

（4）亲子阅读

各位家长陪孩子一起阅读，享受快乐美好的时光。

6.活动效果

幼儿园的亲子阅读活动在引导家长了解亲子阅读的重要性、了解如何进行亲子阅读、怎样选择绘本、如何养成阅读习惯等方面起到了正面的积极倡导和引导的作用。

（撰稿人：山西省晋中市太谷区直机关第一幼儿园　王志玲）

"晋小图"中华传统文化系列活动之"二月二"特别活动

——舞龙戏珠中国年，春回大地中国心

1. 活动主题

在中国传统节日中，农历二月初二是非常重要的节日，又称为春龙节，俗称"龙抬头"。在南方叫踏青节，亦称挑菜节。这天一般处在惊蛰前后，大地回春，万物复苏，农耕在即，一切都是新的开始。本次活动的目的让小读者在游戏中了解春龙节的文化习俗，了解传统。

2. 活动背景

通过本次活动，积极推动传统文化在晋中市的传播，为建设社会主义精神文明城市贡献力量。让本市广大少年儿童亲身参与到传统文化的学习氛围中，激发少年儿童对传统文化的学习兴趣，弘扬中华优秀传统文化。

3. 参与对象

3～6岁亲子家庭，共30组。通过线上或线下方式报名参与。

4. 准备情况

前期的准备工作中，提前定好场地、人员、道具、音乐。

（1）场地：活动场地定在亲子阅读区。亲子阅读区的一个大背景是矗立在馆中央的藏书楼，传统的中式木质结构构成了一个醒目的标识，"人在书中，书在身边"的氛围迎面而来。这个区域可以开展比较大型的活动，场地也可以有效利用。

（2）人员：

主持人 1 名。带队老师 2 ~ 3 名（负责组织该队幼儿和家长进行活动）。每队配班老师 1 名（协助带队老师和家长，维持秩序，准备道具）。咨询区顾问老师 2 名（负责接待现场家长的咨询）。

（3）道具：卡纸、托盘、彩笔、蜡笔、勾线笔或胶棒、龙球、舞龙、话筒、音响。

（4）音乐：《甜蜜童话屋》《龙的传人》。

5. 实施情况

序号	名称	时间	流程	说明
1	准备	15:40—15:50	准备活动相关事宜	做前期准备工作
2	招募，入场	15:50—16:00	邀请现场的孩子参加活动，入场，签到	安排孩子、家长就座
3	龙的传说	16:00—16:20	1. 介绍"二月二"的由来 2. 看视频，了解龙对中华民族的意义	
4	画龙	16:20—16:50	1. 在卡纸或托盘上画龙鳞 2. 在长条纸上画龙须	配班老师将活动道具发放到孩子手中
5	点睛	16:50—16:55	组织孩子们将龙鳞、龙须贴到龙身上	
6	舞龙戏珠	16:55—17:15	分组体验舞龙戏珠	带队老师规定好舞龙的路线，注意孩子安全
7	合影留念	17:15—17:30	合影留念，活动结束	

6. 活动效果

我们在最初制订活动计划时意识到，山西虽在历史进程中有光辉灿烂的一面，文豪大家辈出，晋中地区更以晋商文化名扬海内外，但是，在如今高速发展的信息化时代，传统文化的吸引力远不及电子产品，传统文化与我们渐行渐远。对于下一代的传统文化教育，有的家庭不重视，有的家庭希望培养孩子这方面的兴趣却不知从何入手。在这方面我们仍有发展的可能性，传统手工艺和传统

◎点睛（孩子们将龙鳞、龙须贴到龙身上）

◎舞龙

◎画龙（孩子们在卡纸或托盘上制作龙鳞和龙须）

◎戏珠

文化教育仍存在填补的空间。本次活动让孩子们了解了传统文化习俗，拉近了孩子与图书馆的距离，让孩子们认识到中华优秀传统文化是中国人民在几千年的历史长河中积累的人生智慧，是我们宝贵的精神财富和精神家园。

（撰稿人：山西省晋中市图书馆　胡　萍）

"棉花糖姐姐讲故事"活动

1. 活动背景和主题

为引导市民养成"爱读书、多读书、读好书"的良好习惯,进一步巩固"书香城市(区县级)"建设成果,东胜区图书馆不断创新服务理念和服务形式,针对不同年龄的读者开展丰富多彩的阅读推广活动,面向 7 周岁以下孩子开展的活动有"棉花糖姐姐讲故事"亲子阅读指导。

"棉花糖姐姐讲故事"从 2017 年 5 月开始,到 2020 年已持续开展了 3 年多,累计举办 160 余期,受益读者 3 万余人,成为东胜区图书馆亲子阅读品牌活动,受到广大家庭的一致好评。

2. 活动实施

"棉花糖姐姐讲故事"活动分为棉花糖姐姐讲绘本故事和做手工、图图爸妈讲绘本故事、棉花糖姐姐阅读培训活动 3 部分。2017 年早期活动内容单一,只有为孩子讲绘本故事;经过不断摸索,逐步从讲故事模式演变为以亲子阅读为载体,让家长和孩子一起讲故事、创作故事,进而进行汇报演出及绘本剧展演。

(1)模式的转变

①"棉花糖姐姐讲故事"活动以我馆的数字资源为开场,以互动的故事拉开帷幕,紧接着由棉花糖姐姐选取孩子们易于接受、便于理解的绘本,开展讲故事活动。

②受到棉花糖姐姐的鼓励,读者的父母利用图书馆提供的平台,作为志愿者积极参与其中,进行讲故事活动,这就衍生出"图图爸妈"。

③"棉花糖姐姐讲故事"活动不断加入新元素,在以往传统的讲故事、译故事的基础上,又在讲故事中融入了情商培养,让孩子和家长全身心地投入听中玩、玩中思、思中觉察。

④开启"棉花糖姐姐讲故事阅读培训"活动，每期限15组家庭参加，由棉花糖姐姐和爸爸妈妈为小朋友们讲故事，同时鼓励孩子积极参与，让他们自己讲故事、创作故事，让家长和孩子在绘本故事里共同成长。

⑤角色扮演——绘本剧展演。参加阅读培训的家庭在每期阅读培训结束时都会用绘本剧展演的形式进行总结。

（2）多方位开展活动

"棉花糖姐姐讲故事"活动在保持绘本原汁原味的前提下，用生动有趣的形式，针对孩子的年龄特点，融合地域文化，由阵地活动逐步延伸到社区、学校，并利用音频、视频等线上活动形式让孩子全身心地投入故事中。

①阵地活动："棉花糖姐姐讲故事"活动于每周日上午10:00和下午4:00举办，由棉花糖姐姐讲故事、演故事。

②"棉花糖姐姐讲故事"进社区，为辖区读者提供家门口阅读服务。棉花糖姐姐不定时走进社区，用幽默诙谐的肢体语言，生动再现故事中的精彩环节，让孩子们有身临其境之感。

③"棉花糖姐姐讲故事"走进特殊教育学校，把特殊的爱送给特别的孩子们。

④线上开展"棉花糖姐姐讲故事"活动。受疫情影响，把线下活动转为线上，每周通过线上音频、视频形式共读绘本、讲故事、做游戏，让孩子足不出户体验到好看好玩的亲子阅读活动课程，孩子们再以打卡的形式反馈给老师，以此形成家与图书馆的连接。

3. 解决的主要问题

（1）提高阅读兴趣，锻炼动手能力。通过讲故事和做手工活动，不仅提升了小朋友们对阅读的兴趣，增强了他们的自信心，也锻炼了动手操作能力。

（2）塑造良好性格。父母和孩子一起阅读绘本能帮助孩子建立健全的人格，进而提高孩子的交际能力，拓展人生的宽度，让孩子学会传递爱和感恩。

（3）加强亲子沟通。通过讲故事活动，父母和孩子不但学会了如何更好地讲述绘本故事，还学会了如何演绎绘本故事。在学习的过程中，绘本成为父母和孩子间的沟通桥梁。

4. 示范作用和推广价值

丰富的活动形式让越来越多的家长和小朋友参与其中，让更多的读者受益。"棉花糖姐姐讲故事"活动深受家长和小朋友的喜爱，其中有位小朋友小七就

◎ 2018年3月，棉花糖姐姐根据我国的传统节日，与广大读者一起制作"中国龙"

◎ 2017年8月，棉花糖姐姐给小朋友们讲绘本《你看起来很好吃》

◎ 2019年"4·23"世界读书日绘本剧展演

◎彩泥故事会

特别喜欢来图书馆听棉花糖姐姐讲故事。小七妈妈说："小七年龄还小，通过听棉花糖姐姐讲故事培养了良好的阅读习惯，也提高了他的专注力和记忆力。"

　　同时，"棉花糖姐姐讲故事"也得到业界的认可，先后荣获"2018年鄂尔多斯市全民阅读优秀项目""鄂尔多斯市阅读达人"等荣誉，东胜区图书馆也因此荣获"自治区家庭亲子阅读体验基地"和"全国家庭亲子阅读体验基地"的称号。

（撰稿人：内蒙古自治区鄂尔多斯市东胜区图书馆　王　艳）

"娅日桂"阅读活动

1. 活动背景

致为力于少儿阅读的推广工作,认真落实中国图书馆学会关于"2020年全国少年儿童阅读年"的倡导,拓宽少儿阅读推广的途径,提高少儿阅读能力,营造良好的亲子阅读氛围,优化少儿阅读资源,帮助和指导家长树立正确的家庭阅读观念,最大限度地发挥图书馆的职能作用,完善少儿文化公共服务体系。在此社会背景和阅读需求之下,呼伦贝尔市图书馆组织和开展了一系列以亲子阅读为主题的活动。

2. 参与对象

呼伦贝尔地区未成年人。

3. 活动情况

(1)阅读——成长

"阅读伴我成长"——呼伦贝尔市图书馆主打阅读推广活动品牌,包含阅读分享会、亲子故事会、阅读指导讲座三大模块,线上与线下相结合,依据分级阅读理论面向不同年龄段的少年儿童以及家长开展亲子活动。近3年来,该系列活动共举办85场,陪伴6000余名少儿与家长共同阅读、共同成长。

我馆根据少儿年龄与生理特点设立相应的分级阅读模式,提高少儿阅读推广工作的有效性。

学前儿童:"亲子故事会"主要服务人群为3~6岁学前儿童家庭,每组家庭与大家分享一本亲子共读绘本。为孩子们营造轻松愉快阅读氛围的同时,也为孩子们提供了一个锻炼与展现自我的舞台,培养孩子的自信心和勇气,提高孩子的语言表达能力。

小学生:邀请学校、社会的优秀阅读推广人参与到阅读分享会中,选取优秀的少儿文学作品，通过内容分析、观看视频和游戏互动等方式引导儿童精读、深读作品，拓宽儿童思维空间。

家长阅读指导：与孩子家长通过"亲子故事会"和阅读指导讲座保持良好的沟通与联系，摒弃单向的教育理念输入。一方面，可以及时关注时下孩子热读的内容，调整活动方向，满足少儿阅读需求；另一方面，了解家长阅读难题，帮助其走出亲子阅读误区，传播正确、科学和有效的亲子共读理念，传递亲子共读的新思路、新方法。

（2）阅读——分享

阅读分享进校园活动是我馆已连续开展五年的少儿阅读推广活动之一，2016年至今共举办了62场，地区涵盖呼伦贝尔市5个旗、县、区的15所小学，为2.5万余名学生送去优质少儿图书4300余册。每年阅读分享进校园活动，我馆都会精心挑选优质少儿馆藏图书送至学校，同时邀请呼伦贝尔市优秀阅读推

◎悦读公益课堂系列活动——《鄂温克的驼鹿》阅读分享会

◎"阅读，越快乐"世界读书日主题活动走进胜利街小学

◎"阅读伴我成长"系列活动之《昆虫记》阅读分享会走进天骄幼儿园

◎我最喜爱的童书"我爱·读书会"走进南开路小学

广人为孩子们开展阅读分享会，不仅让孩子爱看书，更是让其看好书、看懂书。真正做到将好书送到每一位孩子的手中，让读书充实生活，让书籍浸润心灵，让孩子感受精神文化的魅力。

（3）阅读——发声

以赛促阅、以奖促阅是呼伦贝尔市图书馆的又一利器。通过比赛的方式，鼓励新一代儿童及青少年拓展阅读，以阅读丰富头脑，滋养生命。如已连续四年举办的呼伦贝尔赛区"巅峰诵读"朗诵大赛，总计上万名少年儿童报名参与，通过比赛，提升了少儿对于经典诗歌的认识与鉴赏能力，丰富了少儿的文化生活，展现了呼伦贝尔地区少年儿童朝气蓬勃、活力十足的精神面貌；2020年"4·23"世界读书日，呼伦贝尔市图书馆携手呼伦贝尔市妇联举办"徜徉书海里，不负好时光"线上少儿创作比赛，激发了广大中小学生的写作热情，强化了少年儿童群体的阅读意识，并面向少年儿童和广大家长培育和践行了社会主义核心价值观。

4. 活动效果

（1）读者认可。线下方面，每周的少年儿童读者服务活动，家长们踊跃报名参与，显示出了儿童及家长对读好书的渴望，以及对我们活动的认可；线上方面，我馆致力于将微信公众号打造为以青少年为中心的个性化在线阅读平台，读者可全天候访问阅读5000多本原版电子书。

（2）上级鼓励。2020年4月，全国第二批全国家庭亲子阅读体验基地评选活动名单揭晓，呼伦贝尔市图书馆被命名为第二批"全国家庭亲子阅读体验基地"。同时，经过自治区妇联党组研究、网上公示等程序，呼伦贝尔市图书馆成为自治区妇联命名的19个自治区家庭亲子阅读体验基地之一。

（3）社会吸引。阅读推广志愿者是少年儿童阅读推广队伍中不可或缺的重要力量。在呼伦贝尔市图书馆的不懈努力下，阅读活动吸引了大批优秀的阅读推广人，自发自愿地参与到少年儿童阅读推广的工作中。爱源于心、爱表于行，阅读推广志愿者们无私的奉献是对呼伦贝尔市图书馆少年儿童阅读推广工作最大的助力，也是最好的肯定。

（撰稿人：内蒙古自治区呼伦贝尔市图书馆　刘　静）

共享亲子阅读，传承优良家风

——第四届家庭教育日记之亲子阅读日记

1. 活动背景

为深入贯彻习近平总书记关于注重家庭、注重家教、注重家风的重要指示精神，落实中共中央关于开展全民阅读的重要部署，进一步深化家庭教育的发展，弘扬良好家风，充分发挥亲子阅读在助力小康建设中的重要作用，沈河区家庭教育学校在全区范围内组织开展了沈河区"共享亲子阅读，传承优良家风"系列亲子阅读日记活动。

2017 年沈河区创新成立全国首家区级家庭教育学校。学校成立 4 年来，在全区建立完善"五级家庭教育联动化模式"，通过加强师资建设、开展学员培训、举办品牌活动、编写教材、研发课程等工作，取得了较好的成绩，成为区域教育的特色品牌，得到国家、省、市各级相关部门的高度认可与业界广泛赞誉，先后获得全国首批新型家庭教育合作建设区域、全国家庭亲子阅读体验基地、全国家庭教育创新实践基地、全国家庭教育实验区 4 项国家级荣誉。

2. 活动主题

沈河区家庭教育学校针对未成年人身心成长的特点，用社会主义核心价值观引领家庭文明建设，重视家教、家风，以"孝亲""亲子""手写家书""亲子阅读"为主题的家庭教育日记活动已连续成功开展 4 年，参与活动人次达 5 万，受益家庭 2 万余个。

沈河区历年家庭教育日记活动分别为：2017 年"做好家长，传好家教，树好家风"家庭教育孝亲日记活动；2018 年"做沈河区智慧父母，筑孩子幸福人生"家庭教育亲子日记活动；2019 年"弘扬优良家教家风，万人万封手写家书"

家庭教育手写家书活动。2020 年沈河区"共享亲子阅读，传承优良家风"亲子阅读日记活动。

3. 参与对象

全区中学生和小学生，1500 个家庭，活动覆盖近 5000 人。

4. 准备情况

沈河区"共享亲子阅读，传承优良家风"亲子阅读日记活动于 2020 年寒假期间展开。活动日记文本材料由沈河区家庭教育学校统一印制，统一下发到全区 34 所小学、20 所中学的家庭教育分校。活动由各家庭教育分校主管领导亲自组织，讲解活动具体细则。

5. 实施情况

2020 年期间，考虑到防疫特殊情况，活动安排在线上进行，利用校园公众号、微信群等平台对本年度的亲子阅读日记活动进行了宣传。

孩子们在家以线上学习为主，网课之余亲子阅读成了有效的陪伴方式。疫情虽然阻断了开学，但没有阻断一个个家庭参与活动的热情。

亲子阅读日记活动的另一个亮点就是"阅读你我共相伴"亲子阅读展示环节，对全区各学校选取的优秀亲子阅读日记作品及亲子陪伴的精彩瞬间场景进行了展示。

在"晒晒我家阅读空间"环节，通过视频我们感受到许多书香家庭的满满幸福。每一段视频都记录了书香家庭背后的故事，将父母的陪伴升华，让书香飘满每一个家庭。

◎学生和家长共同完成阅读日记

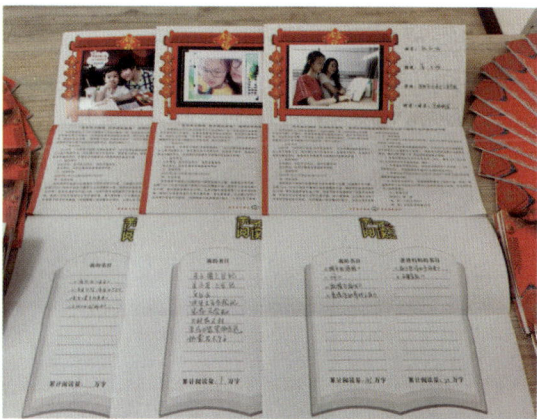

◎优秀亲子阅读日记作品

6. 活动效果

从 2017 年设立沈河区家庭教育日记活动开始，沈河区家庭教育学校从孝亲敬老、亲子陪伴、家校合作等方面开展了丰富多彩的宣传活动，社会反响强烈，得到广泛的关注与认可，为推动全社会形成注重家庭教育和家校共育、亲师协同的共识，营造良好社会环境和舆论氛围，促进青少年健康成长起到积极作用。

面向未来，沈河区家庭教育学校将继续推进区域家庭教育工作高品质发展，从而推动全社会形成注重家庭、注重家教、注重家风和家校共育、亲师协同的共识，提升公民素养，营造良好社会环境和舆论氛围，促进少年儿童全面健康成长。

（撰稿人：辽宁省沈阳市沈河区家庭教育学校亲子活动体验基地　苏朗格望）

星空下的图书馆奇妙夜

1. 活动主题

2020 年 8 月 15 日、16 日，鞍山市图书馆在充分结合辽宁省图书馆与国内其他地方公共图书馆优秀经验的基础上，与晌心谷研学基地风景区合作，举办了以"阅读燃薪火，山谷飘书香"为主题的鞍山市图书馆首届图书馆奇妙夜活动。

本次活动全程历时 24 小时，大胆创新，勇于探索，充分结合鞍山市图书馆亲子基地、研学基地建设情况，带领孩子们了解图书馆，利用图书馆，畅享拓展阅读、多元阅读的无穷乐趣，从而实现提升亲子共读活动建设水平，传递科学家庭教育理念，引领亲子阅读风尚，营造全民阅读、书香社会的最终目的。

2. 活动背景

在"文旅融合"时代背景下，鞍山市图书馆作为鞍山地区重要的公益性文化场馆，充分发挥公共图书馆的重要地位和作用。晌心谷研学基地分馆的建立，为鞍山市图书馆在晌心谷分馆开展图书馆奇妙夜活动提供了基础；辽宁省图书馆奇妙夜活动为鞍山市图书馆开展本次活动提供了大量可以借鉴的优秀经验，打开了新的视野与思路。

3. 参与对象

邀请了 30 组家庭参加，由家长携 7 ~ 11 岁未成年子女，总计近 90 人。

4. 准备情况

本次活动将活动场地设置在鞍山市图书馆（主会场）与晌心谷研学基地分馆（分会场）两处。活动方案成形后，第一时间发布通知，做好宣传；采取提前现场报名的形式确定活动参与人员；确定参与人员及有效信息后，为参加本次活动的未成年人购买安全保险，建立微信联络群便于解答咨询；同期准备印刷物品，包括主题海报、宣传海报、指示牌、贴身标识、手摇旗、活动奖状等；

另外与晌心谷研学基地沟通好参与活动家庭的餐饮与住宿问题。

5. 实施情况

（1）启动仪式

8月15日上午9:30，参与活动的各组家庭在市图书馆集合签到，现场签署未成年人安全责任书，领取活动分组标识与相关道具。启动仪式以小朋友们准备的朗诵表演开场，主持人介绍活动的具体内容和流程，在家长与孩子代表发言后，由图书馆领导宣布本次活动正式开幕。

（2）亲子阅读活动体验

第一部分　12:30—17:30

首先，小朋友们在"奇妙配音场"环节中组队进行5分钟左右的配音表演，便于消除紧张情绪，增进彼此之间的沟通，以一种放松、愉快的情绪继续参与活动。随后30组家庭分别参与了知识问答、成语拼接和VR视觉体验几个环节，充分了解了图书馆内丰富的文献资源、良好的阅读环境和先进的VR技术。接

◎启动仪式朗诵表演

◎接力赛中家长与孩子们配合默契

◎孩子们在户外观看皮影戏

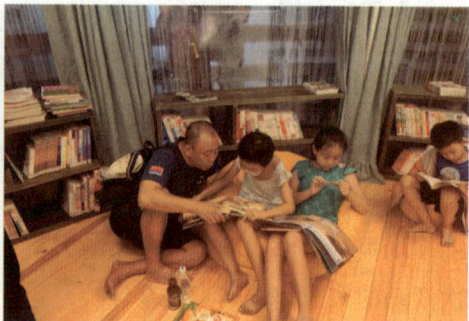

◎星空书屋内的亲子阅读时光

着各组家庭自行开车前往晌心谷活动营地，家长与孩子们共同参与了"亲情在传递""童心大接力"亲子竞赛项目，互相配合完成竞赛，并进行计分。

第二部分　17:30—21:00

每个家庭根据自己选择的房车或露营方式进行入住，营造活动的独特氛围。安置好后统一到视野开阔的二层木楼上观看非物质文化遗产——岫岩皮影戏的展示，感受不一样的传统文化乐趣。观看结束后所有小朋友与家长一同走进晌心谷分馆的特色项目——星空书屋，共享亲子阅读时光。

（3）颁奖阶段

次日 8:00—9:30，为了表达对参加活动的小朋友们的鼓励，本次活动设置了突出、优秀和活力表现 3 个奖项，现场所有人员手持奖品和奖状合影并在活动海报上签名后活动结束。各组家庭自行离开或是选择继续在晌心谷营地内游玩。

6. 活动效果

（1）对亲子阅读基地、研学基地的宣传与实践

本次图书馆奇妙夜活动带领孩子们在图书馆学习知识，在山谷中自由奔跑，在星空下尽情阅读。尤其是晌心谷分馆"星空书屋"的设计与理念，不仅仅是对亲子阅读基地、研学基地在形式和内容上的创新，同时也是在建筑风格上的一次突破。

（2）创建亲子交流、亲子阅读的多元化途径

在亲子互动环节，通过在活动中传播阅读理念、丰富家庭亲子共读体验，全方位提升了读者亲子阅读实践能力和水平，实现了针对未成年人的多元化阅读设计；通过协作游戏、共同阅读等形式，加强了家长与孩子间的互动，同时改善了家庭亲子关系。

（3）营造全民阅读、书香社会的良好氛围

本次活动是鞍山市图书馆在分馆开展全民阅读活动的首次尝试，在社会公众范围内宣传了鞍山市图书馆丰富的文献资源和提供全民阅读的服务理念，在全社会树立了公共文化服务单位的良好形象，坚定了文化自信与文化力量，达到了倡导全民阅读、营造书香社会的重要目的。

（4）非遗传统文化的展示与宣传

本次图书馆奇妙夜活动还包含了对非物质文化遗产——岫岩皮影戏的宣传与展示，专门邀请了岫岩皮影戏国家级优秀团队，通过小剧场的形式展示了生

动形象、活灵活现的皮影技艺。

本次活动获得了鞍山市文旅中心、辽宁省图书馆及其他相关单位的充分肯定。鞍山地区各大媒体都对本次活动进行了宣传与报道，新浪、网易新闻频道也纷纷转载宣传，引起了强烈的社会反响。本次活动还得到了参与活动的家庭的一致好评，家长们纷纷表示孩子们在本次活动中既增长了知识、开阔了眼界，又收获了快乐，希望图书馆能够多举办此类活动；同时其他了解到我们此次活动的读者也希望今后有机会可以参加。

（撰稿人：辽宁省鞍山市图书馆　高大勇）

"环球小孩儿"系列主题活动

1. 活动背景

吉林省妇女儿童活动中心亲子阅读空间推出以亲子阅读为载体，通过阅读带领家长和孩子们领略世界各个国家的风土人情，并从地理、文化、饮食、民俗、环保等多个维度去了解和体验世界的奇妙的课程——"环球小孩儿"系列主题课程，为每一个家庭插上可以飞往世界的翅膀。

2. 参与对象

每场活动邀请 15 ~ 20 组家庭参与，孩子年龄层覆盖 3 ~ 12 岁，家长不光包括父母，也包括祖父母或外祖父母。

3. 准备情况

（1）场地情况：活动场馆宽敞明亮，整体设计多彩亮丽，面积约为 100 平方米，设有多媒体活动区域和公共阅读区域；"环球小孩儿"充分利用场地优势，每期活动分板块进行介绍，让孩子们在这一方小天地中体验世界其他国家的风貌。

（2）组织形式："环球小孩儿"系列主题活动以家庭为单位，进行亲子互动式主题活动；活动以孩子与家长进行互动、合作的方式开展，让来到场馆的每一个家庭成员都仿佛进行了一次"出国旅行"。

4. 实施情况

（1）活动内容："环球小孩儿"系列主题活动以七大洲、四大洋为区域划分，挑选 18 个具有代表性的国家及城市，制订出一张专属于亲子阅读空间的"周游世界路线图"。课程总共分为 20 期，每期为 90 分钟。

亲子阅读空间中收纳了来自世界各国具有影响力的优秀绘本，课程以各国绘本为导入，由专业的绘本老师为孩子们讲述绘本里的故事，并教孩子们针对"所

◎亲子阅读活动照片

到"的国家进行创意美术、手工，让孩子们如同身临其境；另外，通过阅读世界名著，孩子们可以体会各国文化。讲述、演绎全方位覆盖，从而锻炼孩子的表达力、表现力。当然，活动都以亲子互动的形式呈现，让孩子和父母在互动、合作中一起享受课程带来的视觉、听觉、触觉以及更深层次的感受和体验感，深化拓展素质教育，构建孩子的世界观。在课程中让孩子与家长共同经历"旅行"带来的不同感受，架起家长与孩子之间沟通情感的桥梁。

（2）具体流程：每期活动都具有主题和新意，因此在流程设计上也为家长和孩子展现出每期活动、课程的精彩和专业，总体分为阅读分享、延展感受、创作时光3个主要部分。阅读分享：根据主题，先由主课老师进行当次活动的绘本或者读书推荐，然后让孩子们和家长共同完成绘本或选段的朗读和演绎，并分享读后感受。延展感受：根据阅读环节的分享，延展出对于"当前所在"国家的风土人情的体验，例如来到南美洲的巴西，会让家长和孩子们共同跳起充满热情的桑巴。创作时光：根据各国的特色，老师引领孩子们创作作品，包括手工、绘画、故事、剧本演绎、演讲等，例如来到欧洲的丹麦，安徒生故事的发源地，演绎一段《小美人鱼》的桥段。整个流程紧凑、丰富、多样，让这一段亲子时光充实又有意义。

5. 活动效果

（1）互动特色：活动全程不仅有孩子与老师、孩子与孩子间的互动，更增加了孩子与家长之间的互动，让家长体会到什么才是真正的高质量陪伴，从而可以解读和理解孩子内心最真实的感受和需要；而孩子在互动的过程中也真正地体会到家长对自己深切的爱和期盼，加强彼此间的接纳、理解、表达和情感。

（2）活动成效：吉林省妇女儿童活动中心亲子阅读空间开设的"环球小孩儿"课程深受家长和孩子们的喜欢和欢迎，目前已循环开展2个周期，每个周期都经过专业老师的不断教研和完善，每一次循环也会给参加课程的家庭不同程度的惊喜和新奇；除此以外，幼教单位和机构、学校也积极参与到"环球小孩儿"课程中，让孩子们从小认识世界、体验世界、感受世界，从而树立孩子们"地球村"的大世界观。

（3）总结评价：吉林省妇女儿童活动中心亲子阅读空间"环球小孩儿"课程不仅为亲子阅读提供了良好的氛围和引导，更重要的是为家长与孩子提供了一个心与心交流、共同经历和成长的机会，让家长和孩子在亲子阅读中边听、边看、边感受世界带给我们的不同体验。

（撰稿人：吉林省妇女儿童活动中心亲子阅读空间　黄　睿）

"捐一缕书香，献一片深情" 关爱自闭症儿童亲子阅读活动

1. 活动背景

阅读是提高孩子语言和社交能力的重要方式，随着孩子逐渐长大，阅读自然而然地成为一项需要学习的重要技能。外文书店在积极开展其他各类亲子阅读活动的同时，敏锐地发现自闭症儿童这一群体所面临的阅读问题。通过与长春义工组织、特教学院、志愿者组织等相关机构进行沟通了解，外文书店尝试有针对性地展开相关活动，以帮助自闭症儿童走出自己的封闭世界，走进人群、走向社会。

2. 活动目标

通过讲读绘本故事、绘画、自由阅读等方式，强调故事内容和对故事的理解，同时结合视频、卡通形象、音乐等辅助手段，增强对故事的展现和表达，增强孩子的外部感受和认知能力。通过阅读，改善自闭症的症状，令自闭症儿童迈出改变的第一步。

目前，已开展活动 10 余场，活动参与者达 500 余人次。

3. 参与对象

活动由长春义工组织与外文书店联合发起，参与活动的对象为自闭症儿童及其家长、小义工、特教老师、志愿者等。不定期开展活动，每期人数限制 30 人以内。

4. 准备情况

活动地点设在外文书店门店二楼儿童区，由长春义工组织、外文书店共同征选符合条件的自闭症儿童参加。根据参与人数及自闭症儿童情况，提前准备

图书、投影仪、麦克风、图画纸、画笔、摄像照相设备，布置舞台，摆放座椅等。活动过程中针对现场情况，邀请适合的孩子进行现场朗读和互动，增加活动趣味性。

考虑到处于疫情防控期间，活动要求全体参与人员无发热、咳嗽症状，近期没有去过疫情中高风险地区，凭绿色健康码进店。

5. 实施情况

（1）活动开始前集合点名，安排座位，儿童集中坐在前面，家长集中坐在后面。

（2）绘本故事会开始，由特教老师讲绘本故事，可以配合PPT投影、实体书，或者由真人扮演绘本角色，提升阅读兴趣。

（3）参加活动的自闭症儿童根据绘本故事，或者自由想象，在图画纸上用水彩笔作画，画好后拍照留念。

（4）孩子在书店自由挑选感兴趣的绘本图书，由书店向自闭症儿童捐赠，拍照留念。

（5）参加活动的全体人员与自闭症儿童合影留念。

◎自闭症儿童阅读活动——讲绘本故事　◎自闭症儿童阅读活动——画画　◎自闭症儿童阅读活动——合影

6. 活动效果

中国目前有超过160万自闭症儿童，这些孩子因为患上了严重影响儿童精神健康发育的自闭症，产生了社交、语言、认知和行为障碍，他们就像天上的星星，活在自己的世界里，我们亲切地称呼他们"星星的孩子""星宝"，他们需要进入普通孩子当中进行融合教育。他们需要这个社会的关爱，他们的家长渴望他们能像正常孩子一样跑跳打闹、嬉笑哭泣、表露情绪。

外文书店希望通过亲子阅读这种有效方式，关爱自闭症儿童和家长，互相认识和学习，更好地帮助自闭症儿童走出自闭世界、提升学习能力、感受情绪变化、融入社会。无论是读书给孩子听的家长，还是听家长读书的孩子，都能够在阅读作品的美好世界里，找到自己的满足和快乐。

由于受疫情影响，活动开展受限，参与人数不宜过多，但只要参与过活动的人都会被自闭症儿童家长、特教老师、志愿者的精神感动。相信这种感动一定可以帮助更多需要帮助的人，同时，也希望吸引更多的人关心、关爱、关注自闭症儿童，尊重、理解、接纳作为弱势群体的他们，使这个社会真正充满爱和美好。

（撰稿人：吉林省新华书店集团外文书店　姜玉红）

"小树苗"亲子阅读系列活动

1. 活动背景

2016年，全国妇联为深入贯彻落实习近平总书记关于注重家庭、注重家教、注重家风的重要指示精神，落实中共中央关于开展全民阅读的重要部署，在亿万家庭中开展了"书香飘万家"家庭亲子阅读活动。长春市图书馆为深入贯彻落实全国、省、市妇联部署要求，充分发挥公共图书馆的教育职能作用，不断对"小树苗"亲子阅读活动进行品牌提升，为少年儿童和家长搭建阅读平台，传播"陪伴与沟通"的亲子理念，用阅读开启一生爱的旅程。

2. 参与对象

不同活动内容针对不同年龄家庭。其中，爱贝阅读计划针对0～3岁婴幼儿及其家长，平均每月举办一场活动，现有会员150余人；绘阅故事会针对3～8岁儿童及其家长，每月开展2～3场；亲子手工坊、亲子阅读沙龙、亲子阅读讲堂、假日影院均面向3～12岁少年儿童及其家长，平均每两月1场；数字阅读活动、爱心置换、图书荐购、书醒阅读打卡活动面向6～12岁少年儿童及其家长，不定期举办。

截至目前，已举办系列活动近1000场次，受众约10万人次。

3. 准备情况

（1）"小树苗·爱贝阅读计划"：为新生儿家庭提供"阅读大礼包"，组建专家团队，为家长提供多元化的阅读指导。

（2）"小树苗·绘阅"亲子故事会：面向社会招募讲故事的志愿者，成立长春市图书馆"绘阅专家讲师团"，提升活动品质。

（3）"小树苗"亲子手工坊：以邀请专业老师进行授课与指导为主，在老师的指导下开展软陶、剪纸、折纸等手工制作活动。

（4）"小树苗"亲子阅读沙龙：组建家长互动交流活动群，就亲子阅读或孩子独立阅读中遇到的问题和感想展开讨论。

（5）"小树苗"亲子阅读讲堂：围绕亲子阅读相关话题开设讲堂，由图书馆邀请嘉宾主讲，小读者和家长共同聆听。

（6）"小树苗"数字阅读活动：与数字传播公司建立联系，利用馆藏资源开展网上阅读活动，形式包括线上指导、公众号推文等。

（7）"小树苗"假日影院：利用丰富的馆藏电子资源，选取优秀的影片进行放映，组织小读者和家长集中观看。

（8）"小树苗"图书荐购活动：小读者和家长可以通过线上和线下两种方式，自主选择图书直接借阅。

（9）"小树苗"爱心置换活动：设立儿童公益置换集市，组织家庭开展义卖，并将筹到的善款、善物用于促进儿童公益事业。

（10）"小树苗·书醒"阅读打卡活动：利用微信建立阅读打卡群，每月推出一本共读图书，倡导父母与孩子共读。

4. 实施情况

（1）依据成长需要，提供精细化服务。"小树苗"系列亲子阅读活动结合少年儿童的身心特点和审美趣味设计活动内容。每项活动各有侧重，针对少年儿童成长需求设计并细化活动内容，在精准对接少年儿童需求的同时，兼顾到家庭对少年儿童发展的愿景，促进了主题活动效能的提升。

（2）多维立体模式，提供多元化阅读。"小树苗"亲子阅读活动涵盖听、说、读、写、行5个方面，使少年儿童能够在多元阅读情景中，与书籍建立互动，让小读者由"浅层阅读"到"深度阅读"，再到"创意评论"，发展思维能力，培养阅读能力；同时指导家长进行有效伴读，增加亲子家庭阅读的仪式感。

（3）把握时间节点，提升品牌化效应。充分利用元旦、春节、端午节、中秋节及寒暑假，开展包饺子、猜谜语等与传统文化、节日风俗相关的活动，体验非遗手工艺品的制作。这些围绕传统节日开展的亲子阅读活动寓教于乐，聚集人气。

（4）借助社会力量，完善系统化建设。"小树苗"亲子阅读系列活动是一项需要长期坚持的系统化工程，"政府＋图书馆"的参与模式，为图书馆协调社会各方面的资源提供了有力的制度保障；与具备专业资质的社会教育机构合

◎ "小树苗·绘阅"亲子故事会：趣味大提问

◎ "小树苗·爱贝阅读计划"：家长启动仪式

◎ "小树苗"亲子阅读讲堂：市民读书节亲子合诵

◎ "小树苗"新春联欢会：家长与小朋友共绘美好蓝图

作，极大丰富了活动内容；以故事妈妈、东北师范大学教授为代表的社会组织与志愿者的积极参与为活动在深度和广度上的拓展提供了可能。

5. 活动效果

"小树苗"亲子阅读系列活动以展示推广亲子阅读为目的，不断整合馆内外文化资源，创新活动形式，通过举办形式多样的阅读推广活动，吸引了少年儿童及家长的广泛关注和参与，得到了政府、学校、社会志愿者、家庭的有力支持，现已具有稳定的参与群体和成熟的服务模式。目前，图书馆员既是活动的宣传者、组织者和策划者，也是阅读的践行者，指导、引领少年儿童对阅读多一分喜爱，带动更多家庭提升阅读素养。

（撰稿人：吉林省长春市图书馆　孟　静）

"亲子同读品书香，饱读经典气自华"
主题亲子阅读活动

1. 活动背景

为进一步发挥小十月文学基地的引领示范作用，推动"小蜜蜂书友社"活动向纵深发展，力争让学生诵读点亮家庭诵读、学生阅读点燃家庭阅读，发扬读书点亮生活、读书点染心境的阅读初心，吉林省吉林市船营区第二十五小学校继"今天你读书了吗？""成长的声音""美丽遇见""遇见一个文化的船营""为中华之崛起而读书"五届读书节后，启动了以"亲子同读品书香，饱读经典气自华"为主题的亲子阅读活动。

2. 参与对象

全校 32 个教学班的学生及其家长。

3. 准备情况

亲子读书活动分宣传筹备、活动展示和总结评价三个阶段进行。

学生和家长在接到学校通知后，以居家背诵和读书为主要形式。低、中年级根据学生的实际情况，申报古诗词背诵的篇目和数量，学校进行统筹规划，由班主任统计学生背诵情况；高年级则依据教材和课程标准，教师组织学生和家长申报家庭整本书阅读计划，各班独立进行统筹梳理和活动展示设计。

4. 实施情况

（1）亲子阅读，深入延续。将开展的"亲子同读品书香"亲子阅读活动深入延续。依托"语文主题学习"资源平台，教师在布置教材同步延伸阅读的同时，布置整本书阅读计划。教师、家长和学生每日坚持一个小时诵读，或在读书打卡的基础上，倡议各班级每周定期开展读书交流活动，让阅读成为一种习惯。

◎亲子阅读活动照片——成果展示

< 陪伴计划31期徐…师直播1群(313)

陪伴计划直播
下面我们先为大家介绍一下今天的分享嘉宾，徐玲老师。

陪伴计划直播
[图片]

陪伴计划直播
徐玲，中国作家协会会员，鲁迅文学院作家高研班学员，江苏省作协签约作家。已出版《加油！小布谷》《我会好好爱你》《我的狼妈妈》《永远第一喜欢你》《如画》等50多部优秀品牌少儿图书。作品荣获中宣部"五个一工程"奖、

< 陪伴计划31期徐…师直播1群(313)

磨音转播助手

学好语文的"巧劲儿"超"笨办法"

磨音转播助手
[图片]
磨铁
XIRON

磨音转播助手

【主持人】
下面我们热烈欢迎温沁园老师开始今天的#磨音#吧！

◎亲子阅读活动照片——线上直播

（2）主题讲座，开阔视野。有效利用各级平台优秀资源，组织教师和家长共同收看、收听专家讲座。在学校的倡导下，全体教师和部分家长参加原点

教育线上课程培训，学习如何与孩子有效沟通等课程；收听7位儿童阅读专家、教育学者带来的"阅读伴成长"世界读书日公益讲座，作家温沁园"学好语文的'巧劲儿'和'笨办法'"、作家徐玲"大语文时代"等直播活动。

（3）线上擂台，校际连线。全面开展诗词诵读擂台赛，通过升旗课渲染氛围，引领示范。学生自主整理诗词目录，班级、小组内进行初赛，两个校区的对口班进行擂台决赛。全体班主任开阔思路，丰富活动形式和内容，充分利用钉钉、企业微信、QQ直播、微信视频等各种信息平台，为学生搭建展示自我的舞台，充分调动家长、学生诵读诗词的热情。4月23日，借世界读书日契机，各班级将读书日活动中的作品进行交流分享。同时，推选出亲子诗词积累优秀家庭，为两个校区2020年线下诗词大会做好准备。

（4）拒绝盗版，绿色阅读。组织3～6年级学生和家长参加吉林省教育厅主办的"云端绿书签"活动，号召学生通过文字、漫画作品，传递绿色阅读理念，进行好书推荐。

（5）借助平台，锻炼提升。借助各级平台，鼓励学生积极参与、锻炼、展示。携手吉林市公共频道，开展"我们的朗读季"活动，推荐学生发送朗读课文的视频，争做"朗读小明星"；推荐优秀作品到小十月文学社；推荐优秀亲子诗词诵读作品，参加全国家庭亲子阅读活动展示。

5. 活动效果

亲子阅读，不仅带给学生惊喜、智慧、希望、勇气、热情和信心，还通过背诵诗词和同读一本书为父母创造与孩子沟通的机会，分享背诵和阅读带来的感动和乐趣。活动不但让亲子的融合度提高了、家庭和谐了，更让年轻的父母领略了孩子们不同凡响的思维深度和广度。活动过后，家长们纷纷表示，他们在活动中感受到，陪伴孩子成长如同重回生命最初的美好时光，他们很开心能够有机会放慢忙乱的脚步，静下心来与孩子一同阅读、一同成长、一同感受四季的轮回、一同感悟生命的美好。

（撰稿人：吉林省吉林市船营区第二十五小学校家庭亲子阅读体验基地　高崇慧）

"书香润德·阅读在身边"亲子阅读大赛

1. 活动背景

为认真贯彻落实习近平总书记注重家庭、注重家教、注重家风的重要指示精神，推进实施"家家幸福安康"和全民阅读工程，深化家庭教育工作，培养德智体美劳全面发展的社会主义建设者和接班人，自 2017 年起，吉林省妇联联合吉林省教育厅、吉林省新闻出版广电局（原）在全省广大家庭中深入开展"书香润德"亲子阅读活动，连续 4 年，省市上下联动共同举办了吉林省"书香润德·阅读在身边"亲子阅读大赛。

2. 参与对象

主要是省内 3 ~ 18 岁儿童及青少年家庭，活动分为海选、复赛和总决赛，加上前期踏查对接、预演，开展了 30 多场活动，覆盖全省 9 个市及自治州共24 万余组家庭。

3. 准备情况

大赛历时 9 个月，每年 4 月至 10 月在长春市、吉林市、辽源市、松原市、白山市、白城市、四平市、通化市、延边朝鲜族自治州陆续开展活动。

（1）启动仪式。抓住"4·23"世界读书日重要时间节点，举办"书香吉林·阅读在身边"亲子阅读大赛启动仪式，同时，携手吉林广播电视台旅游广播启动亲子阅读大赛。

（2）各地海选。以家庭为单位，参与人数不少于 2 人，以亲子共同阅读绘本故事、散文、诗歌等的形式，征集大赛作品。

（3）各地复赛。每个市（州）在各地海选基础上，选拔出幼儿组 10 组家庭、少儿组 10 组家庭进入复赛，并参加吉林旅游广播《加油吧宝贝》的直播节目。

（4）总决赛。参加直播并表现优秀的家庭可以参与总决赛。总决赛注重强化活动的权威性和知名度，邀请文化名人、播音主持界知名人士全程参与指导并评出优秀作品，获奖者可获得"阅读小达人"等荣誉。

（5）宣传展示。利用阅读日、家庭日、儿童节、寒暑假等节假日，组织开展亲子阅读大赛成果展示，线上和线下集中宣传展示大赛优秀作品，倡导广大家庭积极行动起来，从我做起、从家庭做起，共同分享亲子阅读，给儿童和青少年以及家长带来快乐、成长和进步，扩大亲子阅读大赛的覆盖面和影响力。

4. 实施情况

（1）广泛带动家庭，丰富群众生活。通过亲子阅读这一大主题，深入挖掘家庭故事和读书乐趣，融入亲情、友情，用百姓喜闻乐见的表达形式进行海选，既完成了比赛，又给各地群众带去了快乐，传递了全民阅读理念。

（2）聚拢名家资源，扩大社会影响。为了扩大活动的影响力，打造品牌，大赛邀请了社会文化名人、播音主持界知名人士全程参与指导，并担当评委，强化了活动的权威性和知名度。比如，我们邀请了中国儿童文学作家窦晶、于德北做评委嘉宾，各市（州）海选分别由吉林广播电视台著名主持人白月、袁博、岚新等现场主持。

（3）多部门参与，全社会关注。活动得到吉林省委宣传部全程指导，得到吉林省妇联，吉林省新闻出版广电局（原），吉林省教育厅，吉林广播电视台，吉林省图书馆，各市（州）宣传部、教育局、文广新局、媒体的大力支持和帮助，吉林旅游广播全程策划、组织，活动顺利推进。

（4）联合地方媒体，合力宣传造势。各地海选活动进展情况在各地宣传、教育、妇联等部门的媒体平台进行宣传，吉林旅游广播各档节目和微信平台同

◎各地大赛海选火热进行

◎延边祖孙三代动情演绎

◎大赛优秀家国情怀作品展示

◎总决赛精彩亲子展示

步进行宣传推广，并派出记者以现场连线报道、采写录音新闻的形式在早间资讯节目《城市早安》中播出。与各市（州）电台合作，除了协调场地、人员安排之外，还进行深入采访报道，在各地宣传亲子阅读活动，讲好家庭故事，挖掘阅读人才。

（5）活动影响广泛，共育全民文化素养。大赛联合吉林省9个市及自治州共同承办，150所儿童教育机构全程参与，展现了中国传统家风的现代传承、亲子教育的欢乐体验、多姿多彩的才艺特长，以及优秀选手背后的家庭风采和全民参与热情。

5. 活动效果

大赛历时9个月，联合9个市、自治州陆续开展活动，并取得圆满成功，得到社会各界的好评。通过各地海选、复赛、总决赛、成果展示等形式，各地各部门联动，线上和线下联合，宣传展示亲子阅读优秀作品，在全省掀起了传承好家教、好家风，建设好家庭，全民阅读，亲子阅读的热潮，为巩固"书香吉林·阅读在身边"成果，深化吉林省"书香润德"亲子阅读活动发挥了重要作用。

（撰稿人：吉林省妇女联合会　李冬萍）

"小小朗读者" 系列家庭亲子阅读活动

1. 活动背景

为深入贯彻习近平总书记关于注重家庭、注重家教、注重家风的重要指示精神，落实国家、省、市相关部门关于开展全民阅读的重要部署，充分发挥公共图书馆社会教育职能及家庭亲子阅读实践基地的功能作用，宁安市图书馆组织开展"小小朗读者"系列亲子阅读活动，传递科学家庭教育理念，引领亲子阅读风尚，形成家庭书香氛围，培养儿童阅读习惯，培育良好家风，促进社会主义核心价值观在家庭中落地生根。

2. 参与对象

少年儿童及其家庭。

3. 实施情况

宁安市图书馆自2017年升级改造以来，打破传统借、还方式，创新工作方式，在亲子阅读活动中，组织策划"小小朗读者"系列品牌亲子阅读活动，定期开展"家庭阅读好声音""我们一起读经典""浓浓国学情""推广普通话"等各类诵读活动和比赛，带动家庭阅读，推动形成"共阅读，同进步"的全民阅读氛围。目前，宁安市图书馆在册"小小朗读者"118人、小小志愿者20人、阅读家庭16个。2017年以来，宁安市图书馆组织亲子阅读活动130余次，参与活动人数达万人。

（1）开拓创新，精心组织策划。创新阅读方式，引导家长和孩子们走进图书馆、了解图书馆。活动策划注意循序渐进，根据不同年龄段的孩子，策划设计适合的活动。每一期活动，为了确保质量，我们都会精心策划、认真组织，在举办之前，通过微信公众号平台，提前向社会、读者告知活动时间、地点及相关要求。"小小朗读者"系列亲子阅读创新活动，有利于孩子健康成长，有

◎"小小朗读者"百人诵读会

◎莉莉老师讲故事

◎留守儿童走进图书馆

◎传统文化课堂——手工剪纸

利于建立融洽的亲子关系，在少年儿童与家长、馆员与家长、家长与家长之间搭建一座沟通的桥梁。

（2）举办比赛，提升朗读水平。为提升小读者的阅读兴趣，拓展阅读渠道，创新阅读方式，2018年4月，市图书馆成功举办首届"书香古城"阅读好声音少年儿童经典诵读大赛，来自市、乡、镇各小学的300余名选手参加了此次比赛，有12名晋级选手参加了总决赛。另外，市图书馆通过线上、线下征集"小小朗读者"朗诵视频，经过筛选，每月在图书馆微信公众号平台推出"每月一星"展示专栏，12期月明星朗读者会有机会参与"小小朗读者"新年特辑视频制作。

（3）主题活动，持续精彩呈现。近年来，市图书馆陆续举办"推广普通话，弘扬传统文化""浓浓祖孙情，开心过重阳""书香家庭，为爱诵读""老中青少，引领阅读"等主题活动，通过各类主题活动，激发少年儿童的阅读热情，为少年儿童营造爱读书、读好书、善读书的浓厚氛围，发挥家庭阅读在培育家国情怀、弘扬中华优秀传统文化、传承良好家风等方面的重要作用，引导广大少年儿童在亲子阅读中陶冶爱国情操。

（4）活化形式，引导家庭阅读。依托各类节日组织开展有奖竞猜等活动，例如，正月十五，组织开展猜灯谜活动，让孩子自己写谜语，选出 100 条悬挂，并对猜对谜语的小读者发放小礼物；端午节期间，组织传统文化、端午小知识有奖竞答活动，对答对题目的小读者奖励小香包，以资鼓励。

（5）阅读实践，增进亲子互动。图书馆不仅是单纯看书读书的地方，也应该成为让孩子们流连忘返的精神乐园。秉承这样的宗旨，2017 年图书馆推出创意软陶手工课、剪纸培训公益课堂、莉莉老师讲故事等各种实践活动。这些活动集读书、观察、动手于一体，让传统的个人阅读活动提升为交互式的学习交流活动。制作手工的过程不仅提高了少年儿童的动手能力和思维能力，也增进了亲子交流互动，让家长和孩子共享美好时光。

4. 活动效果

"小小朗读者"亲子阅读活动将家庭教育和图书馆活动相结合，整合双方资源，扩大活动的参与面，积极有效引导阅读，充分发挥图书馆社会教育职能。以书为媒，突出小型化、常态化、精品化、亲情化的特点，用活动引领阅读，吸引更多的家庭、更多的孩子走进图书馆、爱上图书馆，从而爱上阅读，这种独特的方式深受孩子的喜爱、家长的认可，在社会上引起广泛关注并获得一致好评。通过系列活动的举办，也让更多的家长意识到阅读的重要性，为孩子营造一个充满"书香"的家庭阅读氛围，让阅读成为一种习惯。

（撰稿人：黑龙江省宁安市图书馆　韩百合）

爱阅读，长智慧，涵养家国情怀

——"亲子阅读分享会"系列活动案例

1. 活动背景

为深入贯彻落实习近平总书记关于注重家庭、注重家教、注重家风的重要指示精神，深化"书香飘万家"家庭亲子阅读活动，助力全民阅读，大庆市妇女儿童活动发展中心充分发挥妇女儿童阵地作用，以"爱阅读，长智慧，涵养家国情怀"为主线，开展"亲子阅读分享会"系列活动，营造良好的读书氛围，培育儿童的家国情怀，提升儿童的综合能力，让阅读成为孩子们最宝贵的人生财富。

2. 参与对象

全市 0 ~ 12 岁少年儿童及家庭成员。

3. 准备情况

（1）师资准备。"亲子阅读分享会"系列活动邀请全国家庭教育十佳公益人物崔天凌，全国家庭教育百名公益人物王秀芳，黑龙江省教育科学研究院原副院长、中国人生科学学会教育信息化专业委员会理事长崔永平，市青少年演讲口才协会会长席秀梅等家庭教育领域的专家，研究和参与亲子阅读活动，共同探索"研究性阅读"的学习体系。

（2）内容准备。"亲子阅读分享会"系列活动将诗词经典、国学礼仪、科普书籍等多类别、多层次的书籍纳入阅读范围，依据书籍特点，灵活开展有针对性、趣味性、延展性的阅读分享活动，如在阅读诗词经典、历史成语典故时，以创演剧目等形式，学历史、爱祖国；将科普书籍带到"生态亲子营"的自然教育活动中，组织少年儿童观察研讨，并以绘画、文字记录研学结果等。

（3）拓展准备。为使亲子阅读更具深度、广度，能够更深远地促进儿童综

◎亲子阅读活动中，家长以身作则，进行好书推荐

◎亲子阅读活动中，孩子们积极荐书、评书

◎儿童生态亲子营走进自然，记录"我的自然笔记"

◎"我与祖国共成长"双有主题系列教育活动中，"亲子阅读分享会"优秀学员担任解说员

合能力的提升，设计"悦读空间"等活动，引导家庭成员进行有深度、广度的项目式阅读，在阅读中联系自己、联系生活、联系社会、联系世界，影响和带动他们在阅读中善于思考问题、善于解决问题，促使少年儿童的学习能力得到提升。

4. 实施情况

（1）阵地活动双向推进。充分发挥专家资源和社会力量的优势，创办"准妈妈公益课堂亲子教育基地""巾帼儿童生态亲子营""鹦鹉剧社"等亲子阅读阵地。面向全市家庭，广泛宣传"读书即教育"的亲子阅读理念，组织丰富多彩的亲子阅读活动，营造全社会重视和参与亲子阅读的良好氛围。每年组织"十佳亲子阅读者"评选，通过微信平台读书打卡展示、阅读演讲、主题演出等活动，引领、指导亲子阅读；开展"亲子阅读分享会""亲子鹦鹉剧社""好书推荐、好书分享"等专题活动，带领家长研习技巧、分享心得；组织"阅读助力人生"朗诵比赛、"我与祖国共成长"双有主题系列教育活动等，集中展示亲子阅读活动成果，创新组织"亲子阅读云享课""家庭亲子公益微课""庆七一"云朗诵等线上活动，用亲子阅读给予孩子疫情时温暖的陪伴。

（2）"兴趣""习惯""能力"三重培养。一是注重兴趣培养，阅读生活和体验自然。创新阅读方式，带领亲子在书本阅读基础上，参观展馆、探访自然，活化书本知识，学会探寻式思考，激发阅读兴趣。在一次走进"湿地"的活动中，孩子们自发提出精彩的问题："为什么湿地的蚊子比姥姥家的蚊子大？""为什么湿地的白天鹅比奶奶家的家鹅脖子长？"孩子们在思考中寻找答案，从而进入"提出问题、分析问题、解决问题"的系统深入的学习模式中，借助家乡风物的研习，将"自然百科书"读活了。

二是注重习惯培养，以书籍浸润心灵。活动中，我们发现许多家庭亲子读书习惯不佳、范围窄、应用少。为此，中心开展一系列"好书推荐、好书分享"活动，通过"我最喜欢的一本书""这本书给我的启发"等话题分享，每个家长和儿童都将书中最触动心灵的段落、对自己帮助最大的一句话分享给大家。特别是在选书、读书环节，从文学巨著到科普读物，从人物传记到纪实文学，孩子们有感情地在众人面前大声朗读、侃侃而谈。

三是注重能力培养，项目式阅读提升读书模式。为避免阅读目标缺失和混淆，我们援引专家资源，以有深度、有广度的项目式阅读，让亲子阅读从娱乐阅读、简单获取阅读，向思考性阅读、创造性阅读转变，实现质的飞跃。我们组织"悦读空间"等活动，让阅读交流由介绍式、书评式的交流转变为启发式、研究式的交流，努力形成多元视角、多元思考、有审辩思维和创造性的阅读交流。让儿童逐渐习惯带着问题去审辩阅读，不盲从书中的信息观念，最终实现"记忆—理解—应用—分析—评价—创造"的深入阅读。同时，培养儿童微观阅读和宏观阅读相结合，不仅向书本学习，还要延展出向社会学习、向世界学习的习惯。

5. 活动效果

"亲子阅读分享会"系列活动开展以来，举办了近千期线上、线下亲子阅读活动，已惠及数万家庭，参与人次达十几万。活动中，我们不仅培养了儿童的认知能力和深入思考的习惯，也增进了亲子之间的感情，涵养了家国情怀，为少年儿童亲近自然、快乐学习、幸福生活，最终成长为为国研究、为国创新的人才打下了良好的基础。

（撰稿人：黑龙江省大庆市妇女儿童活动发展中心　邹　娟）

童话绘本添童趣，亲子阅读助成长

——"爱悦享"童话节创新案例

1. 活动背景

为了进一步推进"爱悦享"园本特色阅读活动，丰富幼儿园文化生活，构建特色幼儿园文化，黑河市幼儿园开展了以"爱悦享——走进童话世界"为主题的童话节活动，使孩子走进绘本故事中，提高孩子的语言表达能力，培养孩子敢于在集体场合表演的勇气，让孩子养成良好的阅读习惯，在活动中感受阅读的快乐、童话的多彩，体验童年的快乐。

黑河市幼儿园被评为"全国家庭亲子阅读体验基地"以来，举办了一系列亲子阅读活动，充分发挥引领亲子阅读风尚、指导亲子阅读的作用，以点带面影响全市家庭亲子阅读活动的不断深入开展。

2. 参与对象

黑河市幼儿园全体幼儿、家长、教师，共450余人。

3. 准备情况

园内一楼、二楼大厅做童话节装饰，各班级张贴童话节海报，动员家长一起参与童话节活动。丰富各班图书漂流区书架图书以及布置班环境，让幼儿充分感受童话节气氛。4月初各班制作海报，进行童话剧方案策划、演员选拔，服装及舞台背景制作等工作。5月6日—16日16:20，各班根据抽签顺序在二楼剧场进行童话剧展演活动。

4. 实施情况

（1）系列活动一：缤纷童话节，我是小童星

活动时间：4月初

◎童话节海报

◎亲子手绘绘本

◎我来画童话——《小乌
鸦爱妈妈》

◎童话节的大小主持人

◎童话节演出现场布置

◎童话节演出

◎童话节演出——《可爱的蓝精灵》

各班教师和幼儿一起制作童话节海报，号召幼儿读童话、演童话。为使幼儿充分感受童话带给身心的神奇体验，活动期间幼儿可以每天穿漂亮的服装入园，可以装扮成喜欢的童话人物形象展现自己，和大家一起分享童话节带来的快乐，让童话节真正成为孩子们自己的节日。我们随时抓拍孩子们可爱的瞬间，为他们留下美好的回忆！

（2）系列活动二：温馨时刻，重温童话梦——亲子共读一本童话书

活动时间：4月中旬

活动目的是让家长真正走进孩子们的世界，亲子共读一本童话书，共同感受童话的魅力。亲子共读一本书的时光是动人的、美好的，老师或家长用相机留下美好、温馨的时刻，共同分享童话带来的幸福！

（3）系列活动三：童话世界，我来画童话——亲子画童话活动

活动时间：4月末

通过认识并画出童话人物、为童话人物扮靓等一系列绘画活动，鼓励幼儿大胆下笔，在练习绘画基本技巧的同时发散思维，培养幼儿的想象力。

（4）系列活动四：走进童话，我来演童话

活动时间：5月6日—16日

各班级根据抽签顺序进行童话剧展演活动。

5. 活动效果

童话节系列活动丰富了幼儿园文化生活，构建了特色幼儿园文化。在童话节期间，450余人参与了此次活动，老师、孩子、家长们一起排练，一起制作道具，一起感受童年的快乐，一起走进童话的王国。童话节活动为孩子们提供了更多展示自我、锻炼自我的机会和平台，增强了孩子们的自信心和成就感，让孩子们在活动中感受阅读的快乐、童话的魅力。黑河市幼儿园也在此次童话节的活动中充分发挥了亲子阅读体验基地的带动和辐射作用，让孩子和家长们爱上阅读、享受阅读、分享阅读。

（撰稿人：黑龙江省黑河市幼儿园　付　英）

雪孩子阅读成长计划

1. 活动主题

黑龙江省哈尔滨市图书馆于 2017 年正式全面启动"雪孩子阅读成长计划"。该计划从阅读兴趣、阅读质量、阅读方式、阅读心理、阅读广度与深度等方面入手，组织开展丰富多彩的阅读活动，并针对不同层次小读者做出相适宜的阅读方案，以此提高少年儿童的阅读质量和效果，满足少年儿童日益增长的阅读需求，帮助他们汲取知识、怡养性情、提高素质、树立远大志向、培育美好心灵。

◎项目 logo

◎宣传材料

2. 主要措施

"雪孩子阅读成长计划"是针对少年儿童阅读现状而开展的一系列涵盖心理疏导、兴趣培养、绘本阅读、职业体验等多方面的阅读推广活动。针对培养小读者对书籍的兴趣，开展了"古书探秘之旅"；针对小读者的阅读心理引导，

◎雪孩子朗诵

◎雪孩子故事屋

◎阅读培训

◎故事大赛

◎小读者比赛

◎书评活动

推出了"沙盘游戏";针对分级阅读的需求,开展了好书分享活动;针对学龄前及小学低年级组儿童,定期开展"雪孩子故事屋"项目;针对小学高年级组,开展"小小图书管理员"和"有奖书评"项目;针对我国少年儿童普遍阅读量不够的问题,开展以借阅量和借阅质量为标准的"优秀小读者"的评选活动;针对阅读资源分布不均匀,城乡差异巨大的问题,建立少儿图书流动站,营造良好的阅读氛围,开展"少儿剧场"等活动项目。

"雪孩子阅读成长计划"以阅读推广为主线,开展各种活动对不同年龄段小读者荐读好书。"雪孩子故事留声机"用声音打开图书;推出针对图书阅读的"沙盘游戏";结合彩泥、绘画、乐器等开展"雪孩子七彩课堂",激发孩子阅读兴趣;开展"雪孩子故事屋",让图书中的故事滋润孩子心灵;让小读者走进"雪孩子朗读花园"朗读美文;由专业的阅读推广老师开展"雪孩子阅读推广课";开展"少儿剧场"播放图书相关影音,深入荐读图书;"我阅读,我快乐——有奖书评"活动对小读者进行表彰奖励。一系列活动让一本书一步步深入孩子内心,让孩子一点点真正读懂一本书,真正在读书中成长、在成长中成才,把阅读推广做到实处,提高阅读推广服务水平。

3. 解决的主要问题

通过开展各种阅读活动，提高了小读者的阅读兴趣和阅读积极性，使阅读成为小读者人生中最重要的学习方式，成为全面获得知识的重要手段。阅读的同时，小读者开阔了视野，学会了与他人和谐相处、团结协作，养成了良好的生活习惯和学习习惯。

项目对少年儿童起到了引导和教育的作用，提高了小读者的阅读能力、领悟能力、语言表达能力和沟通能力，帮助其形成良好的道德品格和健全的人格，树立远大志向，成为担当民族复兴大任的时代新人。

4. 示范作用

"雪孩子阅读成长计划"系列活动涉及面广，针对不同层次的小读者开展有的放矢、丰富多彩的活动。市图书馆少儿借阅活动中心成立活动微信群2个，容纳近500人，结合中心活动同时开展寓教于乐的少儿活动，起到了广泛宣传阅读的目的。活动通过图书馆微信平台发布后，利用报纸、广播、网络等各种媒体进行宣传，引起社会广泛关注。

5. 活动效果

"雪孩子阅读成长计划"以小读者的阅读需求和促进阅读的活动为重点，以不同年龄、不同时期的阅读推广模式为线，以传播正确的阅读理念、提升儿童自主阅读水平和扩大快乐阅读的内涵为面，着力抓点、以点串线、以线促面，努力做好少年儿童阅读推广工作。

市图书馆非常重视少儿借阅活动中心的创新与发展，"雪孩子阅读成长计划"在图书馆已经连续3年被评为"优秀项目"。为了长远发展，加大社会影响力，特意设计了该项目 logo，便于推广以及扩大社会影响。少儿借阅活动中心扩大服务范围，创新服务形式，拓展服务内容，与多家单位合作建立了阅读基地，如延兴小学建立了"读书活动基地"，与黑龙江大学研究生院建立了"青年志愿服务基地"等。2018年4月，哈尔滨市图书馆被全国妇联家庭和儿童工作部授予"全国家庭亲子阅读体验基地"称号。经过几年的发展，"雪孩子阅读成长计划"项目在我市已经形成了品牌效应，受到了社会各界的认可。

（撰稿人：黑龙江省哈尔滨市图书馆　卢建才）

"齐图图乐儿坊"亲子阅读基地

1. 活动背景

为提高家庭成员特别是新时代少年儿童的素质,黑龙江省齐齐哈尔市图书馆秉承"阅读滋养童心,展现自我"的理念,致力于"让阅读无处不在",深入推动文教相结合,利用图书馆资源成立了"齐图图乐儿坊",着力提供优质阅读内容,促进少年儿童阅读,激发读书兴趣,深入开展打造全新阵地阅读推广活动。

2. 活动流程

"齐图图乐儿坊"每次活动都是通过准备工作、发布预告、开展活动、总结提升4个环节推进。准备工作主要是确定活动主题、时间、场地、宣讲人、参与人数,设计宣传内容,制作活动海报;发布预告主要是通过微信公众号,发布活动预约信息,确保读者第一时间获取活动信息,并筛选参与家庭或人员;开展活动,主要是在主持人的引导下,借助部分道具,充分激发孩子的想象力、创造力,为小读者带来丰富多彩、形式多样的阅读体验活动;总结提升主要是

◎国学堂

◎欢乐阅读动小手——手绘京剧脸谱

◎绘本亲子沙龙——《嘿，站住！》

◎绘创空间——乐高

◎绘创空间——水彩西瓜

◎小蝌蚪儿童绘本剧场——《拔萝卜》

◎心知语育儿堂

◎英语绘本故事屋

对活动进行总结，吸收经验，改进不足。

3. 活动实施

（1）"齐图图乐儿坊"把引导少年儿童追求真善美、传承中华优秀传统文化放在第一位，面向中小学生推荐优秀书目。"齐图图乐儿坊"以本馆微信公众号为推广平台，为全市儿童的阅读服务开启了一种新的方式。针对5～14岁少年儿童的年龄特点，以诵读经典诗文、积淀国学素养为主题，以经典绘本、童话故事为载体，以手工、绘画创作为形式，"齐图图乐儿坊"精心打造了"绘本亲子沙龙""小蝌蚪儿童绘本剧场""国学堂""英语绘本故事屋""欢乐阅读动小手""绘创空间""心知语育儿堂"等7个品牌公益活动，通过讲座、表演、绘创、观影等方式，引导儿童诵读经典、品味经典、演绎经典，体验同伴合作及亲子合作的乐趣；引导与激发家长与孩子共成长共阅读，构建家庭、社会相结合的育人格局与理念。

（2）为进一步形成多方资源共享优势，提升活动品质，"齐图图乐儿坊"在活动模式上进行了创新尝试，采取了独特的"爱心志愿"模式，依托志愿教师、教育机构、学校等社会资源，向社会公开招募活动主讲人，吸引了多个社会公益团体及个人加入，建立了近百人的爱心志愿者队伍和完善的志愿管理机制。"齐图图乐儿坊"以"有声绘本故事"为主打，定期组织志愿者、小读者及父母担任主讲人，为大家讲故事，开展交流互动，推广优秀绘本，提倡亲子阅读。每期活动都做到主题鲜明、目的明确、指导到位，吸引众多孩子和其父母关注阅读、爱上阅读。

4. 活动成效

"齐图图乐儿坊"为不同年龄的儿童提供多种媒介形式的资源和服务，为儿童及家长打造一个快乐的阅读体验和育儿交流平台。两年来，"齐图图乐儿坊"共开展各类活动87场次，参与人数7880人。其多样的形式、丰富的内容，受到了家长及小朋友们的认可和喜爱，成为齐齐哈尔市少儿文化领域、志愿服务领域的一张名片。

（撰稿人：黑龙江省齐齐哈尔市妇联家庭和儿童工作部　邹伶伟）

"爱·陪伴"亲子阅读生态系统

1. 活动背景

杨浦区"爱·陪伴"亲子阅读生态系统是杨浦区妇联、区妇女儿童活动中心充分发挥其"4+1"核心优势，以亲子家庭为核心人群，为充分满足亲子阅读的需求而量身打造的生态化服务体系。杨浦区妇联、区妇女儿童活动中心充分整合社会资源大平台，利用市、区、街道、居委四级妇联组织的网络优势，打造了"阵地打造—社区自治—专业团队—绘本资源—线上服务—公益赋能—活动载体"核心服务链，形成有效闭环，多样化、立体化地丰富了亲子阅读服务平台建设。高质量的服务、愉悦的阅读体验吸引了广大杨浦区亲子家庭的参与。

2. 主要做法

（1）精心打造阵地，让阅读成为"悦读"。2018年6月，杨浦区启动"爱·陪伴"家庭亲子阅读项目，以杨浦区妇女儿童活动中心为核心的首批6个社区绘本馆试点开馆，2019年扩展至29个，为广大社区家庭提供优质的绘本阅读场所。区妇女儿童活动中心指导各社区开展亲子阅读服务，定期发放优质的绘本读物及绘本课程，并将父母学堂、亲子阅读、亲子创意美术、亲子运动等广受社区家庭欢迎的家庭教育服务送到基层，让亲子家庭可以在社区绘本馆里体验阅读的快乐，也可以通过相关延伸活动了解更多亲子阅读、科学育儿的知识。

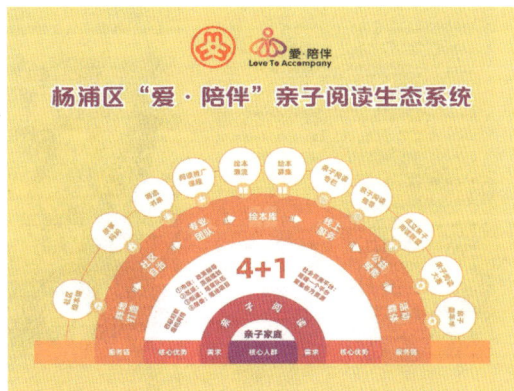

（2）发挥社区自治力量，

"故事妈妈"聚人气。区妇女儿童活动中心积极发挥公益妈妈力量，成立"故事妈妈"队伍，仅区级层面已培育50多名"故事妈妈"，推出"小故事，大道理"亲子阅读课程，凝聚社区中热心公益、对亲子绘本阅读有心得的妈妈们，为社区亲子绘本馆提供公益课程。大力开展亲子社群建设，并在已建立的亲子阅读群里开展线上家长培训、提供亲子服务信息，做到精准服务。

（3）创新借力，联手专业团队提升父母育儿理念。区妇女儿童活动中心与宝宝树、壹家绘本馆等第三方专业服务机构合作开发设计亲子阅读指导课程，并将课程引入绘本馆和社区，近百节课程从认知能力、习惯养成、社会情感、逻辑思维等方面系统培养父母在亲子阅读中应该掌握的技巧和能力。同时，区妇女儿童活动中心为各社区绘本馆配置的绘本是由国内知名专家学者结合心理学、教育学、图书馆学、童书翻译、语言学等学科理论与实践，历时半年从6000本图书中层层严选而来，最终呈现在小读者的面前，供亲子共读。

（4）凝聚社会力量，丰富绘本资源。实践发现社区绘本馆中最缺的就是绘本，为了解决这一难题，区妇女儿童活动中心采取了三项举措，积极发挥

社会力量募集优质绘本：一是与区少儿图书馆合作，将下架绘本充实进社区绘本馆；二是发动杨浦区妇女企业家协会、区内企业以及区妇联界别政协委员等团体和个人向杨浦区社区绘本馆捐赠了价值 48300 元的绘本和 3000 多册图书；三是联手杨浦区融媒体中心、达达集团等打造"爱·陪伴——童绘杨浦绘本漂流公益项目"，形成政府、企业、社会组织、社会公众多方合作募集绘本，打造亲子家庭阅读服务创新平台。

（5）公益赋能，亲子阅读联盟增强辐射力。2019 年 6 月 1 日杨浦区亲子阅读联盟成立，集合个人、亲子家庭、社会组织、企业等社会力量，不断扩大杨浦区亲子阅读项目的影响力和覆盖面，助力"全民阅读"活动。一年间，区妇女企业家协会、爱绿教育集团、海芽家庭教育服务中心、缘聚青年社工师事务所等各方力量联合为社会、为家庭提供了许多资源。

（6）创新线上服务，打造虚拟书屋。与亲子阅读大赛获奖家庭小牛筋妈妈合作，在杨浦区妇联微信公众号上开设"智'绘'陪伴"家庭教育专栏，并与亲子阅读项目合作方联手，每周推出家庭亲子阅读、家庭教育专栏推文。

（7）亲子阅读大赛，让孩子收获成就感与自信。自 2018 年开始，杨浦区妇联、区妇女儿童活动中心举办的"亲子嘉年华"成为杨浦区每年的亲子家庭大型活动，让亲子阅读有了更大的展示平台。

2019 年 3 月—6 月，举办"智绘陪伴·让爱不凡"第一届亲子阅读大赛，近 500 组家庭报名。其间开展 4 天商业中心快闪店招募，7 场免费线上、线下参赛家庭亲子阅读培训，在 4 个社区点位举办预选赛，并于"六一"期间在长

阳创谷举办"亲子嘉年华·亲子阅读大赛"决赛，吸引了500多组家庭2000多人观摩。

2020年2月—6月，举办第二届亲子阅读大赛。大赛主题为"智绘陪伴·为爱守护——我们都是战'疫'守护者"，鼓励亲子家庭阅读以"爱"为主题的绘本，让孩子从小学会感恩、学会守护、学会关爱他人。创新地将整个6月定义为"亲子陪伴月"，开展了"亲子阅读大赛""'晒'书房""绘本'换'新""梦想许愿树"等线上、线下活动，并于端午节期间，在上海时尚中心举办了"亲子嘉年华·亲子阅读大赛"决赛，现场吸引了3万多名观众。

3. 工作成效

（1）社区受众多。杨浦区妇女儿童活动中心的"爱·陪伴"亲子阅读服务吸引了社区大量年轻家长和祖辈家长，推动了科学育儿理念和知识的传播。不完全统计，2018年至今，线上活动总访问次数近22万次，线下活动吸引4万余人次参与。

（2）服务收效好。"爱·陪伴"家庭教育服务品牌为社区广大家庭提供了全面的、科学的亲子阅读、家庭教育服务，深受社区家庭欢迎，让孩子从小爱上阅读，让杨浦区亲子家庭的阅读活动有了很大提升。活动多采用微信抢票形式开展，很多活

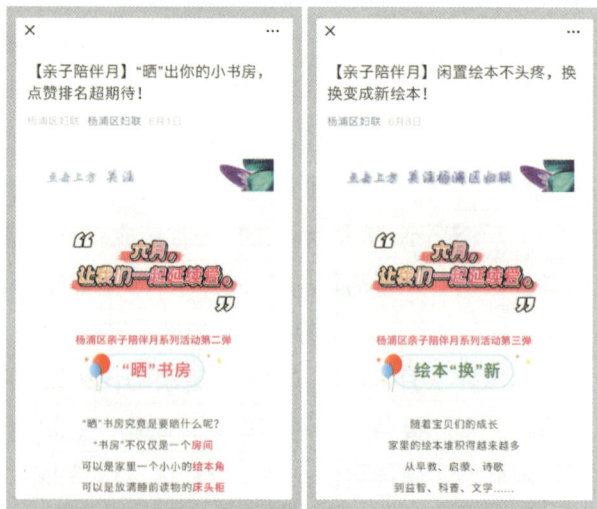

动都是一票难求。

（3）公益力量强。"爱·陪伴"亲子阅读生态系统是政府、企业、社会组织、社会公众多方合作的公益平台，汇聚了杨浦区融媒体中心、妇女企业家协会、妇联界别政协委员、宝宝树、达达集团、中国建设银行杨浦支行、爱绿教育集团、控江幼儿园教育集团等几十股公益力量，并培育了大批社区公益妈妈。

（4）社会关注度高。中国新闻网、《中国妇女报》《中国妇运》《新民晚报》《文汇报》《中国青年报》、东方网、爱奇艺、优酷、杨浦有线、《杨浦时报》等媒体对各类活动做了报道，传播面广。

（撰稿人：上海市杨浦区妇女儿童活动中心）

"梦享成长" 亲子阅读系列活动

1. 活动背景

亲子阅读以书为媒、以爱为伴，对于培养孩子阅读习惯、融洽家庭关系有着重要的作用。作为江苏省妇联下属的少年儿童校外活动阵地，长期以来，江苏省妇女儿童活动中心通过校外培训教学中的渗透、专题讲座的指导、亲子活动中的引导等形式，不断推进家庭亲子阅读活动的深入开展，探索校外教育与家庭教育有效融合的方法。自省家庭教育指导服务中心在活动中心挂牌后，如何推进其实体化运营，发挥应有的服务职能，成为一项重要课题。经过多番调查和集体讨论研究，2015 年活动中心明确了以亲子阅读活动为主要载体，打造"梦享成长"家庭教育指导服务品牌的实体化运营思路。

2. 参与对象

3 ～ 10 岁少年儿童及其家庭。

3. 准备情况

在整合江苏省妇女儿童活动中心奥体分部场馆资源的基础上，我们于 2015 年筹建了亲子绘本馆。亲子绘本馆主要面向 3 ～ 10 岁少年儿童家庭，提供绘本、家庭教育类图书的现场阅读服务，在周末、节假日免费开放。同时，依托江苏省妇女儿童活动中心的艺术教育资源，配合开展"梦享成长"主题亲子故事会、家长沙龙、绘本故事表演、图书漂流、创意美工等活动。自亲子绘本馆开放以来，经典的绘本和温馨的环境吸引了不少爱书的孩子和家长走进阅读世界。央视《我的一本课外书》节目全国总决赛亚军家庭、全国校外教育名师尤敏红老师、南京市书香家庭代表等先后应邀担任活动嘉宾，分享阅读经历和心得体会，为亲子家庭答疑解惑。截至 2020 年 8 月，已累计开展公益活动百余场，参与人数达3000 人次。

4. 实施情况

（1）坚持公益原则。大力开展公益亲子阅读指导服务，切实促进少年儿童全面、健康、快乐成长，是校外活动场所社会服务职能的重要体现。为保障"梦享成长"亲子阅读系列活动的持续常态开展，在启动之际，我们就建立了由分管主任负责总抓、奥体分部全员参与、综合管理部具体落实的组织机制，将打造"梦享成长"公益品牌作为长期的工作目标，将活动经费纳入年度预算，并积极争取财政专项支持，提前部署制订年度和月度活动计划，为活动的开展提供充足的保障。

（2）聚焦需求热点。开展亲子阅读指导服务应始终以家庭需求为导向，以让家长学有所得、学有所用，让孩子快乐体验、收获成长为目标。"梦享成长"亲子阅读系列活动的组织实施过程中，注重对家长需求的调研和活动的评价反馈。通过微信平台，我们征集了很多意见和建议，针对家长普遍存在的教育困惑和热点问题，比如"该如何选择绘本""怎样做好亲子阅读"等，开设专题

◎"梦享成长"亲子绘本阅读活动——《神奇糖果店》

◎"梦享成长"亲子绘本阅读活动——《月亮的秘密》

◎《下雨天去郊游》绘本与游戏的约会

◎ 2019 年世界读书日专场活动

讲座和家长沙龙，普及科学的亲子阅读知识、技巧和方法，有针对性地答疑解惑。

（3）注重活动育人。中心在"梦享成长"亲子阅读系列活动开展过程中，始终注重趣味性、强化实践性、渗透教育性，不断创新活动开展方式，策划了图书爱心义卖、绘本剧体验、亲子手工、21天亲子悦读计划等丰富多彩的活动。中心还以线上直播的形式，为亲子家庭带来纸戏剧表演。在每年的"世界读书日"到来之际，还特别策划专场公益活动，邀请儿童文学作家祁智、《东方娃娃》杂志社阅读指导专家宋力等开展阅读指导，为亲子家庭答疑解惑，让孩子们在快乐体验中收获知识和成长，让越来越多的家长通过活动关注亲子阅读、关心孩子的成长。

（4）整合社会资源。积极探索整合社会资源，凝聚多方力量，形成教育合力，共同打造专业的亲子阅读指导服务。2020年，活动中心与《东方娃娃》杂志社合作，将原来的亲子绘本馆升级打造为"东方娃娃童书馆"，童书馆藏有各类儿童绘本4300余册，以及家庭教育指导读物，周三至周日面向亲子家庭免费开放，每月定期由杂志社阅读指导专家开展亲子阅读指导活动。我们还与当地的省市媒体建立紧密联系，定期面向媒体小记者家庭开设专场活动，扩大活动参与面的同时，进一步提高了活动的知名度。中国江苏网、《扬子晚报》《南京晨报》《金陵晚报》、龙虎网等省市媒体多次对"梦享成长"亲子阅读系列活动进行报道。

5.活动效果

经过多年的不断探索实践，"梦享成长"亲子阅读系列活动取得了一定成效，获得了一些认可。相关活动信息每月通过微信平台提前向社会公众发布，名额经常被一抢而空。越来越多的家长和孩子通过活动走进阅读世界，获得科学的亲子阅读指导服务和快乐的亲子活动体验。未来，我们将继续发挥优势、积极作为，面向广大家庭广泛开展针对性和实效性较强的亲子阅读指导服务，与学校教育、家庭教育形成合力，为促进少年儿童的健康成长而努力！

（撰稿人：江苏省妇女儿童活动中心　乙姗姗）

"溢彩飞扬，悦动童年"亲子阅读嘉年华

1. 活动背景

为深入贯彻习近平总书记关于注重家庭、注重家教、注重家风的重要指示精神，落实做好家风建设和家庭亲子教育指导服务的工作要求，培养儿童阅读习惯，培育良好家风，扬州市少儿图书馆精心策划的"溢彩飞扬，悦动童年"亲子阅读嘉年华活动，于每年的 4 月 2 日国际儿童图书日举办，依托丰富的馆藏资源，开展丰富多彩的阅读推广活动，让孩子们在生动有趣的图书王国里，体验亲子阅读之旅。

2. 参与对象

全市少年儿童及家长。

3. 准备情况

在组织形式方面，涵盖立体书展览、亲子手工、家教讲座、亲子共读书目推荐等多种形式；在今年的活动中，由于疫情影响，我馆灵活应对，采用线上、线下相结合的方式，保证活动持续有效开展。

在前期宣传方面，为了让更多的读者参与到活动中，了解亲子阅读的重要性，我馆积极筹备，在扬州市第六届"朱自清读书节"开幕式上，正式启动扬州市第二届"溢彩飞扬，悦动童年"亲子阅读嘉年华活动，并邀请市领导为其揭幕。同时，还将嘉年华活动之一"一起听书·少图在线"搬上读书节的舞台。

◎第二届"溢彩飞扬，悦动童年"亲子阅读嘉年华启动

4. 实施情况

（1）零岁阅读计划：每年的国际儿童图书日，扬州市少儿图书馆工作人员都会来到市妇幼保健院，为新生儿送上阅读大礼包，为新生儿父母普及亲子阅读的重要性。今年为配合国家防疫政策，活动前期我馆积极和医院沟通，在疫情防控的范围内，将消毒后的21份阅读礼包交给医院。礼包内含有新生儿人生的第一张借书证、阅读手账、亲子阅读指导卡和《0～3岁儿童早期发展指导——育儿宝典》《1000天阅读效应——0～3岁阅读启蒙及选书用书全攻略》精美图书两本，由医生转赠给新生儿家庭，让他们开启阅读的全新旅程。后续我馆又积极跟进新生儿家庭，开展各种亲子互动的阅读活动，帮助家长掌握培养孩子阅读习惯的方法和技巧，鼓励家长与孩子开展亲子阅读，在孩子心中撒下阅读的种子。

（2）"异想书开"——立体看世界专题展览：书展由国内外典藏级别立体书、百余种经典立体书、外文原创立体书和翻翻书四个板块构成。其中国内外典藏级别立体书为读者准备了许多国内外历史上有里程碑意义的立体书和大量难得一见的经典全场景立体书；百余种经典立体书向读者展现了立体书世界中包罗万象的内容题材和大量令人惊叹的主题作品；外文原创立体书则囊括了国内难以一见的各种外文原创立体书。2020年的立体书专题展览又新增了"云看立体书线上展览"环节，通过介绍、分解、演示等手法，将立体书完全地展示在线上读者面前，开启了"宅家阅读"的新兴模式。本次展览为大家展出立体书近20本，吸引近千人在线浏览。

◎ "异想书开"——立体看世界专题展览1　　◎ "异想书开"——立体看世界专题展览2

（3）"一起听书·少图在线"活动：在抗疫的特殊日子里，扬州市少儿图书馆联合扬州新闻广播创新推出了《一起听书·少图在线》栏目，将馆藏的中外精品绘本图书，以音频的形式呈现，每天由馆员或新闻广播主播为大小读者们线上讲读绘本图书，并在扬州新闻广播"扬帆"平台设置专题板块，贴近读者、方便读者；除了录制音频、拍摄图片外，更有馆员老师精心剪辑绘本动画视频，以丰富的形式陪伴大小读者们度过温馨快乐的亲子阅读时光。

（4）"一起来做读书手账——让你的阅读时光更美好"线上活动：活动从4月持续到6月，通过线上视频教学的方式开展，共举办了8期，从构思、书写、绘画、排版、收集、整理等各方面入手，教读者如何做一本属于自己的读书手账，吸引了各个年龄段的读者超200人，其中不乏对手账感兴趣的家长读者。通过写读书手账，让自己看过的书能够以一种方式留下痕迹，在写手账的过程中，阅读不知不觉中变得更加有趣。记录手账不只是为了好看，更是为了回看，温故而知新。

（5）"智绘爸妈伴悦读"亲子绘本故事视频征集大赛：大赛从筹备到最终评审历时3个月，共收到作品152部。这些作品各具特色，充满创意和新意，表现形式丰富多彩，有家长讲读、亲子共读、手偶（纸偶）剧、亲子绘本剧表演等。经过精心筛选，共有30部作品分别获得故事大王奖、风采之星奖、书香家庭奖等。活动旨在通过家长给孩子讲绘本并录制视频的形式，增进亲子交流，拉近亲子距离，提高家长的育儿理念和技能，记录快乐阅读、幸福阅读的美好时光，让家长更深入地了解孩子们的精神世界，陪伴孩子们健康快乐成长。

（6）亲子共读100本推荐图书发布：少儿图书馆特别打造了亲子共读推荐书目，从出版社、采编、作家和老师等多角度，精选出适合亲子阅读的100本书，在每年的嘉年华活动期间发布，帮家长从众多图书中选择出适合自己和孩子的书。

（7）每月亲子共读一本书：我馆携手扬州广播电台《城市书房》节目共同打造亲子阅读公益活动，每月由我馆持证阅读推广人做客《城市书房》节目，在线为小朋友分享精心挑选的优质图书并进行阅读指导，陪大家共度亲子共读时光，享受孩子与父母共同阅读的快乐。同时，活动期间也邀请了多位名师专家、电台主播陆续惊喜现身，陪伴爱阅读的家长和孩子们一起走过了一段美妙的亲子共读旅程。

（8）亲子阅读专题讲座：为了让家长更好地践行亲子共读，嘉年华活动邀请了台东大学儿童文学研究所教授兼台东大学儿童文学学院院长、台湾著名儿童文学作家林文宝老师，他带来两场专题讲座"打造阅读的翅膀"和"幼儿阅读"，与家长们一起探讨在阅读中家长不能做的 10 件事、老师不能做的 10 件事，以及如何更好地启迪孩子们的智慧，从而提高孩子们的阅读兴趣，掌握亲子阅读的正确方法，让孩子们爱上阅读。同时，针对孩子们喜欢动植物的天性，邀请植物学博士、果壳阅读图书策划人史军老师走进少儿馆，开展"神秘的植物世界"专题讲座，和孩子们一起探讨神秘的自然乐园，带大家一起进入"植物人"的世界，与花草密语，与森林嬉戏，与植株辩论。

◎ "一起来做读书手账——让你的阅读时光更美好"优秀作品

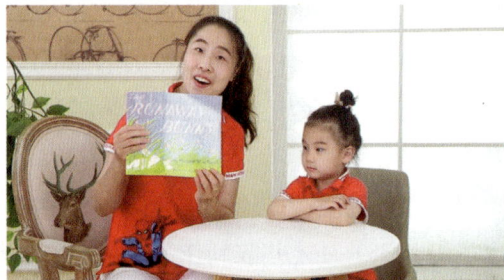
◎ "智绘爸妈伴悦读"作品

5. 活动效果

"溢彩飞扬，悦动童年"亲子阅读嘉年华系列活动是扬州市少儿图书馆的原创特色品牌活动之一，通过精心策划开展的一系列内容丰富、形式新颖的阅读推广活动，吸引了众多读者和家长的参与，也赢得了高人气、好口碑。由于今年的特殊性，线下阅读活动的开展一直受到限制。为了更好地满足亲子阅读的需求，丰富广大少年儿童和家长的阅读生活，我馆在线上活动的开展中进行了很多创新的尝试，如将阅读活动以视频直播的方式献给读者，将绘本图书以音频朗读的形式呈现给读者等，保证了嘉年华活动的有序开展，满足了大小读者的阅读需求。在当前形势下，在大数据时代里，希望通过我们的努力让更多的孩子在生动有趣的图书王国里体验快乐阅读之旅，让更多的家庭共享亲子阅读时光，濡染纸墨书香。

（撰稿人：江苏省扬州市少儿图书馆　华　斌）

云阅读·云指导·云服务
——疫情背景下亲子阅读创新项目

1. 活动背景

为了落实常州市"书香常州·悦读生活"全民阅读的有关要求，培养亲子共读习惯，2020年在新冠肺炎疫情下，常州市妇联、常州市幸福种子亲子阅读中心以家庭亲子阅读领航，面向家庭、面向儿童，利用云平台，通过"线上互动""幼儿家长双指导"的服务模式，组织线上亲子阅读活动、心理健康指导、家庭教育、亲子游戏等形式的活动，探索优化开展亲子阅读活动的创新方法，推进家庭亲子活动的创新发展。

2. 参与对象

红梅社区、华润社区、北南社区、菱溪社区的未成年人家庭及周边人群。

3. 准备情况

幸福种子亲子阅读中心组建13人服务团队，分5个小组，有计划、有分工；深入4个社区、1个家长学校，5种切入方式，形成项目特色和亮点。

为了精准了解服务需求，我们在群里与家长们一起讨论、一起交流。采用线上音频、视频、群聊与线下绘本课堂、拓展游戏等亲子系列活动相结合的形式，贴合幼儿特点，运用科学的方法指导儿童及其家庭开展亲子活动，达到心理防护的作用，实现项目效果。红梅社区采用老师讲绘本故事的模式，指导家庭亲子阅读；菱溪社区采用手指游戏和生活活动的模式，拓展家庭亲子游戏；北南社区采用配送美术手工材料包的形式，延伸家庭阅读服务；华润社区采用组建"小领袖参事议事工作群"和"阅读分享群"的形式，渗透坚持阅读的重要性；4大社区共建、共享一个家庭亲子阅读线上学校。

4. 实施情况

（1）云阅读：以阅读领航，科学指导家庭亲子阅读。

在常州市天宁区红梅社区，我们开展主题鲜明的互动活动，让社区家庭获得可看、可听、可品、可互动的家庭文化服务体验。

每期云阅读配有图文精细化讲解，专业的阅读推广人讲解绘本，一对一答疑，将理论学习与家庭育儿生活融会贯通，例如聚焦幼儿不会自己刷牙的问题，老师开展阅读活动"卜卜刷牙"，引导孩子们爱上刷牙，养成每天刷牙的好习惯；手把手教授家长亲子阅读的方法和技巧，指导家长与幼儿如何开展亲子阅读，可即时应用于每天的亲子阅读时光，让小朋友更喜欢与父母交流，体会到他们对自己的爱。

◎"顾文琴家庭工作室"在线推荐好书

◎志愿者教师录制阅读视频

（2）云指导：手指游戏和生活活动的指导，拓展家庭亲子互动。

疫情期间，家庭成了孩子学习的主战场，家长也从生活后台走向了教育前台，扮演起了"助教"的角色。幸福种子社工定时在家长群分享手指游戏，如饼干歌、睡午觉、一座小桥平地起等。同时，还穿插了生活活动指导，如整理自己的小衣服及小毯子等生活技能，加强对家庭劳动教育的指导，让宝宝们养成爱劳动的好习惯。另外邀请"顾文琴家庭工作室"的专家进行"云上授课"，形成"社区—家庭"双合力，共同做好孩子们居家学习和生活的指导，真正把假期"空白期"变为"有为期"。

（3）云服务：配送美术手工材料包，延伸家庭阅读服务。

为了提高家长和孩子的积极性，社工们制作好一份份精美的手工材料包，送给北南社区的孩子们，让孩子们在家也能跟着老师学做手工，增进亲子关系的同时，也能发挥孩子的想象力，给他们一个释放自己、表达自己的机会。美术作品完成后，家长纷纷在群里晒出孩子的作品，形成相互学习、展示自我的平台。

（4）云联结：构建线上家长学校，切实提升科学家教理念与行为。

疫情期间，家庭教育显得尤为重要。项目通过线上专家育儿讲座和微课堂以及家长经验分享等，采用主题讨论、个案分析、一对一帮助等方式，有针对性地给予家长帮助，让家长在疫情下利用"互联网+"，自由安排学习时间，自由选择学习内容，从而提高家长的教育理念。

5. 活动效果

常州市妇联、市幸福种子亲子阅读中心积极探索"云公益·云阅读"服务模式，开展多元、系统、深入的线上家庭育儿指导，关注儿童心理健康，科学指导社区 0 ~ 7 岁儿童居家生活学习。至今，红梅社区、菱溪社区、北南社区、华润社区共开展 40 多场线上活动，直接服务 500 余人次。新浪网、常州女性网、常州教育都有过多次报道。同时，幸福种子为建设标准化"云阅读·云指导·云服务"亲子阅读模式提供数据支持，这将为推进社区数字服务、精准管理、精细服务提供可能性的尝试和实践探索。

（撰稿人：江苏省常州市妇联、常州市幸福种子亲子阅读中心　顾文琴）

"爱阅·家"家庭阅读推广活动

1. 活动背景

为深入贯彻习近平总书记关于注重家庭、注重家教、注重家风的重要指示精神，推进园区家庭亲子阅读活动的深入开展，培养儿童阅读习惯，带动全家共读、乐学，形成区域家庭书香氛围，苏州工业园区图书馆推出了"爱阅·家"家庭阅读推广活动。

2. 参与对象

包括园区 10 多万少年儿童以及相关家庭成员，并辐射到园区的每一个家庭，各类活动关注及参与者累计超 50 余万人次。

3. 准备情况

"爱阅·家"家庭阅读推广活动打破传统的图书馆阵地服务的模式，活动组织形式多样，有在剧场举办的绘本剧大赛，有在图书馆组织评审的绘本创作大赛，有在社区活动中心、邻里中心、图书馆分馆、社区阅览室举办的家庭亲子阅读活动，也有在家庭图书馆举办的亲子共读讲读。活动除根据需要准备用品外，还开辟了"家庭阅读"图书专架，定制阅读礼包等。

4. 实施情况

"爱阅·家"家庭阅读推广活动从社会最基本"细胞"（家庭）开始培育阅读习惯，营造体验式共读氛围，通过发布幸福家庭阅读书目，指导并开展推广活动，推动家庭图书馆开放服务，打造苏州工业园区绘本剧阅读年品牌，开展形式多样、创意活泼的"爱阅·家"家庭阅读推广活动。

（1）"爱阅·家"阅读推广活动的基础——园区幸福家庭书目推荐

2017 年起，由园区宣传部指导，苏州工业园区图书馆联合全民阅读单位，每年发布幸福家庭阅读书目推荐手册，由领域内专家、知名人士、图书馆、书店、出版社、优秀阅读组织、街道社区、社工委等参与书籍推荐，所推荐的书目适合家庭成员共同阅读，以此指导园区家庭阅读实践。

（2）打造多元家庭阅读生态

苏州工业园区秉承共建、共融、共创、共享的合作原则，扶持家庭图书馆建设，将图书配送到喜欢阅读的读者家中，通过以点带面的方式营造社区阅读氛围，被居民们称为"邻里间以书会友的大书房"；同时，与邻里中心、青少年活动中心合作打造"家庭阅读"专题图书馆，设置亲子共读园、电子互动吧、"爱阅·邻里"交流平台等阅读专区，定期开展导读活动以及家庭阅读书目推荐；在"书香园区"APP设置"我的书房"模块，打造共享阅读，社区居民可以将自己家里的图书进行线上分享，以书会友，让邻里阅读共享成为"触手可及"之事。

（3）"爱阅·家"家庭亲子阅读活动

"爱阅·家"家庭亲子阅读活动全年在苏州工业园区各街道、社区、邻里中心等地举办。活动分"绘本讲读""父母课堂""国学阅读""文化之旅""手工乐园"以及"老年人智能生活导航"六大系列。园区图书馆每月都会向区内各街道（社工委）接洽服务需求，通过对接社会阅读资源提供的服务清单，确认下月活动计划，同时通过规范服务评估、读者满意度调查等对活动进行评估。

（4）苏州工业园区"绘本阅读年"活动

苏州工业园区"绘本阅读年"以"选—读—演—画"为主线，先后打造了儿童绘本剧大赛、儿童绘本创作大赛两大赛事，让绘本与表演、阅读与创作碰撞交融。活动充分调动了家庭的积极性，系统性地推进家庭阅读、书香校园的联动，为那些具有讲故事才能和绘画天赋的孩子们搭建起一座从阅读到创作，

◎"爱阅·家"阅读接力活动

◎"爱阅·家"家庭亲子阅读（"故事妈妈"外籍志愿者）

再从创作到表演的桥梁。活动还聘请了专业导师、讲师深入活动现场，一对一解决绘本剧编排、绘本阅读、绘本故事创作中遇到的各种问题。园区图书馆还通过创建"绘本阅创平台"收录儿童原创绘本表演视频，进行原创绘本展示及共享。

◎儿童绘本剧大赛：家长孩子手牵手·阅读表演之路

◎ 2019 年苏州工业园区绘本阅读年绘本表演

5. 活动效果

（1）活动的特色

①整合社会阅读力量共同参与。园区图书馆积极挖掘家庭阅读推广志愿讲师、家庭阅读活动组织者等，扶持家庭图书馆对外开放，并将优质家庭阅读分享内容辐射至社会大众。

②努力营造区域家庭阅读氛围。园区图书馆充分发挥阅读全方位、多层面、深层次的教育功能，通过开展一系列参与性强、体验性高的全民阅读活动，如"绘

◎原创绘本按需印刷

◎阅读亲子家庭走进苏州儿童广播直播间

本阅读年""'爱阅·家'家庭亲子阅读活动"等，让孩子和家长在参与中共同学习，增进亲子情感，营造区域家庭共读氛围。

（2）成效及社会影响力

苏州工业园区"爱阅·家"家庭阅读推广活动开展至今，社会效益显著。苏州工业园区"绘本阅读年"已成为园区青少年阅读服务的重要品牌，每年大赛期间都通过各类网站、微信公众号等媒介平台滚动展出优秀绘本剧及儿童原创绘本，平均每年现场观众及线上点击量超过30万人次，部分优秀绘本剧还登上了央视、上海科博会展播、苏州少儿春晚等平台。"爱阅·家"家庭亲子阅读活动每年开展数百场活动，参与人数达数万人，"爱阅·家"阅读接力活动还在苏州电视台《月月书房》《我是TV星》等节目进行了直播。

（3）总结评价

苏州工业园区联动社会阅读力量，完善家庭阅读服务网络，设计了一系列可操作的家庭阅读服务产品，把公共图书馆的服务延伸到每个家庭中，构建了卓有成效的苏州工业园区家庭阅读服务体系。

（撰稿人：江苏省苏州市苏州工业园区图书馆　邱　振）

"莫愁进百校" 亲子阅读系列活动

1. 活动背景

党的十八大以来，习近平总书记高度重视家庭在促进国家发展、民族进步、社会和谐中的重要作用，明确提出注重家庭、注重家教、注重家风的要求。虽然每个家庭的情况不同，教育孩子的方法也各不相同，但可以有一个共同点，就是读书。江苏省妇联新媒体与网络信息传播中心（江苏省《莫愁》杂志社）联合社会各界资源，积极组织策划一系列家庭教育与亲子阅读活动，通过发挥读书在家庭教育中的独特作用，传播科学家教理念，弘扬家庭文明新风尚，助力家庭教育高质量发展。

2. 参与对象

截至目前，"莫愁进百校"亲子阅读系列活动在南京、苏州、宿迁、淮安等地累计举办线下活动30余场、线上活动40余场，覆盖全省各级教师、学生、家长200万人，累计辐射数百万人。

3. 实施情况

（1）成立"莫愁小作家创作基地"

"莫愁小作家创作基地"以发现优秀文学新苗、培养小作家为宗旨，汇聚国内名师专家资源，引导孩子爱阅读、爱写作，鼓励他们追寻文学梦想。

首批"莫愁小作家创作基地"落地9所中小学，基地依托《莫愁·小作家》杂志平台，利用特级名师、知名作家、资深编辑等优势资源，与挂牌学校深度合作，指导基地学校文学社团的建设与运营，将阅读从课堂拓展至课外。定期邀请知名作家及家庭教育领域的专家走进校园讲学，倡导亲子共读，让文学浸润孩子们的心灵。

（2）莫愁进校园

江苏省妇联"莫愁家庭教育"名师名家工作室成员与《莫愁·家庭教育》

《莫愁·小作家》两刊主创走进全省各级学校，如江苏省南菁高级中学、苏州通安中学、北京师范大学盐城附属学校，开设家庭教育、教学研讨讲座数十场，用"莫愁"品牌的影响力和专家学术魅力，推广阅读实践，助力家校工作，助推写作教改。

（3）开展"莫愁·小作家成长营""莫愁·小作家训练营"

先后开展"祖国有我"小作家成长营、小作家训练营，以公益的方式带领营员们进行文学著作的亲子共读，探访祖国山河，游览名胜古迹，并通过特级教师的专业授课，在潜移默化中提高孩子的阅读写作能力。

（4）开展《莫愁·小作家》阅读交流会

邀请老师、家长和学生，开展用户座谈会，交流读刊感受。老师们围绕《莫愁·小作家》的家校联动活动，阐述亲子阅读的方式方法；家长们根据亲子共读实践，分享亲子阅读心得体会；学生们则结合内心对文学的热爱，表达对期刊的喜爱。

（5）"暖心悦读故事会"网络直播活动

联合社会力量共同举办各项公益活动。在"暖心悦读故事会"网络直播活动中，江苏省妇联"莫愁家庭教育"名师名家工作室专家及《莫愁》两刊（《莫愁·家庭教育》《莫愁·小作家》）主创作为助阵嘉宾参与活动，联合8所书香校园，共同探讨家庭教育的内核与阅读写作的心得。

（6）"一小时，让孩子爱上阅读"世界读书日主题直播

为倡导全民阅读，弘扬书香文化，营造浓厚的阅读氛围，邀请江苏省作家

协会副主席祁智作为主讲嘉宾，举办了"一小时，让孩子爱上阅读""4·23"世界读书日主题直播活动。直播活动围绕阅读进行交流讨论，结合书香家庭分享、推荐好书，引导广大青少年读者发现阅读的美好，也向广大家长们传递科学家庭教育理念，培育亲子共读的良好家风。三大平台联动直播，共吸引了近75万人观看，互动超过10万人次。

（7）建立"莫愁家长智慧课堂"直播授课社群

围绕家庭教育、亲子阅读等相关话题，以社群直播的方式不定期向广大家长进行科学家教授课及互动。

4. 活动效果

（1）打好组合拳，推进亲子阅读走深、走实。通过直播授课社群、云平台、微信公众号等渠道，开展了训练营、成长营、讲座等形式多样、集线上和线下于一体的系列活动，推进亲子阅读进校园、进家庭。

（2）打好"融合"牌，持续放大亲子阅读效能。通过整合"莫愁家庭教育"名师名家工作室的名师资源、江苏乃至国内有影响力的名作家和名教授资源、全国知名大学和省级示范普通高中等校园资源，促进资源融合，助推家校联动，扩大品牌影响力，放大亲子阅读效能。

（3）打造"金钥匙"，以优质内容促亲子阅读。通过近百场"莫愁进百校"亲子阅读系列活动，以用户为中心，深挖亲子阅读的根本诉求，不断优化、打磨《莫愁·小作家》的主题策划、内容生产，以优质的杂志产品为亲子阅读提供内容保障，以内容创新驱动"莫愁"品牌的延续和增值。

"莫愁进百校"亲子阅读系列活动的诸多实践充分说明，亲子阅读主题活动是指导、推进家庭教育的有效载体，是培育、弘扬良好家风的有效形式，对促进孩子健康成长，培养担当民族复兴大任的时代新人，对社会主义核心价值观落实在家庭，提高全民族的文化素质，进一步增强国家民族的文化自信，都将起到有力的促进作用。

未来，"莫愁进百校"活动将持续深耕，进一步拓展"莫愁家庭教育"名师名家资源，拓宽线上线下联动渠道，丰富主题实践和亲子阅读推广活动，促进家校联动，传递科学家庭教育理念，培育良好家风。

（撰稿人：江苏省《莫愁》杂志社　田　宁）

创亲子共读新生态，育儿童阅读好习惯

1. 活动主题

亲子阅读又称亲子共读，就是以书为媒介、以阅读为纽带，让孩子和家长共同分享多种形式的阅读过程，也是让孩子爱上阅读的最好方式之一。通过共读，家长与孩子共同学习，一同成长；通过共读，为家长创造与孩子沟通的机会，分享读书的感动和乐趣；通过共读，可以带给孩子欢喜、智慧、希望、勇气、热情和信心。

2. 活动背景

东升实验幼儿园地处溧阳城郊接合处。学区范围流动人口多，其中来自安徽、湖南、四川、山东、江西、黑龙江、贵州等 8 个省份的流动儿童占比为 31%，周边社区留守儿童占比为 16%；家长整体学历不高，其中本科及以上的仅为 4%，大专为 15%，大专以下的为 81%。

为有效开展亲子阅读活动，我园前期向家长发放了调查问卷，通过数据分析，我们发现家长对于幼儿阅读习惯的培养不够重视，家庭图书数量不够充足，亲子陪伴阅读的时间与质量也不尽如人意。

为了全面提升家长对亲子阅读的认识和理解，加强家长对亲子阅读质量的重视，2018 年 9 月开始，我园亲子阅读的探究与实践系列活动开始启动。

3. 参与对象

幼儿园的幼儿及其家长、社区其他居民、留守儿童等，总计 1000 多人。

4. 准备情况

我园不仅有占地 180 多平方米的智能化绘本馆，还拥有临近的社区资源——占地 500 多平方米的马垫村综合文化服务中心，园内绘本数量达 1 万册以上，园外图书有 3000 多册。师资队伍素质高，普通话水平人人达二级甲等及以上，同时还有省、市、区各级各类专家资源。亲子阅读活动组织形式多样，有集体性的亲子阅读讲座，有小组化的亲子阅读教学，有游戏化的亲子绘本演绎，还有线上、线下个性化的亲子阅读分享。

5. 实施情况

（1）专家名师高端引领，提升家长阅读素养

为了帮助家长进一步了解亲子阅读的方法，全面提升亲子阅读质量，我园结合沙龙、访谈等就家长关心的阅读话题展开对话，向家长推荐书目，让阅读融入幼儿家园的一日生活。

2018 年 12 月，我园特别邀请燕湖小学彭峰校长开展了"亲子阅读，我们可以这么做"专题讲座，向家长们讲述了阅读给自己和儿子所带来的改变，向大家分享了亲子阅读、亲子游戏等方面的内容。

2019 年 6 月，由溧阳市家庭教育讲师团朱珠老师带来的亲子阅读专题讲座"共读，开启亲子'悦'时光"，帮助家长从"为什么要阅读""为什么要亲

◎智能化绘本馆

◎班级阅读区

◎家庭阅读角

◎小候鸟活动

子共读""何时读""读什么""怎么读"5个方面了解亲子阅读。

（2）夯实多元实施路径，助力亲子阅读质量提升

①优化家园阅读空间，营造温馨阅读氛围

环境是隐性的老师，温馨的氛围、丰富的绘本，能有效吸引家长和孩子走进其中，享受阅读的宁静与美好。东升实验幼儿园投资10多万元，打造智能化的儿童绘本馆，从而带给家长和孩子现代化的阅读体验。

班级阅读区是孩子们平时最喜欢驻足的地方，教师根据《0～8岁儿童学习环境创设》第七章《创设读写区》中的指导意见，结合班级实际，营造了宁静舒适、光线适宜的阅读环境，并不断丰富阅读区材料，提供不同种类的图画书，投放玩偶、头饰供孩子进行表演，让阅读成为一件快乐而富有创意的事情。

在教师的专业指导下，越来越多的家庭阅读角应运而生，让亲子之间有了更多相互依偎陪伴的共读时光，亲子感情日渐深厚。

②线下活动精彩纷呈，提升亲子阅读多元体验

每年4月，伴随世界读书日的来临及全民阅读风，小班组都会向家长发起读书倡议，开启"书香童年，为爱阅读"21天亲子陪伴读书节活动。家长们每天帮孩子打卡，师生一起分享有趣的故事，评选班级"书香家庭"和"阅读小明星"。潜移默化中，孩子逐渐形成了浓厚的阅读兴趣和良好的阅读习惯。

2019年4月，我园"新时代文明实践乐到农家——亲子绘本阅读"亲子共读活动，在市妇联指导下面向社区开放，教师带领孩子和家长一起进入智能化绘本馆，讲述纸戏剧故事《长大长大，越长越大》、互动故事《好吃的咖喱饭》、人偶剧故事《鳄鱼怕怕，牙医怕怕》，通过不同形式带给孩子全方位的故事情感体验，为父母创造与孩子沟通的机会，推动了家长与孩子的共同学习、成长。平时绘本馆也会开展预约式亲子阅读活动，为园内家长和社区家长提供便利。

2019年6月，我园青年志愿者走进"小候鸟驿站"，组织留守儿童开展"暖心关爱+1°C——候鸟高飞关爱行动"，暖心陪伴、与爱同行。

班级里，故事妈妈每周定期来园给孩子们讲故事。区域里，两个一组、三个一群，或围坐一起，其乐融融。亲子早教中心，故事妈妈进课堂，和孩子一起讲述绘本故事，分享阅读的快乐。

③相聚云端共同分享，跨越时空快乐连线

除了线下的多元活动，线上的阅读分享也很精彩。我园充分利用特长教师

资源，通过公众号推出了"晓玲姐姐讲故事"系列活动，生动的讲述、有趣的故事，吸引了一批小"粉丝"。

期间，我园的空中学堂点亮了孩子假期的阅读时光。家长和孩子一起走进直播间，享受着"延期不延学"的快乐。

6. 活动效果

通过亲子阅读活动的系列推进与实践，我们惊喜地发现家长和孩子有了以下三个转变：

（1）从少到多。家庭阅读角的数量变多了，家庭绘本的数量与质量提高了，亲子共读的时间变多了，家长与家长之间、家庭与家庭之间关于阅读的话题增多了。

（2）从浅入深。家长与孩子对绘本的兴趣加深了，家长陪伴孩子阅读的方式多样了，不再停留于浅层次的我读你听或你读我听的状态，而能运用观察、复述、创编、表演等手段，关注对绘本细节与情感的挖掘。

（3）从动到静。孩子的阅读习惯逐渐形成，从最初的坐不住，到后来的越来越专注；他们的自主阅读能力也在逐步增强，常常一个人或和小伙伴一起沉浸在图画书的世界里，自由徜徉。

我园的阅读活动进一步向园外辐射（基地园、辐射园、联盟园等），取得了较好的反响。同时在上级领导的关心指导下，家园工作不断蓄力、创新发展。

（撰稿人：江苏省溧阳市东升实验幼儿园　崔玉琴）

"有福'童'享"——智慧树苗培育计划

1. 活动主题

本系列活动主要面向孩子年龄在 6~12 岁的家庭，针对性地开展"家长篇""孩子篇"以及"亲子融合篇"系列活动，直接服务 500 多个家庭。通过"线上共读＋线下活动＋亲子导读"的方式，为亲子家庭进行阅读强化和习惯巩固。

2. 活动背景

当今社会是学习型、信息型社会，要培养一种终身学习所需的基本能力：阅读能力。对镇江市幼儿园及小学家长的调查分析显示，有很多家庭没有阅读的习惯。针对这种情况，我们组织开展了"有福'童'享"——智慧树苗培育计划系列活动。

3. 活动目的

（1）培养幼儿爱读书、乐读书、会读书的习惯，营造书香家庭的环境氛围。

（2）通过开展读书活动，旨在引导青少年与经典好书交朋友，营造浓浓的读书氛围，激发孩子的读书兴趣，真正使孩子体验到读书的快乐。

（3）指导家长共同营造家庭阅读环境，促进孩子健康快乐成长。

4. 参与对象

面向孩子年龄在 6~12 岁的家庭，特别是缺乏阅读习惯的、对处理亲子关系存在一定难度但渴望改善亲子关系的家庭。

5. 准备情况

（1）确定适合参与对象阅读的书目。

（2）建立"亲子家庭同成长"的微信群，起草"亲子阅读倡议书"，引导家庭建立"家庭书架"。

（3）设计亲子共读记录本。

（4）利用多种社会媒体宣传活动内容。

6. 实施情况

具体活动分为3个板块：家长板块、孩子板块以及亲子融合板块。

（1）家长板块

①家庭教育系列讲座——特聘相关专家开展讲座

活动内容：贾容韬老师、贾语凡老师应镇江市童乐乐青少年公益服务中心之邀，做客镇江市南徐小学，开展家庭教育普及；以"提高孩子学习成绩，功夫在学习之外"为主题的大型家教讲座，帮助家长从沟通出发，形成良好的亲子关系，建立和谐家庭环境。

②家庭教育学习小组——《改变孩子先改变自己》阅读分享线上活动

活动内容：在"亲子家庭同成长"的微信群，家长们进行每周一次的《改变孩子先改变自己》节选分享接龙，为期一年。家长们分享自己阅读的最大收获和可以改进的地方，在群内根据自己的实际情况与专家、其他家长进行沟通分享。

③家长互助沙龙——"改变孩子先改变自己"智慧父母沙龙

活动内容：组建"改变孩子先改变自己"智慧父母沙龙，让家长们更能洞察孩子的天性，提高家长们的思维能力，让家长们更懂孩子的所思所想。

④智慧家庭共成长小组

活动内容：家庭社工针对参与对象，搭建俱乐部等平台，组建2个15人互助小组，设计丰富多彩的活动。

（2）孩子板块

①以书换书、以书会友，让阅读融入生活

活动内容：家长和孩子共建图书摊位，集市长（主持人）讲解市场规则、买卖要求以及评选规则后，孩子和家长在指定摊位进行买卖，也可向其他摊位进行书籍等价置换。

②"可怕的体验"读书会

活动内容：孩子们学会了情绪管理的方法，并懂得了与同学合作、与长辈相处的方法，从而更阳光、乐观。

③读书成诵——阅读推广活动

活动内容：在社工的带领下，孩子们分享在家最喜欢读的一本书，现场分享读书感悟。活动激发了孩子们的阅读兴趣并让其感受到分享的快乐，加强了孩子间的交流合作，增进了彼此的感情。

（3）亲子融合板块

①传承好家风，共建好家庭

活动内容：借助"世界读书日"的浓郁阅读氛围，市妇联联合童乐乐青少年公益中心，带领全市亲子家庭开展为期一个月的线上阅读分享活动，并制作成视频等多媒体形式，进行"书香镇江"的宣传，打造"全民阅读，阅读共创美好家庭"的氛围。

活动流程：全家绘制一张"家谱树"，提交成品照片2～3张；参加活动的家庭成员录制2个关于阅读分享的视频。

a.第一个视频是主分享视频，可以是家长看完一本书或一部电影后最大的收获，或者孩子看完一本书或一部电影后最大的收获；也可以采用亲子互动，一问一答的方式，聊一下近期读了哪几本书、坚持读书的收获；还可以是孩子诵读经典诗词的视频。

b.第二个视频是分享家庭的阅读口号，可以亲子一起录一句关于阅读的口号，例如"2020世界阅读日，爱阅读，爱生活"等。

②迎接新学期，给孩子助力

活动内容：通过家庭教育学习小组活动，邀请专家讲座、分享互动，使家长了解鼓励式教育，增强孩子内心力量。

③看见幸福，"阅"出梦想——"5·15"亲子家庭共读活动

活动内容：童乐乐青少年公益服务中心带领大家一起诵读《哈佛家训》中的经典故事，共享亲子阅读的独特魅力，引导孩子喜欢阅读，和书成为好朋友。

7. 活动效果

（1）特色

对象创新。本次亲子阅读活动打破传统意义上以个人读者为服务对象的模式，以家庭为单位进行阅读推广。在家庭共读推进过程中，注重塑造家长在阅读和亲子关系中的角色培养，注重倡导多孩家庭"阅读相伴成长"的育儿理念，使一个家庭及其亲友都成为全民阅读的受益者。

形式创新。在往期实践的基础上，2019年的共读活动在精细化、精准化方面进行了创新。通过多维度活动，促进了共读活动的连贯性和系列化，有效推动了各个家庭的阅读常态。

（2）成效

"有福'童'享"——智慧树苗培育计划通过文化惠民的方式将缕缕书香送入寻常百姓家，促进了现代家庭家风文化和家庭文明的建设；通过持续、多元化的阅读，培育了一大批从亲子家庭中诞生的阅读推广志愿者。根据本次活动情况统计，平均每个家庭阅读图书16.3本，网上传播推广受众10多万人次。

（3）社会影响力

2019年"有福'童'享"——智慧树苗培育计划被市阅读办评为"十佳优秀阅读项目"，受到多家媒体和机构（如今日头条、爱中管教父母研习社、书香镇江、新闻镇江、视觉江苏、文化镇江、《镇江日报》、《京江晚报》等）的关注报道，在社会全民阅读宣传方面起到一定的影响作用。

（4）活动总结评价

本阅读项目孵化出 24 位"有福'童'享"爱心家长阅读推广志愿者。虽然项目结项了，但这支志愿者队伍将不定期开展读书活动，以营造良好的家庭读书社会氛围、宣传终身学习的教育理念为己任，从而影响身边人认识到学习的重要性，培养阅读兴趣，扩展阅读领域，宣传阅读理念。

（撰稿人：江苏省镇江市童乐乐青少年公益服务中心　王　蔚）

"小小领读者"系列活动

1. 活动主题

小小领读者，阅读是一盏灯。每年 4 月举行"亲子帐篷读书会"，每年 8 月通过"亲子文化品享会"进行亲子阅读展示。除此之外，每年都会组织"跟着课本去旅行""四时之美""牵手侗娃""发现南通"等阅读推广公益活动。

2. 活动背景

欣欣然亲子俱乐部作为南通市最早倡导亲子阅读的民间社会组织之一，在亲子阅读推广活动中已不限于阅读本身以及书目阅读量的追求，而是在文化的层面、在公益性的基础上不断向专业化发展，通过各种形式的活动进行亲子阅读经验分享，进行亲子阅读的普及和兴趣培养。

3. 参与对象

幼儿园大班至大三学生、亲子家庭约 826 人。

4. 准备情况

欣欣然俱乐部、欣欣然红书房、欣欣然校外辅导站、户外及书店等的场地准备。

5. 实施情况及活动效果

（1）传承民俗厚底蕴，童心向党筑未来

①民族之花促团结

在"百花齐放"的民族文化中，欣欣然亲子俱乐部从 2011 年开始宣传推广各民族文化。十年的时间里，志愿者们通过制作展示民族服饰，策划开展民族长桌宴、助学侗娃等活动，让参与者学会"各美其美"，学会尊重和欣赏，做到"美人之美"。2020 年欣欣然小领读者们先后策划了"党旗映红民族花""民歌唱响红书房"等主题活动。但因疫情防控推迟举行。2021 年小领读者们身穿各民族服装走进南通电台、走进南通博物苑、走进中国慈善博物馆、走进爱心企业、走进城中小学。小领读者们通过民族服饰秀、讲故事等形式宣传民族文化。小领读者们开展了《民族之花》系列播报，以音频、视频、文字、图片等多种形式，围绕少数民族的地理地貌、风土人情、服装服饰、礼仪文化以及人物成长经历等，展开生动有趣的阅读活动，诠释亲子阅读的魅力。

②建党百年说党史

在 2020 年这个特殊的年份，欣欣然亲子阅读活动转移到了线上，小领读者们通过微信公众号等媒体平台，开播了《好书推荐》《最萌童话》《童心向党》等阅读分享节目。活动通过声音、文字、图片和视频多角度全景式地再现了中国共产党从诞生之初到中华人民共和国成立的光辉历程。"少年说党史"分"觉醒时代""革命洪流""抗击日寇""解放中国""民族复兴"5 个板块进行解读，各板块相互补充又互为整体，主要遵循时间脉络，通过丰富的史料、宏阔的叙事、感人的故事，为听众和观众呈现出那段可歌可泣、荡气回肠的岁月。这次系列播报，小领读者还带动了 14 位党员家长参与播报，亲子一起说党史，吸引了大量的听众。

（2）策划特色亮点多，创设平台展风采

①帐篷读书会

2011 年，欣欣然亲子俱乐部根据孩子的兴趣，策划了亲子帐篷读书会活动，并一直延续至今。亲子帐篷读书会每年都会选择不同的地点，开展不同主题的阅读活动。2019 年，欣欣然亲子俱乐部组织开展了 3 场主题亲子帐篷读书会："手绘风筝真艺术　春和景明巧读书"主题帐篷读书会；"谷雨时节诵经典　小领读者再起航"主题帐篷读书会；"深秋时节蔷园行　老少同乐共阅读"主题帐篷读书会。参与活动的家庭，有母女档、父子兵，还有爷孙辈出场，全家亮相进行阅读分享。

因为疫情，2020 年的亲子帐篷读书会形式变了，大家把帐篷会开设了各家的客厅，通过微信群进行线上阅读分享。一时间，搭帐篷、睡书海成了亲子家庭抗疫宅家的首选，有 50 多个亲子家庭打卡有"新"意的帐篷读书会。

②亲子读书会

陪伴是最长情的告白，阅读是最有效的陪伴。欣欣然亲子俱乐部通过一次又一次的亲子阅读推广活动，让更多的家庭亲近阅读、爱上阅读，并从亲子共读中收获更多的亲情。以小带大、以小带老的读书模式也渐渐在欣欣然亲子俱乐部形成风气，一家三代人一起阅读成为这些家庭的日常。

2019年的母亲节和父亲节，欣欣然亲子俱乐部策划了充满书香和温情的亲子读书会。尤其是父亲节，孩子们在爸爸的陪伴下还将书香传进军营。六一儿童节，孩子们也是跟家长在欣欣然亲子读书会上度过的。年底，欣欣然亲子俱乐部特别策划了一场"劳模用奉献抒写人生，欣主播用爱心诵读经典"主题迎新年读书会。

◎帐篷读书会走进博物苑

◎帐篷读书会走进蔷园

③亲子文化品享会

每年，欣欣然亲子俱乐部都会通过亲子文化品享会进行亲子阅读展示，评选出了年度的"阅读之星"10名进行颁奖，以此鼓励爱阅读的小朋友。目前已进行了10场上百人次的大型亲子文化品享会。2019年欣欣然成立10周年的亲子文化品享会上，欣欣然小领读者们还接贵州侗族的小朋友来到南通，并和他们一起阅读朗诵，用天籁童声传递阅读的美好。

④欣欣然微电台

2015年，由欣欣然小志愿者策划并实施的"欣欣然微电台"历经6年的打磨，受到越来越多听众关注。如今，"欣欣然微电台"的《四时之美》《童欣向党》已成为微广播的老牌经典栏目。在建党100周年的2021年，小领读者们成为欣欣然《少年说党史》的主力。2019年至今，先后6次受邀在南通电台进行阅读分享和好书推荐。

⑤欣欣然红书房

欣欣然亲子俱乐部精心打造以"阅读培育梦想，火炬启明未来"为宗旨的亲子阅读平台。通过引导亲子家庭参与红色经典读书活动，营造有利于少年儿童健康成长的阅读氛围。同年，还在红书房成立了崇德少年中队，培养了一批有担当有使命感的小领袖，壮大了小领读者队伍。

（3）牵手侗娃共成长，遨游书海同追梦

①小橘灯图书角

2020年下半年，欣欣然亲子俱乐部联合民盟南通市委筹办了小橘灯图书角捐书活动，同时邀请到南通作家袁辉老师通过视频连线方式与远在贵州的侗娃进行读书心得体会交流。2021年暑假，我们依然面临疫情，不能如约前往贵州侗寨。这一年，与小领读者们结对的很多侗娃开学后就要上初中了，这些侗娃急需适合初中生看的书目，于是选择合适书目的任务又落在了小领读者们的肩上。很快，500本初中生必读图书就募集到位。扶贫重在"扶智"，图书捐赠和读书分享能够对侗寨的孩子的思想进行启迪，培养他们良好的学习习惯，为其铺设健康的成长道路。南通虽与贵州侗寨相隔千里，但是读书爱书的心让两地紧密相连。"小橘灯"是希望之灯，每一个"点灯发光"的环节都是许多"星火"汇聚成炬的亮点，每一个参与

◎关于欣主播那些事儿　◎读书打卡

活动的志愿者、小领读者都是小橘灯图书角的"护灯人"。

②助力侗娃歌队

为鼓励侗族孩子传承好本民族文化，欣欣然亲子俱乐部结对了3个侗娃歌队，欣欣然志愿者们每年都会为3个歌队筹集学习和活动经费，用于孩子们春节看望老师和学习奖励等。目的就是希望有更多的侗娃坚持学习侗族大歌，做好本民族文化的传承人。

（撰稿人：江苏省南通市崇川区新城桥街道欣欣然亲子俱乐部　周玉暄）

"故事时间"阅读活动

1. 活动主题

"故事时间"是江苏省盐城市图书馆针对 3 ~ 16 周岁少年儿童，在充分利用自身优势的前提下，联合社区、学校、家庭、社会教育机构等，招募一支由教育专家、名师、专业图书馆员、悦读妈妈、萌宝、故事姐姐、大学生、社会爱心人士等组成的故事分享人队伍，以亲子互动、竞赛、讲演、观摩、征文、作品展示、讲座、展览、情景活动、辩论、音频、手工制作等方式与少年儿童分享优秀书籍，促进亲子阅读，展示亲子阅读成果的系列活动。

2. 活动背景

党的十九大以来，党中央高度重视全民阅读事业发展，不断健全公共文化基本权益保障制度。2018 年 1 月 1 日正式实施的公共图书馆法规定"公共图书馆应当将推动、引导、服务全民阅读作为重要任务"。全民阅读的核心便是少年儿童阅读推广。"故事时间"是市图书馆专为 3 ~ 16 周岁少年儿童打造，旨在通过喜闻乐见的故事形式提高少年儿童阅读兴趣、培养良好阅读习惯、推广亲子阅读理念，让亲子阅读在家长和孩子的共同提高中彰显出最大社会价值，并成为推动全市全民阅读的催化剂。

3. 参与对象

全市 3 ~ 16 周岁少年儿童，特别是残疾儿童、留守儿童、失足儿童等特殊群体。2019 年至 2020 年 9 月已开展"故事时间"系列活动 300 余场次，受众 6 万余人次。

4. 准备情况

（1）加强阵地建设，完善服务设施

市图书馆于 2019 年对少儿借阅区进行提升改造，改造后的少儿借阅区面积

◎升级改造后的少儿借阅区

◎阅读推广人培育行动

增加至 1813 平方米，藏书量 23.1 万册，提供读者座位 545 个，功能上更注重分级阅读管理，设立了低幼儿借阅室（适合 0 ~ 6 周岁儿童）和少儿借阅室（适合 7 ~ 16 周岁少年儿童），划分出藏书区、绘本区、自习区、沙龙区、亲子阅读区、手工制作区、VR 数字体验区、休闲区等，动静结合、功能齐全，为少年儿童读者提供了更加舒适、自然、有趣的亲子阅读空间，营造了良好的亲子阅读氛围。

（2）招募一支高素质故事分享人队伍，优化服务

"故事时间"在招募故事分享人时注重建立完善的包括教育专家、名师、专业图书馆员、故事妈妈、萌宝、故事姐姐、大学生、社会爱心人士等在内的人才培养体系，并且定期组织故事分享人参加"亲子阅读推广人公益培训"，邀请曹文轩、梅子涵、张晓惠等国内知名阅读推广人，儿童文学专家、教授为他们提供全面系统的阅读推广方法和技能培训，培养出一批既有理论基础又有实践能力的亲子阅读推广人，并且建立认证与上岗制度，定期对优秀故事分享人进行表彰。

（3）打造"图书馆 +"模式，延伸服务触角

①完善总分馆制度，发挥以点带面作用

市图书馆已实现通借通还的分馆 17 家，送书点 20 个，鸟巢漂流书屋 15 个，24 小时自助图书馆 1 个，合理规划的总分馆制度、丰富的分馆文献资源，配合流动图书车，为亲子阅读服务提供了根本的保障。主馆之外，市图书馆经常会在分馆定期开展同一主题或不同主题的"故事时间"活动，以便能最大范围地涵盖不同区域的少儿。

②线上、线下多渠道宣传推广，提高品牌影响力

为有效推动"故事时间"的宣传，市图书馆除运用海报、横幅、宣传单等传统方式外，还利用微信、微博、图书馆网站等新媒体对活动进行广泛宣传，并且与本地报社、电台、网络等媒体进行合作，多方位、及时展示"故事时间"的服务功能和亲子阅读系列活动开展情况。

③多平台联动，凝聚社会力量

"故事时间"非常重视利用其阅读桥梁作用联合社会力量开展亲子阅读，与社区、学校、家庭、社会教育机构等平台展开常态化合作，坚持走出去和请进来方式，拓展服务空间，以"1+N"的无限可能，寻求跨界合作新思路。

5. 实施情况

"故事时间"开展以来，市图书馆专门成立活动筹备组，精心制定活动计划和活动方案，以"亲子阅读"为主线，除每周六结合特殊的时间节点开展一期"经典阅读""新书推荐""我们的传统节日""抗疫""地方文化""英语启蒙""故事中的数学""社会主义核心价值观"等主题故事分享活动以外，还不定期走进公园、科技馆、博物馆、机场、种植园、社区等校外场所，通过

◎进社区开展"盐阜旧貌新颜"竞猜活动

◎举办无障碍电影播放暨智能听书机阅读推广活动

◎联合市妇联开展亲子阅读活动

◎每周六开展一期"故事时间"

亲子互动、竞赛、讲演、征文、作品展示、讲座、展览、情景活动、辩论、音频、手工制作等形式检验亲子阅读成果。

6. 活动效果

"故事时间"项目设立以来，已招募50余名故事分享人，开展系列活动300余场次，受众6万余人次，深受全市少年儿童和家长欢迎。"故事时间"在分享优秀书籍的同时，为孩子提供了一个自己讲故事、特长展示的成长舞台，许多孩子通过参加"故事时间"及其有趣的阅读延伸活动，语言能力得到了发展，专注力、理解力、想象力以及社交能力都得到了提高。更为重要的是在市图书馆温馨快乐的氛围中，孩子们自然而然地爱上了图书馆、爱上了阅读。家长也表示，"故事时间"积极影响了家长和孩子的行为，家长与孩子在家中进行亲子共读的频率和时间都有所增加，同时也为家长提供了一个相互交流的平台，充分发挥了市图书馆作为公共文化机构其重要的教育和服务职能，在全市营造了良好的全民阅读氛围。

（撰稿人：江苏省盐城市图书馆　掌　馆）

故事时间　连接你我

——零岁起步的亲子阅读指导服务

1. 活动主题

"故事时间"是嘉兴市图书馆面向亲子家庭开展的阅读推广服务，分为面向0～3岁家庭的"故事时间"线下亲子故事会和面向0～12岁家庭的"嘉图·故事时间"线上活动两个部分。

2. 活动背景

嘉兴市图书馆毗邻社区，以社区为入口可以带给更多的家庭亲子阅读指导服务。当前，隔代抚养成为主流，亲子阅读时间集中在周末，平日里的亲子阅读成为服务缺口。于是，"故事时间"应运而生。"故事时间"线下亲子故事会由馆员挑选合适的书籍，每个工作日为0～3岁的家庭讲述故事，为家长做出亲子阅读的示范。而疫情的出现，"嘉图·故事时间"线上活动让亲子阅读指导服务不受时空限制，让更多的家庭获得亲子阅读展示和学习的机会。

3. 参与对象

（1）"故事时间"线下亲子故事会

参与对象为0～3岁的亲子家庭，从2018年5月至2020年9月底，共接待了2304人次，分享了270个故事。其中，仅2019年12月就达285人次。

（2）"嘉图·故事时间"线上活动

面向馆员、志愿者、亲子家庭等社会各阶层征集适合0～12岁儿童的故事音频或视频进行展示。从2020年2月至9月底，共推送212期微信推文，其中读者投稿69期，向读者推荐497本优秀绘本，总浏览量达20000多人次。

4. 活动准备

（1）活动场地：亲子悦读天地是嘉兴市图书馆少儿部的活动场馆之一，是针对学龄前幼儿的亲子活动场地。场地配备桌椅、多媒体等设备。

（2）材料准备：适合 0 ~ 3 岁幼儿亲子阅读的绘本，奖励孩子的贴纸，满意度调查问卷。

（3）组织形式：采用家长带着孩子一起听馆员讲故事的形式。

5. 活动实施

（1）"故事时间"线下亲子故事会

①活动内容：由馆员挑选合适的书籍，以故事会的形式，每个工作日给 0 ~ 3 岁家庭带来亲子故事会。具体环节包括引入故事内容、讲述故事、情境互动、活动延伸四个部分。

②具体流程：

a. 以机关书《小蝌蚪快长大》为例：

活动环节包括用小青蛙儿歌引入、根据画面故事讲述、利用机关创设情境互动（让孩子、家长操作书本机关）、活动延伸（分发贴纸、推荐书目）四个部分。

b. 以一周"故事时间"线下亲子故事会为例的一览表：

一周（8.31–9.6）"故事时间"绘本类型表

故事名称	绘本类型	互动类型
《小蝌蚪快长大》	机关书	抽、拉、翻、摸等动作体验
《请吃面包吧》	情节书	情境游戏：吃面包
《如果我是一只狮子》	洞洞书	动作模仿：模仿动物
《小猫咪，在哪里》	翻翻书	翻、摸等动作体验
《蜡笔小黑》	情节书	角色扮演

c. 以馆员工作流程为例：

活动前：准备好活动材料、组织亲子家庭的就座、提醒活动秩序。

活动时：一个馆员讲故事，并根据孩子的现场情况调整互动。另一个馆员维持现场秩序，进行管理。

活动后：一个馆员向孩子发放奖励贴纸，并向家长推荐相关主题书目，另一个馆员随机挑选家长填写满意度调查问卷。

收尾：馆员整理活动场地，对活动进行记录和文本整理。

（2）"嘉图·故事时间"线上平台

向馆员、志愿者、亲子家庭等社会各阶层征集适合 0～12 岁儿童的故事音频或视频，并根据读者投稿推荐系列丛书。少儿馆员以"故事简介＋音频展示＋书目推荐"的形式，编辑微信推文，以此形成不同主题系列的亲子阅读指导。

以育儿问题为主题的"嘉图·故事时间"为例：

◎ 0～3 岁绘本专架

◎馆员讲故事

育儿问题	具体推荐书目
"挑食"主题	《我绝对绝对不吃番茄》《汉堡男孩》《吃掉你的豌豆》
"情绪"主题	《生气的亚瑟》《生气汤》《我的情绪小怪兽》
"二孩相处"主题	《跟屁虫》《黏黏超人》《艾莫有了个小弟弟》

6. 活动效果

（1）打造"每一天"的亲子阅读服务空间

"故事时间"线下亲子故事会选取工作日开展，贴合家庭的阅读现状。故事会以"示范＋参与"的形式让家长在实际参与中学习亲子阅读的方法和感受阅读对孩子的影响。"嘉图·故事时间"线上平台以多媒体的形式，提供多元化的亲子阅读指导，让服务变得触手可及，打破时空的限制。两者结合打造了"每一天"的亲子阅读服务空间。

（2）线上和线下主题推广，总分馆同步推进

"故事时间"线下亲子故事会以绘本类型为抓手，"嘉图·故事时间"线上平台以主题、系列绘本为抓手，提供多元的亲子阅读服务。线上和线下同步推广，让亲子阅读指导服务不受时空的限制，扩大受益人群和宣传面。依托嘉兴市城乡一体化总分馆机制，将0~3岁的亲子指导服务深入基层，让街道、乡镇、农村的家庭也能在图书馆里享受与城市相同的服务。

（3）家长和媒体的关注

嘉兴市图书馆毗邻社区的优势，让更多的家庭参与到"故事时间"中来。从2019年"故事时间"线下亲子故事会各月份参与家庭人数中可以看出，参与人数总体呈上升趋势。活动还吸引到了"故事妈妈"参与其中，让孩子接收到更多元的资源和服务。2020年1月，"故事时间"还得到了学习强国的关注和宣传。

（撰稿人：浙江省嘉兴市图书馆　郑　昀）

亲子共读经典　践行传统文化

1. 活动背景

为深入贯彻习近平总书记关于注重家庭、注重家教、注重家风的重要指示精神，落实国家、省市相关部门关于开展全民阅读的重要部署，充分发挥公共图书馆社会教育职能及家庭亲子阅读实践基地的功能作用，西湖区图书馆组织开展了亲子国学经典诵读会系列亲子阅读活动。

2. 参与对象

3～13周岁的亲子家庭，每班小朋友40名。家长陪同并定期参加成人成长班，和孩子一起成长。

3. 准备情况

亲子国学经典诵读会设在西湖区图书馆四楼多功能厅。每次诵读会开始前，由现场志愿者分发当天诵读的经典书册，引导前来诵读的亲子家庭入座。诵读会开始之后，在老师带领下先复习回顾上堂课诵读内容，经过拜孔、拜师之后，正式进入本次课内容。自2017年以来，西湖区图书馆与杭州经典诵读会合作，在馆内外开设了亲子经典国学诵读会课堂，并带动了一系列亲子阅读活动。目前，西湖区图书馆组织开展亲子阅读活动近300场，参与活动人数达万人。

4. 实施情况

（1）活动丰富、寓教于乐，围绕"传统文化教育"主题，开展各类形式活动。

一是举办"亲子国学经典读书会"。平均每月定期举办两期以上，邀请国学老师教读及解析《诗经》《论语》《易经》《弟子规》《千家诗》等传统国学经典。通过亲子阅读活动，以书为媒介、以阅读为纽带，让孩子与家长共同分享阅读过程，增进家长与孩子间的感情，培养孩子阅读习惯。

二是组织开展"仰贤·走读"系列亲子阅读活动。西湖区图书馆沿山书院分馆秉承尊重经典、复归本性的教育理念，将经典与山水结合、自然与人文联结，整合杭州及周边人文古迹资源，于 2019 年推出了"仰贤·走读"系列亲子游学活动。活动自推出以来，每一场均得到了家长和孩子们的高度评价。通过走访杭州及周边的人文古迹，在各种各样有趣的走读过程中了解历史，在行走中感受书香，接受传统文化的熏陶，切身体会亲子阅读带来的乐趣。

三是开展户外亲子诵读经典活动。每年的"4·23"世界读书日，部分亲子诵读家庭和青少年国学爱好者齐聚浙大玉泉校区，举办盛大的"户外诵读会"，大家身着汉服，大声诵读，沉浸在经典文化的浓厚氛围中，受到广大市民的瞩目和赞赏。

四是举办传统文化系列讲座。不定期邀请国学、书画、陶瓷、茶文化等相关领域名师来馆，为青少年读者讲授中国丰富、悠久的传统文化，提升文化修养。

五是举办德育教育及传统文化展览。西湖区图书馆举办过"反邪教"宣传展，"新中国成立 70 周年""中国传统节日""改革开放 40 周年"图片展等等展览，引导青少年树立正确的价值观。

六是播放正能量的公益电影、纪录片。包括《孔子的故事》《南征北战》《铁道游击队》《海洋的故事》等，经过精挑细选，力保每场公益电影都充满积极向上的力量。

（2）传播能量，宣传到位。传递社会正能量，从三个层面进行宣传：

一是在活动前，通过网络、微信、现场张贴等形式，预告近期活动内容，并对重点活动反复宣传，确保更多的读者家庭接收到信息并积极参与。

二是对活动中涌现出的感人事迹、典型经验等进行跟踪报道。

三是通过网络、电媒、报纸等主流媒体进行活动整体宣传，让更多的人了解、关注传统文化。

5. 活动效果

国学作为中华优秀传统文化，富含深刻的哲理和人生启示，应被当代人所学习、传诵。西湖区图书馆亲子国学经典诵读会自 2017 年开展以来，已有近百个喜爱国学、喜爱传统文化的读者家庭参与。数万名青少年及其家庭受到了国学经典和传统文化的熏陶，获益匪浅。在其带动下推出的系列相关活动赢得了各个家庭的支持，影响力逐步加强。作为一个国学研究平台，西湖区图书馆亲子国学经典诵读会也为广大读者家庭提供了一个互相学习、互相交流国学的机会，同时也将现代亲子教育与经典诵读结合起来，从中华传统的经典中汲取精华，让孩子在身心合一状态下快乐成长，让家长与孩子在相处中相互理解、共同成长，让家庭更加和谐幸福。

（撰稿人：浙江省杭州市西湖区图书馆　边国尧）

以"读"攻毒，助力战"疫"
——非常时期的家庭亲子阅读活动

1. 活动背景

2020年是非同寻常的一年。家长无法上班，孩子无法上学，医护人员、公安干警、志愿者们坚守在一线，保护千家万户的安全。4月，宅家3个月后，人们渐渐开始在公园、空旷的地方走动，但各个商场和机构、学校都还没开门。不管是家长还是孩子，都需要情绪上的疏导。

2. 活动主题

在儿童阅读领域深耕8年的宁波市海曙区纸飞机儿童阅读推广中心，着眼疫情特点和防控形势，组织团队策划开展了线上和无接触线下书籍借阅和故事会活动。既解决孩子宅家无事可做的困境，又以实际行动帮助身处抗疫一线但又牵挂家里孩子的家长解除后顾之忧。

3. 参与对象

宁波市海曙区纸飞机儿童阅读推广中心线上阅读团队、线下阅读的故事老师，身处抗疫一线家庭的孩子们，市区广大家庭成人及未成年子女。

4. 活动情况

（1）无条件助力宅家的孩子天天阅读，截至2020年5月20日，开展了650场线上公益读书会。

①针对0～3岁宝宝开展安心宅家计划，由专业的老师在线上各个阅读群每天开展视频亲子活动。

②针对3～6岁宝宝开展线上故事会和线上手工教学。

③针对6～12岁的孩子，开展阅读力爆发计划，线上带读经典。

（2）"大树擎天，爱心护苗"行动，针对医护人员的子女，开展有针对性的线上阅读课程。

①在线上，每日定时推送阅读课程，以及居家就能实现的亲子游戏和亲子手工。

②推送家庭教育线上课程，以缓解家长忙工作、隔代教养的矛盾。

③每天定时辅导小学生的作业。

（3）零接触的线下借阅和故事会。

①线下值班的故事老师把经过严格消毒的书，放在纸飞机儿童阅读推广中心设置于户外的中转书柜里，方便家长们带回家阅读。这一举措得到了宁波电视台的采访。

②开展了50多场无接触的户外线下故事会。故事老师定时定点出现在公园里，邀请在公园里散步的家长和孩子们停下脚步，在距离家长和孩子一米开外的地方，大声朗读故事，让每个孩子分开讲。通过这种方式鼓励家长和孩子们，不管遇到什么困难都要坚持阅读，都要乐观。非常时期，我们用专业的素养坚持开展免费阅读活动，得到了家长和孩子们的高度好评。

5. 活动效果

活动之初，老师们其实是有心理负担的，担心人们不信任，但讲了几个故事之后，得到了很多掌声。家长们纷纷感谢，说这真是一辈子都难忘记的故事会；孩子们则意犹未尽，要求再讲一个故事。之后，老师们就特意多带消毒好的书，以方便家长们在公园里给孩子

◎疫情期间，纸飞机儿童阅读推广中心开展零接触故事会

们讲。

　　这样的阅读推广活动很特殊，但效果却出乎意料地好。活动为孩子们传递了一个信念——阅读是一件很有力量的事，同时也做了一个榜样——只要坚持，一定会有效果。5月份复工复产以后，好几位之前在公园里偶遇、听过线下户外故事会的家长，主动来到纸飞机儿童阅读推广中心阅读基地申请做故事义工。

　　（撰稿人：浙江省宁波市海曙区纸飞机儿童阅读推广中心　陈菁菁）

"Parent-child" 俱乐部家庭阅读系列活动案例

1. 活动背景

为加快宁波市"书香之城"建设，充分发挥公共图书馆社会教育职能，宁波图书馆永丰馆推出"Parent-child"俱乐部家庭阅读系列活动，为广大家庭提供集理论与实践、深度与趣味相结合的阅读平台。

2. 参与对象

少年儿童及其家庭。

3. 基本情况

2019年6月1日，宁波图书馆永丰馆打破传统少儿活动理念，推出"Parent-child"俱乐部家庭阅读系列活动，从少儿绘本推荐、科学实验秀、亲子手工课、儿童情商培养等方面着手，邀请相关专家不定期举行各类亲子活动，为少年儿童构建一个特有的阅读平台。截至2020年10月，采用线上和线下相结合的活动形式，举行包括"'云朵魔法师'主题故事会""嘻哈空气""羊毛毡毡乐——鼠年大吉""春之声音乐会"等系列活动30余场，参与人数达5万余人。

4. 实施情况

（1）寻求社会合作，合理配置资源

宁波图书馆永丰馆从阅读推广活动合作对象入手，寻求社会各界的支持。与高校老师合作，普及儿童阅读的重要性、推荐各类优秀文学作品；与宁波交响乐团合作，为少年儿童艺术文化发展提供平台；与社会教育机构合作，引进当前先进教育理念，促使活动形式多样化、内容多元化；邀请少儿心理从业人员，对存在疑惑的家庭进行解惑和疏导，引导少年儿童健康快乐成长。

（2）锁定服务对象，细化活动主题

根据受众不同，将家庭阅读推广活动分成3部分：针对家长开展的家长课堂、针对少年儿童推出的实践活动、针对家庭开展的亲子活动。

◎线上故事会

◎小种子精品绘本课之古诗操

①针对家长开展的家长课堂

家长是儿童的第一任老师。宁波图书馆邀请了青年评论家刘彩珍教授与家长们分享儿童时期选书全攻略。她从阅读的价值、选书的策略、选书的方法三方面着手，配以不同风格的儿童图书，引导家长们根据自己孩子的不同需求为他们选购书籍，推荐优质绘本以及各类文学作品，深受广大家长好评。

②针对家庭开展的亲子活动

亲子阅读是传递亲情的桥梁，在提高儿童认知力、学习能力的同时，能够培养他们的社交能力与沟通能力。为此宁波图书馆"Parent-child"俱乐部重磅推出了一系列亲子活动。

a. 小种子精品故事会

为满足孩子们日益增长的绘本阅读需求，"Parent-child"俱乐部与小种子公益阅读社展开合作，金牌讲师萨朵、CC2姨为孩子们带来"'神奇变变变'主题故事会""'最奇妙的蛋'主题故事会"等精品故事会，独特的绘本演绎方式吸引了一大群大小粉丝。

b. 亲子情商体验课

立足于当今社会情商对儿童身心发展的重要性，"Parent-child"俱乐部与"龅牙兔儿童情商乐园"达成合作，情商训练师从亲子互动入手，结合相应的绘本，让孩子们找到自信，成为情绪管理小达人；引导家长们告别"狮子吼"育儿法，成为情绪稳定的高情商家长。

c. 手工小课堂

此外，"Parent-child"俱乐部还与宁波知名的教育机构或老师合作，开展各类手工活动，如"羊毛戳戳乐——鼠年大吉""草木之约——家庭花艺跨年派对"等，激发孩子的动手动脑能力，培养艺术及生活美学理念。

5. 活动效果

"Parent-child"俱乐部系列活动的推出，受到了社会各界的广泛关注和好评。

宁波图书馆"Parent-child"俱乐部家庭阅读活动让更多的家庭关注亲子阅读，认识到亲子阅读的重要性，让孩子在家长的陪伴下从小养成良好的阅读习惯，促进儿童在阅读理解能力、语言表述能力、观察动手能力等各方面的发展。一系列形式多样、颇具特色的家庭阅读活动为增进家庭关系和谐，培养家庭共读习惯提供了良好的平台，也对促进全民大阅读，推进宁波"书香之城"建设起到了积极的推动作用。

（撰稿人：浙江省宁波市图书馆永丰馆　洪　敏）

打造少儿阅读品牌　建好书香海曙之根基

1. 活动背景

海曙区图书馆始终注重图书馆的社会教育功能，为加强青少年阅读推广工作，该馆联合区妇联、区教育局精心策划、强力推进，于2016年成立了阅读推广志愿者团队——"小海狸"亲子阅读家族。

2. 活动主题

为了让"小海狸"逐渐成为海曙区少儿活动的一张响亮而精美的名片，我馆倡导"快乐阅读、呵护童年、共享幸福"理念，以"阅读志愿者+公益创投、传统推广、创新推广、新媒体推广""1+4"新模式，服务辖区家庭，推广亲子共读的技巧和方法，充分满足3～12岁孩子的不同阅读需求，让亲子阅读活动"活"起来，让越来越多的亲子家庭关注阅读，爱上阅读。

3. 参与对象

全区家长和少年儿童。

4. 活动情况

（1）成立"小海狸"亲子阅读家族志愿者团队，以点带面强化辐射效应

区妇联、区教育局、区图书馆采取官方发起+社会组织共同参与的推广模式打造"小海狸"亲子阅读家族。通过官方网站、微信、QQ进行广泛宣传，吸纳纸飞机儿童阅读推广中心、老约翰绘本馆、清风社区等社会组织参与；招募有爱心、有耐心、认同亲子阅读理念、对儿童阅读感兴趣、时间充裕的家长，以及大学生志愿者、中小学义工教师、社区义工成为引领阅读的志愿者——"海狸妈妈（爸爸）"。每年"4·23"世界读书日，"小海狸"亲子阅读家族都会新增亲子阅读点，目前共建成阅读点34个，涵盖乡镇街道、社区、学校。"小海狸"亲子阅读家族依托这些阅读点免费为周边居民常态化提供亲子阅读引领

公益服务。

（2）创新载体，推动志愿者团队活动不断深化

①打造适宜青少年的阅读空间。2019年3月，海曙区图书馆重新装修一新，为少年儿童打造适宜的阅读空间。为未成年人开设图书推荐栏，定期向未成年读者推荐正能量、有价值的图书，以及一些新到图书和借阅频繁的书籍，以满足不同年龄段少年儿童的阅读需求。

②打造丰富的阅读推广品牌。海曙区图书馆常年举办未成年人读书节、"小海狸"亲子阅读家族活动、小牛顿亲子公益课、小鲁班乐高搭建师等各类未成年人阅读推广活动，开展经典诵读活动、课本剧展演、小小图书管理员、图书漂流等活动，不断丰富活动种类，探索如何激发孩子们的阅读兴趣，引导他们主动阅读，推动亲子家庭形成良好的阅读习惯。

③创新服务模式，发挥新媒体平台推广作用。海曙区图书馆以微信公众号为依托，设立《海狸微教室》专栏，定期推送亲子共读好书和育儿家教知识，同时组建"海狸online"微信群，让"小海狸"亲子阅读家族的成员们实现线上实时互动。通过微信公众号及其他媒体平台同步宣传线下活动情况，扩大活动效果，提升"小海狸"亲子阅读家族品牌影响力。

④丰富活动载体，充分展示亲子阅读成果。每年固定举办一场"小海狸"亲子阅读嘉年华、2～3场"小海狸"亲子换书大会。自2016年"小海狸"亲子阅读家族成立以来，每年"4·23"世界读书日前后举办"小海狸"亲子阅读嘉年华活动，让嘉年华成为"儿童阅读的狂欢节"。活动内容包括绘本剧展演、阅读小达人分享会、绘本人物服装秀、亲子阅读游艺会、亲子阅读大师讲堂等，让阅读在孩子们的心中播种、生根和发芽。"小海狸"亲子阅读家族不定期举办"大手牵小手"亲子换书大会，让图书动起来，让更多家庭感受阅读魅力。截至目前，我馆共开展换书活动6场。

⑤加强志愿者间的互动，不断提升亲子阅读推广的质量。"小海狸"亲子阅读家族为各成员免费提供阅读资源包，包括绘本阅读、科学探索、传统经典诵读、律动、手工等内容，不定期组织家长、志愿者开展"小海狸"亲子阅读培训，学习掌握亲子阅读方法，提高亲子阅读活动质量。

⑥重视阅读家族的帮扶互助，充分发挥阅读引领优势。海曙区图书馆发动社会力量募集善款物资，依托"小海狸"亲子阅读家族组建小分队走访困难家庭，

为有困难的阅读点开展"亲亲小海狸"阅读援助，共同关爱有需要的儿童；送阅读送活动到外来务工家庭子女学校，为有需要的儿童送去高品质的阅读资源，并提供相应的陪伴阅读等公益服务。

5. 活动效果

自成立以来，"小海狸"亲子阅读家族常态化开展绘本阅读、绘本剧编排、手工制作等各类亲子阅读活动，并通过创建阅读 QQ 群、开展线上线下亲子阅读知识分享等活动，带动本辖区、本单位的亲子阅读活动的开展。同时，将活动成果和经验定期在微信公众号上发布，对所在地区的亲子阅读推广起到了示范带头作用。

（撰稿人：浙江省宁波市海曙区图书馆"小海狸"亲子阅读点　张　晴）

"柚一家·阅声书房"

——打造全民阅读家庭工作特色平台

1. 活动背景

为进一步推进"家家幸福安康工程"在玉环落地,打造"妇联+融媒体"的全民阅读家庭工作特色平台,"柚一家·阅声书房"应运而生。玉环市妇联以爱阅读的柚一家为代言人,整合资源、创新思路,全力打造全民阅读家庭工作特色平台,在全市范围推广"柚一家·阅声书房"亲子阅读品牌项目。

2. 参与对象

全市家庭。

3. 准备情况

2019年5月,玉环市妇联启用浙江省首家三八红旗手工作室——"张爱芬·三八红旗手工作室",领办"柚一家·阅声书房"项目。并由工作室领衔,联合张爱芬名家工作室、玉环书城、玉环图书馆、文玲书院、翰米童书馆、市巾帼志愿者协会、天宜社会工作社、市朗诵艺术协会、心泉诵读者活动中心9家单位组建"柚一家·阅声书房"联盟。

发挥各级阵地联动作用,在玉环书城建成7000平方米的"柚一家·阅声书房"家庭建设综合服务中心,通过"五馆四角一剧场"的柚一家·家庭综合平台的打造,推出图书漂流、经典诵读、文明剧场、好书分享、家庭悦读会、书香家庭、积分兑换等亲子阅读系列活动,让阅读在读书、看书、听书、说书、演书等丰富多彩的形式中"活"起来。统筹各乡镇(街道)文化礼堂、妇女之家、儿童之家、经典诵读馆、家长学校以及企业"悦读漂流驿站"等阵地,建立一批柚一家·家庭建设综合服务站(家庭教育指导服务站),拓展家庭建设综合服务空间和外延,让亲子阅读服务走向基层、覆盖全市。

◎玉环书城小柚子儿童馆

◎阅读角

4.实施情况

（1）项目领办＋制度护航，组建亲子阅读高效服务队伍

玉环市妇联在构建家庭服务阵地的基础上，发挥"柚一家·阅声书房"9大联盟团队作用，组建柚一家·家庭教育讲师团，吸收成员50余人。联盟团队除服务主阵地外，分类推出柚一家·大咖分享、家长沙龙、亲子互动、安全教育、乡土文化五大活动载体，在各乡镇（街道）开展名家名篇分享会、家庭教育巡讲会、亲子运动会、流动公益课、有声诵读班、红色经典、玉环文学、阿朗教土话、生命变奏曲、平安课堂、家长陪读团、悦读妈妈成长集12个子项目。并制定巾帼5号服务日制度，每月5号在三八红旗手工作室召开"柚一家·阅声书房"联盟单位月度例会，接受各乡镇（街道）妇女之家、文化礼堂项目订单，商议亲子阅读等系列活动安排。

（2）家庭积分＋文明礼遇，打造亲子阅读浸润引领体系

推出全民阅读家庭志愿服务和"柚一家·和合礼遇系统"，发动全市家庭主动参与亲子文明实践志愿服务。家庭志愿者可根据阅读时长和志愿服务获得相应积分，蓄积到"巾帼文明实践存折"里，达到一定积分，可优先参与好家庭评选。市级以上的最美家庭、文明家庭等可通过和合礼遇系统线上申领礼遇电子卡，享受一定的优惠和福利。目前已发出文明实践存折3000余本，评选出各级好家庭1000余户，以美好生活实践基地、创业示范基地、素质提升基地为首的60余家爱心商家加入礼遇联盟，提供购书折扣、绘本亲子课、家庭剧场门票等各类有针对性的福利。

（3）线下活动+线上栏目，创新亲子阅读双网共振模式

紧贴家庭需求，结合三八红旗手工作室负责人张爱芬传媒名家的联动作用，启用"妇联+融媒体"模式，推进"柚一家·阅声书房"线下活动与线上栏目同频共振。

主题朗诵讴歌新时代：围绕建党98周年、中华人民共和国成立70周年、玉环解放70周年，推出"柚一家·阅声书房——红色朗读者"系列活动，推出融媒微剧，致敬巾帼英雄，激发家庭爱国情怀。

乡土文学颂扬美玉环：聚焦聚力新时代美丽玉环建设，开展"美丽海湾我的家"征文活动、"春归玉环潮"云读书会，向全市家庭征集优秀作品194篇，编印成书，激发家庭爱家情怀，相关活动被浙江卫视关注、报道。专业大赛培养推广人：组织"声动玉环·最美阅声"青少年朗诵大赛，成立阅声朗诵团，挖掘和培养有声阅读推广人才，激发社会共同参与。东西部阅读联谊点亮阅梦想。开展玉环·玉树"行走的格桑花"悦读联谊活动，来自玉环、玉树的50多名孩子以诗文朗诵的形式相互认识、彼此交流。发起"一人一书"乡村图书馆建设行动，向玉环全市家庭征集捐赠图书，并组织志愿家庭深入茂县渭门乡小学、沟口乡小学等6所学校，帮助建设乡村图书馆。

家长培育助力家成长：向全社会征集"悦读爸爸""悦读妈妈"，在全市幼儿园开展"我为孩子读故事"21天打卡活动，激发家长阅读热情。以书易书，共享悦读。建立"悦读漂流驿站"9家，发出争当"悦读投漂人"的倡议，发动市民把家里闲置的书籍投漂出来，以书为媒、以书会友，关心关护留守儿童家庭、流动儿童家庭，目前已收到投漂书籍3000余册。此外，所有亲子阅读活动都录制成《阅声书房》栏目在无限玉环APP、"玉环妇联"微信公众号、FM91.3玉环广播等融媒体平台实时推送，覆盖听众50余万人次。

5. 活动效果

截至目前，"柚一家·阅声书房"已组织开展"民俗故事七天乐""'家长陪读团'训练营""最美妈妈分享会""绘本大咖故事会""儿童文学大咖讲座""红色记忆主题朗诵会""古诗词亲子趣味朗诵"等以亲子阅读为主的主题阅读活动100多场次，推送《阅声书房》栏目200余期。通过联盟成员5大载体、12个子项目驱动，线上、线下为全市80000余户家庭带去各类服务760余次。《阅声书房》栏目还被评为2019年度"浙江省社科普及创新示范推荐项目"。

◎"柚一家·阅声书房"玉环·玉树悦读联谊活动

◎"最美阅声"青少年朗诵大赛

◎"柚一家·阅声书房"庆六一亲子朗诵活动

◎"悦读妈妈"在各个亲子阅读授课点开展暑期陪护

　　日前，玉环妇联联合玉环传媒再次整合资源，启动电视文化栏目《阅声书房》的制播工作。"柚一家·阅声书房"为阅读而生，为家庭而秀，它已然成为推动全民阅读、传承家教家风、促进家庭成长、助力文明实践的"妇联＋融媒体"家庭工作特色平台。

　　　　　　　　　　　　（撰稿人：浙江省台州市玉环市妇女联合会　孙梦璐）

"德清嫂"亲子阅读活动

1. 活动主题

为了让阅读走进每个家庭，让"多读书、读好书、好读书"的模式成为每个家庭的常态，德清县妇女儿童活动中心整合多方资源开展"德清嫂"亲子阅读主题活动，强化家长与孩子在亲子阅读中的互动体验，不断激发孩子的阅读兴趣，培养阅读能力和主动阅读的习惯，同时在亲子阅读中培养良好的亲子关系，提高家庭教育质量。

2. 活动背景

如今越来越多的父母关注家庭教育问题，对良好的家庭教育有了迫切的需求，加强家庭教育指导刻不容缓，这给我们的家庭教育工作带来了挑战。综合众多家庭教育实践和方法，亲子阅读是其中相对简单易行又效果显著的亲子互动方式，几乎适用于所有亲子家庭。

3. 参与对象

面向县内广大亲子家庭，线下活动一般组织 20 组左右家庭参加，线上活动不限数量。

4. 准备情况

德清县妇女儿童活动中心"亲子阅读室"作为县图书馆分馆，固定藏书量保持在 1500 册左右，流动书籍年均 1000 册左右，向广大家庭免费开放。

2019 年，联合多家女性社会组织开展了"德清嫂"家长成长营、益众学苑、"德清嫂·亲子阅读"等主题活动，让德清家庭享受亲子共读带来的感动和乐趣。

2020 年由于疫情影响，"德清嫂"亲子阅读开启了线下＋线上的活动模式，开设了"德清嫂·亲子阅读线上课堂"和德清嫂·青柠姐姐"阅读悦快乐"课堂两个亲子阅读专题课堂。

5. 实施情况

德清县妇女儿童活动中心常年面向社会举办"德清嫂"亲子公益课堂，截至目前，已举办"德清嫂"亲子公益课堂700多场次，覆盖30000多人次。

联合心聆心社会组织开展"德清嫂"家长成长营活动等，邀请幸福家庭种子师资担任讲师，通过"良好的家庭教育成就孩子的人生""陪伴是最好的礼物"等系列成长课程，让家长掌握科学实用的亲子阅读方法，提升家庭亲子阅读实效。

联合益众社工开设益众学苑，开展"德清嫂·亲子阅读"主题活动，定期开展亲子阅读分享、亲子成长沙龙，将不同体裁文章的阅读指导与传统节日、社会生活热点、爱国主义教育等进行有机结合，开展了"书信阅读——《写给地球爷爷的一封信》""《中秋的月亮》——传统节日学习""《我爱我的祖国》诗朗诵——爱国主义学习"等主题阅读与实践活动，让德清家庭享受到亲子共同阅读与成长带来的感动和乐趣。开展"每天共读半小时·书香拉进两代人""书香润泽心灵·阅读成就人生"等系列亲子阅读主题活动，广泛引导家庭开展亲子阅读活动，强化家长与孩子在亲子阅读中的互动体验，激发孩子的阅读兴趣，

◎线下主题活动

培养阅读能力和主动阅读的习惯，让亲子阅读成为德清家庭的新时尚。

县妇儿活动中心联合益众社工推出"德清嫂·亲子阅读线上课堂"阅读推广公益行动，邀请专业社工在线开展亲子阅读指导，引导家长增进与孩子的互动，激发孩子的阅读兴趣，培养家庭亲子阅读的能力和习惯。

德清嫂·青柠姐姐"阅读悦快乐"课堂，由县妇儿活动中心自主推出，分"儿童版"和"成人版"，青柠姐姐不定期在线上陪孩子读绘本、讲故事，给小朋友们送上《小臭臭威尔逊，一只不肯上学的狼》《小猪波比上滑梯》《拉拉说谎了吗？》等小故事，送去温暖的关怀；给家长在线推荐《我爱你就像爱生命》《夜莺与玫瑰》《断舍离》等好书，带领家长在书里一起回忆最初的自己，帮助他们通过阅读在繁冗的大人世界中逐渐找回最初的那份宁静。

"三八"节期间面向全县12岁以下亲子家庭开展了"德清嫂"书香战"疫"亲子阅读网络视频大赛。通过各类线上亲子阅读指导和体验活动，引导更多家庭开展亲子阅读，将好的亲子阅读方式推荐给广大家庭。

6. 活动效果

德清县妇女儿童活动中心依托"亲子阅读室""亲子早教室"等阵地，积极整合社会资源，不断创新工作模式，延伸亲子阅读的服务链条，使儿童和家长在"德清嫂"亲子阅读活动中的参与度更高、影响力更大。

"德清嫂"亲子阅读活动充分考虑各个年龄段亲子家庭的阅读需求，整合资源不断创设线下＋线上等多种亲子阅读活动载体，为家庭的亲子阅读活动提供形式多样的指导服务，受到了广大家庭的肯定和欢迎。

（撰稿人：浙江省德清县妇女儿童活动中心　陈国祥）

亲子阅读，家庭生活新常态
——爱心树父母学堂"阅动鹿城"创新项目

1. 活动背景

家庭的书香韵味和文化气息最能够浸润童心、启迪智慧、孕育美德。为引领更多家庭传家教、育家风，鹿城区妇联将亲子阅读服务工作作为家庭教育的重要抓手，有效发挥爱心树父母学堂等社会组织和社区妇联的带动作用，营造浓厚的亲子阅读氛围，开展丰富多彩的阅读活动，促进家庭亲子阅读生根基层、走进家庭、浸润家风，为家庭文明建设注入生机与活力。

爱心树父母学堂是鹿城区家庭教育学会成立的一个致力于推广亲子公益阅读的家庭教育指导机构，成员大多由鹿城区家庭教育学会会员组成。近年来，鹿城区妇联携手爱心树父母学堂打造了庆年坊社区的"阅动鹿城"亲子读书会，通过专业的师资带动整个鹿城乃至温州的"亲子阅读大氛围"，真正让亲子阅读成为家庭生活的新常态，让阅读成为亲子最基本、最诗意的生活方式。

2. 参与对象

社区儿童和家长。

3. 准备情况

2018 年"阅动鹿城"项目落户庆年坊社区，主要通过亲子共读、亲子共长、亲子赛读等形式，开展"亲子情商"共学、"亲子文学"品读、"亲子电影"品鉴和"云阅读"活动，采用爱心树编撰的 SEL 社会情感技能教材、《学而悦——我的童书阅读课》以及各学校公益讲师提供的书单展开活动。庆年坊社区场地坐落于市中心，使得"阅动鹿城"有了很好的辐射作用，先后在鹿城区多家"城市书房"开展系列活动，还走进龙湾、瓯海等地的几个社区。

4. 具体实施

（1）列一份书单，点一盏心灯

爱心树父母学堂依托鹿城区家庭教育学会的优势，邀请了小学语文骨干教师，结合全国统编语文教材，精选童书，给孩子们列出一份书单；同时也请爱心树的公益讲师团队给家长们列了书单。

（2）培两支队伍，承一脉书香

以鹿城区教育讲师团的专业力量为支持，成立鹿城区家庭教育讲师团和爱心树父母学堂，讲师团里的大部分老师来自小学和幼儿园，以语文老师和心理老师为主，让亲子阅读活动的开展有了专业支撑。讲师团坚持走进社区和党群服务中心，为家长们开设沙龙和读书会。除了庆年坊社区，讲师团足迹还遍布藤桥、龙湾、双屿、文成、永嘉、泰顺等地。

（3）1+X 辐射，书香满鹿城

一是搭建两个平台——线下读书会和"云端"读书会。

考虑到地域和条件因素，自开展"阅动鹿城"项目以来，从线下和线上入手，搭建两个平台，希望以庆年坊社区为试点，推动全区的亲子阅读。

庆年坊社区所辖学校是百里路集团学校和第二幼儿园，我们以周边学校和幼儿园为主要服务对象，先以"国学诵读"为主题，坚持每周日上午开启亲子诵读会。通过100期的坚持，100个周末的共同学习，营造了"阅动鹿城"的场景以及"书香温州"氛围。其后，增加了亲子情商学习会、父母正面管教课程和儿童 SEL 社会情感技能学习，通过系列读书会和学习会，带动了数千父母和家庭走上了阅读之路，也陪伴和见证了孩子们的成长。

二是拓宽多个渠道——产生活动辐射效应。

自庆年坊亲子阅读基地常态化开展家庭亲子阅读活动以来，两年多的时间里，鹿城区家庭教育学会携手爱心树亲子读书会和父母成长营，走进学校、走进社区和各类机构进行家庭教育的传播和宣传，真正形成"政府主导、社区依托、学校参与、多维互动"的家庭学习模式。公益讲座遍布鹿城乃至温州各县市区，受益家长近万人。为促进亲子关系，推动全民阅读，去年3月~8月，公益讲座陆续走进温州鹿城（庆年坊、海坦、龙汇、藤桥、滨海等）各大城市书房开展亲子悦读荟活动，至今共开展22期，受益家长和学生达1500人次。

三是阅读"悦"美"悦"喜——让家庭在阅读中更美好。

阅读"悦"美开展两年以来，200多位教师和家长因为爱上阅读而成为正面管教讲师和公益讲师，活跃在各大社区和书房，影响1000多位父母走进家长课堂、30000多父母聆听线上读书会，成为爱的传播者。在"阅动鹿城"活动过程中，我们见证了一个个家庭的成长和幸福。美国作家杰奎琳·伍德森在绘本《每一个善

爱心树"绘爱1+1"亲子共成长公益课程清单

序号	亲子课程主题	授课老师	授课时间
1	情绪管理—— 做情绪的主人	郑建萍（高级教师、温州市优秀教师、三大出版社教学主编、国际鼓励咨询师、爱心树父母学堂创办人）	
2	感恩—— 我喜欢我的爸爸妈妈	李碧（南浦集团校校长、高级教师、浙江省教坛新秀、温大兼职教授、妇联兼职副主席）	
3	自我悦纳—— 我们都是独一无二的	鲍小珍（瓯北二小高级教师、温州市教坛中坚、浙江省春蚕奖获得者、正面管教讲师）	
4	时间管理—— 我能安排学习时间	郑建萍（高级教师、温州市优秀教师、三大出版社教学主编、国际鼓励咨询师、爱心树父母学堂创办人）	
5	感恩—— 为爱插上想象的翅膀	沈虹（蒲鞋市小学高级教师、温州市教坛中坚、温州市优秀教师）	
6	情绪管理—— 把坏脾气收起来	徐蒙乐（南浦小学高级教师、温州市优秀教师，正面管教双讲师）	
7	树立自信—— 我不怕压力	李碧（南浦集团校校长、高级教师、浙江省教坛新秀、温大兼职教授、妇联兼职副主席）	
8	迎接错误—— 犯了错不可怕	陈慧君（温州市教坛新秀、温州市优秀教师、鹿城区名师工作室主持人，瓯越讲坛特约嘉宾，"正面管教"学校讲师）	
9	乐观—— 换个角度看世界	王爱长（温州市瓯江小学高级教师、温州市教坛新秀、温州市优秀教师、鹿城区名教师）	

举》中写道："我们所做的每一件事情，都会像波纹一样，向整个世界散发力量。"就这样，从一个讲师到一群人，从庆年坊到鹿城各大城市书房，无数人将阅读嵌入自己的生命，在阅读中共享生命的美好！

（撰稿人：浙江省温州市鹿城区妇女联合会、鹿城区家庭教育学会、爱心树父母学堂　郑建萍　李　碧）

读山阅水·亲心阅美
——"大阅读"活动方案

1. 活动主题

瑞安市罗山幼儿园开展读山阅水·亲心阅美——"大阅读"活动，倡议广大家长积极参与亲子阅读，激发亲子的阅读兴趣和热情。本园积极响应党的号召和时代的需求，以"家"为题，凝心聚力，整合本土资源、幼儿园资源、家长资源，为全园家长和孩子的共同成长构建起坚实的服务平台，传播正能量，培养家庭亲子阅读兴趣和习惯，帮助更多的孩子爱上阅读，在阅读活动中沐浴文化，享受阅读的快乐，共创书香家风、共建家庭文明新风尚。

2. 活动背景

读山阅水·亲心阅美——"大阅读"活动是瑞安市罗山幼儿园"自然阅读文化节"中的一场亲子活动项目。旨在帮助本园家长在当前常态化疫情防控工作大背景下，依托家庭亲子阅读活动营造亲子共同成长的家庭氛围，激发孩子和家长多读书、读好书，促进孩子全面健康地成长。

3. 参与对象及方式

（1）邀请温州市名师林艳女士、瑞安市电影与阅读倡导人沈翔先生等为广大家长"云"授课。

（2）瑞安市罗山幼儿园巾帼文明岗教师开展"云"+线下阅读。

（3）瑞安市罗山幼儿园全体孩子和家长及塘下市民参与线上线下活动。

4. 准备情况

为严格落实疫情防控工作，保证孩子和家长健康安全，瑞安市罗山幼儿园提前部署、广泛宣传，根据活动具体要求，线上和线下结合开展互动。线上要求全园家长积极参与，线下活动在研判疫情情况后，要求参加人员实名制登记、佩戴口罩、健康码为绿码、保持距离和测量体温，并准备了详细的应急预案和相关隔离措施。邀请专家设计方案，通过线上、线下相结合的亲子阅读活动方式开展各类主题的授课和亲子活动。

5. 实施情况

此次亲子"大"阅读活动自4月20日—5月25日历时一个多月，采用线上云讲座和线下分组亲子活动结合的方式开展，具体实施如下：

（1）亲子阅读的美好：4月20日，钉钉群上举行启动仪式，邀请温州市名师林艳女士做专题讲座。

（2）电影与阅读赏析：4月25日—5月10日，通过钉钉群开展沈翔老师关于电影与阅读的赏析互动，重点关注"阅读里的生命教育"和"等待生命的奇迹"。

（3）名人说阅读：在订阅号进行推广，如《习近平谈读书》。

（4）巾帼有声故事展播：巾帼教师录制绘本故事进行微信推广。

（5）伴读马拉松（21天阅读计划）：亲子组成阅读小队，完成21天亲子读书活动。

（6）最美阅读小窝：亲子设计最美阅读区域。

（7）最美亲子阅读瞬间（家庭）：亲子拍摄各种惬意的阅读姿势。

（8）绘阅行动：亲子绘制一本形式多样的读书绘本，如洞洞绘本、立体绘本、长长绘本、小人书等。

（9）爸爸讲故事：邀请爸爸们来幼儿园讲故事，进一步提升家庭阅读氛围。

（10）宝贝阅家乡：读万卷书，行万里路。"五一"劳动节期间，鼓励家乡游，孩子和家长走出家门，阅读家乡、推荐家乡。

（11）罗山阅行动：亲子设计阅读节标识、亲子走进大罗山阅读山水、亲子共画自然环保画册等，从书走向自然。

6. 活动效果

瑞安市罗山幼儿园全体家长和幼儿共计800多人参与了系列活动。

活动还采用了微信、钉钉、抖音等多媒体平台进行线上推广，使其辐射范围更广，更多的人参与到大阅读活动中来，同时凤凰网、温州学前教育微信平台、瑞安新闻客户端、瑞安教育信息网等媒体对活动进行了相关报道。

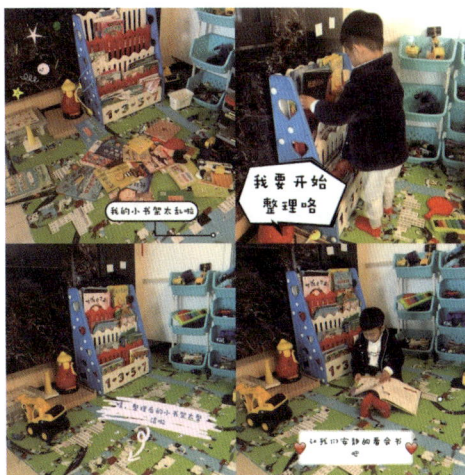
◎最美阅读角落（幼儿园和家庭）

◎最美"阅"姿势

◎亲子自制绘本书

◎午间爸爸讲故事

◎阅读家乡小导游

◎最美亲子阅读互动

系列活动得到广大家长的一致认可，其中走进社区推广家乡活动收到 30 余个精彩导游视频……每一次活动都是气氛热烈，家长们纷纷表示通过云上专家引领，对亲子阅读的相关知识有了更多了解，受益良多。

亲子阅读对于年轻的父母来说，是一门全新的课程，幼儿园通过系列活动鼓励家长要与孩子共同努力，让阅读真正带给孩子欢喜、智慧、希望、勇气、热情和信心。为此，瑞安市罗山幼儿园后期将以"自然阅读文化节"为契机，陆续在幼儿园和社区开展亲子阅读系列活动，常态化开展线上和线下家长课堂、读书沙龙、一对一家庭教育咨询、社区亲子早教、垃圾分类推广进社区、文明条例进社区、亲子绘本剧场、亲子经典诵读、亲子阅读分享会、亲子家风家训故事会、亲子创意手工等系列公益活动，以专业的力量、公益的方式，为幼儿园家长和社区居民搭建学习交流的平台，传播"优质亲子陪伴"的理念和方法，助力学校教育发展，推进家庭幸福、社会和谐。

（撰稿人：浙江省温州市瑞安市罗山幼儿园　涂丽君）

家庭教育智慧课堂——共享亲子阅读美好时光

1. 活动主题

因爱而读，以读献爱；人人阅读，人人受益。

2. 活动背景

《浙江省家庭教育促进条例》提出，父母是实施家庭教育的主体，应当履行家庭教育义务，对家庭教育负直接责任。为提高公众对于家庭教育重要性的认知，发挥亲子阅读在家庭教育中的特殊作用，并传播"因爱而读，以读献爱""人人阅读，人人受益"的阅读公益观，2020年4月14日，江干区妇联、锦麟公益基金会在微信公众号上联合发布了一篇《家庭教育智慧课堂招募令·宝爸宝妈志愿团》推文，旨在邀请"故事妈妈"和"故事爸爸"为更多家庭分享亲子共读的经验，记录亲子共读的美好时光，传递家庭阅读带来的快乐与温暖，带动更多家庭投身亲子共读，真正实现"助己助人，力所能及"的阅读公益理念。

3. 参与对象

该招募令一经发出，就受到了辖区家长的广泛关注与热情支持，来自江干区8个街道144个社区（村）的家长积极报名。最终，经过沟通与了解，招募了50余位成员。他们当中有的是老师，有的是医生，有的是自由职业者，虽然他们的职业各不相同，但是他们都拥有一颗爱孩子的心，他们爱阅读、爱讲故事，他们享受与孩子在一起的亲子共读时光。于是，本没有交集的他们，在我们的号召下组成了宝爸宝妈志愿团，互相分享亲子共读时光、育儿教育经验。

4. 准备情况

2020年5月5日，为了更好地开展活动，我们在前期以线上方式对宝爸宝妈志愿团成员进行培训、指导和交流。邀请了儿童阅读推广人、职业公益人卜飞老师为大家分享《家庭阅读与亲子共读》；也邀请了锦麟公益儿童阅读（绘本）

公益讲师梅子老师为大家带来《亲子阅读十大技巧》。经过线上培训、指导与交流，宝爸宝妈志愿团的成员们学到了许多亲子共读中的经验与技巧，认识到亲子共读在家庭教育中的重要性，也从单纯阅读走向公益阅读。此外，为确保后期拍摄效果，我们还准备了一系列专业的录制设备。

5. 实施情况

5月6日，我们开始陆续邀请宝爸宝妈志愿团成员进行绘本故事和亲子共读经验分享的音频录制。在录制之前，我们也与各位成员进行一对一交流，包括对绘本的选择以及拍摄想法等，实现有效沟通、精准录制。同时，我们提供了两种录制方式，可以选择在家自己录制，也可以来到江干区暖心阅读公益基地进行录制。在基地，除了提供录播设备，还有指导老师进行专业录制。

5月11日，我们迎来了宝爸宝妈志愿团第1期分享，是由梅子老师带来的《企鹅冰书：哪里才是我的家？》。该绘本模拟了冰川融化的现实环境危机，让孩子可以亲眼看到、亲手摸到冰川的融化。梅子老师还告诉大家，在亲子共读过程中，要让孩子从好奇到参与，再到探究，最后到反思。

第2期，我们邀请到的青青老师是一位绘本戏剧教师。她运用幻灯片设备，拍摄了《风的电话》光影剧小短片，希望通过这个温暖的故事，告诉孩子们什么是通向远方的思念。她还告诉大家：用戏剧的方式来玩语文朗读，强烈推荐好方法——读者剧场。

第3期，我们迎来了拍摄过程中的第一组亲子家庭——米粒妈妈和米粒小朋友，她们为大家带来了绘本《牙婆婆》。在故事的最后，米粒小朋友还为大家演示了如何正确刷牙，米粒妈妈告诉大家：全家参与亲子阅读，创造各种各样的阅读机会，是帮助孩子爱上阅读的好方法。

　　第4期特殊的一期，是读四年级的姐姐小糖果带着幼儿园小班的妹妹宁宁进行分享。她们分享了关于科学小实验的绘本，还动手演示了不同大小的糖在相同条件下进行溶解的科学小实验。姐妹花的妈妈告诉大家：用陪伴、耐心和情景阅读法，不仅让二宝爱上阅读，更让从小不爱阅读的大宝爱上阅读。

　　在活动逐期推进过程中，我们不断地为这些故事妈妈、故事爸爸赋能。在疫情相对稳定后，一些故事妈妈、故事爸爸在我们的协助下开展了线下活动。7月19日，"家庭教育智慧课堂之甜妈故事会"在暖心阅读公益基地如期开展，擅长思维导图的甜甜妈妈将绘本与思维导图相结合，让参与活动的孩子和家长对绘本有了新的理解。甜妈带来的绘本《安的种子》，不仅仅介绍了《安的种子》的故事，也给家长和孩子播下了一颗绘本阅读的种子、一颗爱的种子，也播下一颗思维的种子……对于孩子来说，一边动脑回顾、一边动手绘制，是一次阅读的延展和探索；对于家长来说，是一次反思和启发。这次的绘本阅读活动，实实在在在为更多家庭的亲子阅读增添了一种新的尝试路径。

　　8月9日，同样来自宝爸宝妈志愿团的大何老师，在暖心阅读公益基地为参与活动的家庭带来了满满的干货——"亲子阅读中的二三四"讲座。大何老师是杭州市教坛新秀、杭州市行知金陶幼儿园副园长，同时也是一位一年级学生的妈妈。她将自己生活中、工作中的亲子阅读经验毫无保留地分享给大家：绘本是有文字、图片、内容短小且含有小道理的书籍，绘本可锻炼小朋友的注意力，在亲子阅读中需要注意孩子的"阅读"，表达是量的积累；在家庭阅读中，要保证阅读氛围的安静，在阅读过程中不被打扰；要做有准备的家长，擅看、擅听、擅玩；可以拉上爸爸和祖辈，全家一起阅读。

6.活动效果

活动开展以来,越来越多的家庭和我们分享了亲子共读的快乐时光和经验。我们已分享 30 期内容,服务了 12 个社群,阅读量达 3000+。这些内容当中,既有中国原创绘本,也有国外引进的优秀绘本;既有性教育主题,也有习惯培养等主题;既有妈妈自己录制,也有亲子录制。通过录制与交流,让大家了解到亲子共读可以有这么多种方式,可以运用各种小道具让绘本动起来,模仿各种声音让绘本活灵活现,用角色扮演让孩子爱上阅读。

通过一系列的"家庭教育智慧课堂"活动,我们希望有越来越多的家庭能够加入宝爸宝妈志愿团的队伍当中,一起来实现"助人助己、力所能及"的公益阅读理念,也希望这样的活动可以一直开展下去,惠及更多家庭,为更多宝爸宝妈赋能。

（撰稿人：浙江省锦麟公益基金会　陈琳菲）

馆员妈妈讲故事

1. 活动主题

从多角度引导儿童认识图书，学会阅读。

2. 活动背景

听故事是儿童生活中不可或缺的一种需要和乐趣，孩子通过成人的讲解和描述来认识许多不能直接感知的事物。作为帮助儿童了解世界、表达感情的一种重要媒介，讲故事成为儿童教育的有效形式之一。

2015 年，少儿部在"少儿假期主题阅读活动"中单独开展了以"爸爸妈妈讲故事"为主题的亲子阅读活动。该活动开展后，受到小读者和家长的欢迎。2017 年初，为配合早期阅读教育，精心为儿童打造公益性阅读推广活动，改名为"馆员妈妈讲故事"。

3. 参与对象

主要参与群体为低幼儿童，截至 2020 年 6 月，已举办 63 期，参与活动的小读者达到 1 万多人次。

4. 准备情况

"馆员妈妈讲故事"活动从 2017 年 2 月开始，工作人员以安徽省图书馆少儿部工作人员为主、馆党员志愿者为辅。目前全馆馆员妈妈有 21 名，其中有两名国家三级心理咨询师。馆员妈妈们始终坚持以"党员示范、爱心先行"为宗旨，开展讲故事活动。

为了满足儿童及家长的多元需求，安徽省图书馆投入 800 万元，2020 年 1 月 1 日，由原少儿部改造升级成的"少儿阅读体验中心"正式开放。"少儿阅读体验中心"位于安徽省图书馆东一楼，分为低幼阅览室和少儿借阅室。低幼阅览室共 400 多平方米，由亲子阅读区和数字阅读体验区及母婴室组成，为安徽省图书馆全新增设的区域，特别为 0～5 岁小朋友打造的一个相对独立的亲子阅读空间，所藏文献以低幼绘本为主，阅览座位 136 个。"馆员妈妈讲故事"的馆内活动场地位于低幼阅览室的数字阅读体验区内。

5. 实施情况

"馆员妈妈讲故事"活动不仅在图书馆里开展，也深入到社区与贫困乡镇，先后到太湖县、定远县、肥东县、涡阳县、庐江县、桐城市、岳西县、亳州市和宿州市开展，吸引了许多孩子来参与，她们的故事吸引了许多孩子，尤其是留守儿童。

2019 年 1 月 8 日，在肥东县尚真花园小学，馆员妈妈薛培婷的讲座"快乐阅读"，受到学校师生的欢迎。3 月 12 日，在赴涡阳县陈大镇史韩村开展的"文化扶贫送书下乡"活动中，馆员妈妈为孩子们准备了精彩的故事。3 月 29 日，在太湖县刘畈乡九田小学开展的"阅读伴成长，安全进校园"主题活动中，"馆员妈妈"孙瑞华为孩子们精心准备了"走进图书馆　让孩子爱上阅读"的讲座。4 月 16 日，在五河县大程村小学和薛集村留守儿童之家的"助困爱心一日捐"活动中，馆员妈妈为孩子们上了绘本阅读课——"米莉的帽子变变变"。5 月 28 日，在白湖分馆开展的"书香进白湖　悦读伴成长"阅读推广活动中，馆员妈妈孙瑞华在白湖中学主讲"走进图书馆，让孩子爱上阅读"。5 月 29 日，在第 31 个图书馆服务宣传周和第 70 个国际儿童节到来之际，在桐城市唐湾中心学校"助困爱心一日捐"活动中，馆员妈妈为山区的孩子们带来精彩故事。10月25日，在长江路第三小学海棠花园校区二年级一班，馆员妈妈顾运婕为同学们上了一堂生动有趣的绘本故事课。11月14日，馆员妈妈到淮南市八公山区第二小学为孩子们带去精彩故事。11月25日，馆员妈妈参与安徽省图书馆与定远尚真学校携手共办的"同庆华诞　共读中国"图书捐赠与漂流活动。2020年1月9日，参与"关爱留守儿童　情暖绵绵冬日——安徽省图书馆文化文艺小分队下基层志愿服务活动"，到岳西县莲云乡中心学校。5月29日，到亳州市谯城区观堂镇孙庄村的孙庄小学，开展"情系留守儿童、助力脱贫攻坚"的主题党日活动。6月23日，安徽省图书馆党委组织部分党员走进宿州市第十二小学，开展主题党日活动。这些活动都为学生们带去了精彩故事。

6. 活动效果

"馆员妈妈讲故事"志愿者服务团队被推荐申报2019年度"包河区优秀志愿服务组织"。"馆员妈妈讲故事"活动入选2019年"书香安徽"全民阅读系列推荐活动"十佳阅读推广活动"。活动在《安徽商报》《第一时间》都有报道。

"馆员妈妈讲故事"的馆内活动通过开展形式多样、生动活泼的阅读活动，引导小读者走进图书馆，学习知识，爱上阅读。让少年儿童在图书馆浓浓的书香氛围中度过快乐、充实、健康有益的假期，并在阅读中学习中华优秀传统文化知识，教育引导广大少年儿童树立远大志向、培育美好心灵，让少年儿童在阅读中快乐成长。

"馆员妈妈讲故事"活动不仅在馆内开展，同时也与馆里的"爱心捐赠""党员活动"结合起来，不仅讲图书里的故事，也讲图书馆里读者阅读的故事。希望通过这些故事，让留守儿童爱上阅读，使他们不孤单、更自信。我们无法替代父母给他们关爱，但可以通过阅读强大他们的内心；我们无法牵手带他们看外面的世界，但是可以通过书籍为他们打开一扇窗。

（撰稿人：安徽省图书馆少儿部　孙瑞华）

疫情期间的"亲子阅读推广"创新案例

1. 活动背景

2020 年 1 月份，当新冠肺炎疫情发生时，蚌埠这座城市的每一个家庭、每一个人都在政府的宏观领导和具体举措下认真地抗击疫情，做到足不出户整整3 个月之久。这期间蚌埠市的民生保障做得特别好，能够解决生活必需品。但由于部分图书快递停运，孩子们的阅读读物只能局限于家中已有的图书，亲子阅读的质量和数量并没有因有了更多的相聚时间而提升。ZA 通过线上了解到有亲子阅读习惯家庭的需求，有针对性地开展了下列阅读推广和指导活动。

2. 活动主题和目标

（1）让孩子在疫情期间建立更好的阅读习惯

疫情期间，孩子们可以和父母朝夕相处，多了很多亲子时光，ZA 抓住了这一契机，利用微信平台大量推送亲子阅读的重要性文章，家长们的关注点也由原来的工作和生活更多地转移到孩子的阅读培养方面。家长通过线上的阅读推广讲座和文章开始重视并身体力行地为孩子读书，这是疫情期间 ZA 儿童绘本馆利用全民宅在家里的契机帮助那些没有建立阅读习惯的孩子的一次创新。

（2）让父母成为孩子更好的家庭阅读指导师

ZA 儿童绘本馆日常开展的是线下故事会，通过线下故事会家长们可以走进故事屋聆听并学习故事老师的讲述方式。在疫情期间，暂停的线下活动转为线上，通过线上给家长做分享交流，让家长学习讲故事的互动方法，提升阅读质量，让孩子对阅读更感兴趣。

（3）抗疫医务人员的家庭亲子阅读专题帮扶活动

疫情期间，最伟大的逆行者是我们身边的医务人员。他们坚守岗位，守得一方平安。我们的安全保障来自他们的挺身付出。为了表达对医务人员的敬意和弘扬社会正能量，我们携手布克船长线上阅读机构，免费赠送医务人员每人一张价值 365 元的阅读年卡，让他们的孩子可以在家就能够听到优质的绘本故事和有趣的阅读互动小知识。蚌埠市有 100 多位医务人员积极参与。活动能够力所能及地让医务人员的孩子们安心读书，爱上阅读，是这次推广亲子阅读活动中非常有意义的一件事情。

3. 活动实施

（1）开展线上主题故事会

开展线上故事会。考虑到我们主要服务的对象是 3 ~ 7 岁的孩子，他们是处在形象思维阶段，因此，我们利用 CCtalk 播课软件通过视频的方式与孩子们互动，开展了 10 期主题故事会，参与家庭数 34 组，受益儿童 50 余人次。

（2）利用群空间，开展线上"好书推荐"分享交流会

家长重视阅读，但是有时候不知道如何给孩子选书，网络信息的丰富性也造成了家长筛选困难。针对家长的这一需求，我们在群内推荐优质绘本，并提供解读方式，推荐适龄的阅读范围。家长们在群里直言，没有这一番解说，他们都不知道这本书这么有趣。"好书推荐"这一创新思路受益家长人数达 300 余人。此次活动为亲子阅读提供了很多实用的方法。

（3）开展线上家长阅读答疑解惑交流会

疫情期间亲子阅读的问题

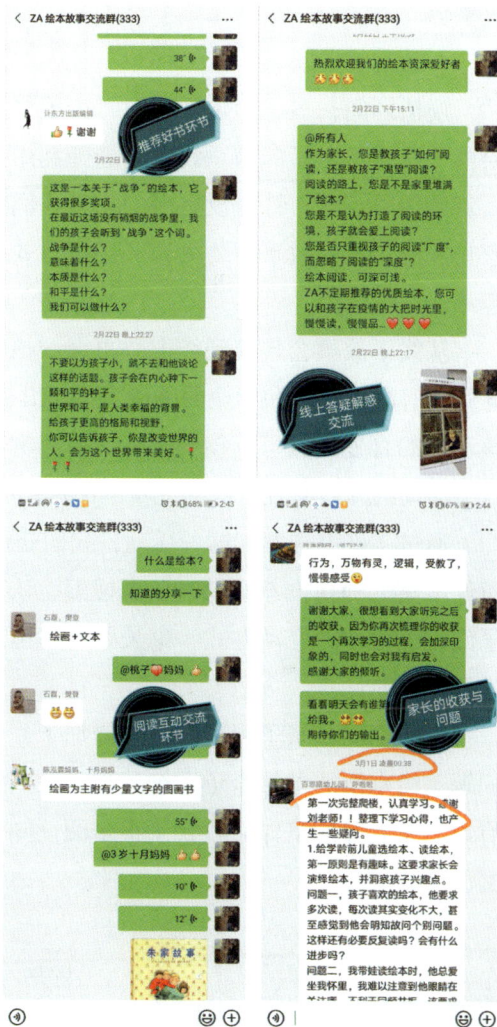

因时间原因而出现了很多平日没有关注的问题。比如，孩子为什么看书不能从头至尾地认真看？孩子在听故事的时候老是提问打断家长怎么办？孩子为什么老是重复看一本书？……家长一百个问，我们一百个答，有时探讨投入时，我们会交流到深夜。在线上我们随时针对家长提出的阅读问题给予细致和耐心的回复，让家长在亲子阅读中解决阅读的困扰，提升阅读的质量。此环节帮助了300余位家长对阅读有了新知，实际群内参与互动交流达60余人，帮助60多位参与交流互动的家长解决了实际问题。有了这样的线上答疑解惑环节，家长对我们的信任度也提高了，家长更期待疫情结束后能够走进绘本馆，参加集体故事会。

4. 活动效果

疫情期间，孩子们足不出户，少了很多户外活动，但室内的阅读、手工、绘画等活动丰富了起来。我们馆老师利用孩子在家、家长在家的机会，提供了大量的优质绘本，针对没有书的家庭我们提供线上讲述，有书的家庭我们协助家长掌握绘本的故事主要内容和拓展方式，让亲子阅读更立体、更丰富、更有趣味性。

从线下故事会转移到线上故事会，孩子们虽然刚开始不适应，但是绘本馆老师以有趣的互动和专业的阅读指导，开展了10期主题故事会，得到了家长和孩子们的喜爱和认可。孩子听线上的感觉不过瘾，更加期待参加线下故事会，这一活动的开展激发了低幼儿童的阅读兴趣。

通过"好书推荐"这一活动，我们获得了专业的口碑和大家的信任，ZA儿童绘本馆老师在推荐好书时认真搜索、认真备书，充分了解好书的好以及在亲子阅读过程中的互动方式，家长跟着馆里老师学习的讲读方式大大提高了孩子的阅读兴趣。

疫情期间，亲子阅读的频率增加了，但是家长们也遇到了更多的亲子阅读问题，绘本馆的老师给予了细致耐心的回复与指导，家长们表示疫情期间因为有绘本馆老师的陪伴而收获了很多阅读知识，也更加有信心和耐心地坚持亲子阅读之路。

（撰稿人：安徽省 ZA 儿童绘本馆　刘　平）

"书香润心灵 阅读促成长"亲子阅读"四能"主题活动

1. 活动主题

书香润心灵，阅读促成长。活动旨在培养青少年良好的阅读习惯，发挥公共图书馆职能，充分发挥亲子阅读在助力小康建设中的重要作用，聚焦立德树人根本任务，深化家庭教育，弘扬良好家风，丰富家庭文化生活，引领广大青少年和家长在阅读中陶冶情操、培育美感，培养善用图书馆的意识和良好阅读习惯，有力促进全省家庭文明建设。

2. 活动背景

亲子阅读，又称"亲子共读"，就是以书为媒、以阅读为纽带，让孩子和家长共同分享多种形式的阅读过程。营造一个良好的阅读环境，对孩子的成长起着至关重要的作用。宿州市图书馆着力为青少年创造一个舒适的阅读环境，创新亲子阅读活动，培养青少年良好的阅读习惯，激发孩子的阅读兴趣，促进家庭文明新风尚。

3. 参与对象

宿州市青少年及家长 1 万多人次。

4. 准备情况

宿州市图书馆 2015 年设立亲子绘本阅览室，面积 350 平方米，对 0 ~ 6 岁少儿及家长开放，内有绘本读物 2000 余种。家长可带孩子进行亲子共读，为低幼儿童提供良好的阅读服务，开展线上和线下阅读指导、亲子共读、阅读推广展示、交流分享、创意 DIY 手工制作、沙龙讲座等活动。图书馆阅读推广活动部根据每一期的活动主题撰写活动方案，发布活动预告，布置现场，提供相应的设备、手工材料等。

5.实施情况

为培养青少年良好的阅读习惯，发挥公共图书馆职能，宿州市图书馆在亲子绘本阅览室和多功能教室，开展"书香润心灵　阅读促成长"亲子阅读"四能"活动，有效引导青少年与父母走进图书馆。

孩子们在家长的陪同下，陆续来到宿州市图书馆亲子绘本阅览室。孩子们与家长一起画画、做手工、看书……一幅幅色彩斑斓的画，一件件栩栩如生的彩泥作品，欢乐的笑声、幸福的笑容洋溢在他们的脸上，这里成了孩子们欢乐的海洋，他们的理想在这里放飞。

（1）我能读。宿州市图书馆不定期举办"书香润心灵　阅读促成长"——好书共读亲子活动。《西游记》《格林童话》等绘本是家长与孩子的最爱，通过阅读这些书培养了孩子良好的阅读习惯。亲子阅读的方式有对话式阅读、理解性阅读和游戏化阅读等。亲子共读让孩子和家长体会阅读的乐趣，加入到阅读的队伍中。家长配合参与的阅读教育活动，能激发孩子的兴趣和情感，更有利于促进孩子的全面成长发展。

◎举办"传承好家风家训，做礼德善好少年"亲子活动

◎举办"手绘团扇，清凉一夏"少儿DIY创意彩绘亲子活动

◎举办"迎中秋　庆国庆"主题活动

（2）我能讲。宿州市图书馆不定期举办亲子阅读分享会。家长们从如何在家中营造浓厚的读书氛围，怎样帮助孩子形成深厚的阅读兴趣，怎样培养孩子养成良好的阅读习惯等方面做了经验分享。孩子们可以给家长、小朋友、图书管理员讲听到的、看到的、想到的故事，培养了青少年语言表达能力。

（3）我能做。家长与孩子利用图书馆提供的纸扇、橡胶泥等手工制作材料，一起做出自己喜欢的彩绘团扇、彩泥玉米、中秋挂饰等，培养了青少年动手操作能力，增进了亲子感情，加强了孩子们和家长之间的沟通和协作。

（4）我能演。宿州市图书馆不定期举办亲子才艺展示活动，家长与孩子通过扮演角色演绎绘本中的故事，将读书所得表演得淋漓尽致。

在每期活动结束时，图书馆都会结合活动为亲子家庭推荐 3—5 本与主题相关的绘本或读本。

宿州市图书馆将亲子阅读活动的开展制度化、规范化、长效化、常态化，让更多的家庭参与活动，培养良好的亲子关系，助推"书香宿州·全民阅读"活动深入开展。

6. 活动效果

开展形式多样的亲子阅读活动是图书馆进一步加强德育教育、构建书香社会、增进亲子关系的有效举措。亲子阅读不仅是促进孩子智力发展的一把钥匙，也利于增进亲子关系。活动吸引越来越多的孩子和家庭参与进来，在传承弘扬优秀文化、培育儿童良好阅读习惯、促进家庭文明新风尚等方面均取得了良好的社会效应。

2020 年 3 月，中国图书馆学会授予宿州市图书馆"2019 阅读推广星级单位"，安徽省仅有 5 个公共图书馆获得该荣誉。宿州市图书馆将以此为契机不断丰富活动内涵，提升服务水平，为提高全省青少年综合素质，推进全民阅读活动的开展作出更大的贡献。

（撰稿人：安徽省宿州市图书馆　李大鹏）

朗读者系列活动

1. 活动背景

新站高新区妇联家庭亲子阅读——2019朗读者系列活动的开展，是映月书苑2019年1月23日开馆后开展的一个新项目。朗读者活动是面向辖区亲子家庭开展的一项公益活动。每期活动主题不尽相同，既能够丰富亲子家庭的业余生活，又能够让他们了解不同的主题。举办朗读活动，让更多的人愿意朗读、热爱朗读，将自己的内心情感最深处的、最想表达的读给你听、读给我听、读给他听。

2. 参与对象

亲子家庭（每期20组亲子家庭）。

3. 准备情况

2019朗读者系列活动总共举办9期，根据每月的热门话题、节日等定制主题。

活动前，确定活动时间，活动地点，活动主办、承办、协办方，发布活动报名信息。通过活动推文、手机宣传海报、消息通知、报名链接、张贴海报等方式和流程进行宣传。

◎ 6月——朗读者第四期父亲节专场

◎ 8月——朗读者第五期诵国学经典，讲你的故事

◎ 10月——朗读者第八期秋天的童话　　◎ 12月——我的2019

此外，购买活动材料，制作海报展架，邀请相关活动指导师、主持人、评委人员，设置奖项。撰写主持词、活动介绍、活动流程、颁奖词、领导致词。

4. 实施情况

（1）活动内容

每期根据每月的热门话题、节日等定制主题，主题丰富多彩，展现形式多样，活动以亲子朗读为主，每场活动备受家长关注。

（2）活动流程

时间节点	活动环节
14:30—15:00	活动签到
15:00—15:15	活动介绍
15:15—15:20	领导发言
15:20—16:10	朗读环节
16:10—16:20	颁奖环节
16:20—16:30	合影留念

（3）活动要求

①自我介绍标准话术：各位领导、评委、观众大家好。（根据每期活动主题进行描述）今天我们为大家带来的朗读篇目是……

②所选朗读内容积极向上，围绕每期活动主题选择朗读原创或他人作品。

③朗读时长应控制在 3 ~ 6 分钟，超过或者不足时间将酌情扣分。

④朗读时应富有感情，同时可配乐增加朗读艺术效果。

⑤朗读手稿应正规化，切勿随意。

（4）评分标准（满分10分）

①内容积极向上，紧扣主题（4分）。

②语言表达能力强、口齿清晰、普通话标准、语速适当、表达流畅、富有

激情（3分）。

③仪态大方，举止自然得体（2分）。

④亲子配合力强（1分）。

（5）注意事项

①为了安全问题，参加亲子活动的小朋友，尽量请孩子的家长一同参加，在保证孩子安全的同时也注意家长的安全。

②在活动开始后，请家长们遵从工作人员的统一安排，在规定的区域内有秩序地观看和参加比赛。

③需要录影、拍照的家长请不要站在朗读区域内，不影响其他人观看，做文明观众，也做孩子们的学习榜样。

④活动结束后，请家长携带孩子有序离场。

5. 活动效果

读书可以让人保持思想活力，让人得到智慧启发，让人滋养浩然之气。朗读者系列活动让亲子家庭有机会接触更多类型的图书。截至 2020 年底，朗读者系列活动线上＋线下已举办 14 期，每期根据活动主题确定朗读作品。对自己所领读的内容进行回顾，对书籍的主要内容和自己的所思所悟以及书中的意义进行概括总结，在增进亲子感情上起到了至关重要的作用，也拓宽了大家的知识面，取得了良好的效果。

每期活动分为一、二、三等奖进行评选，通过荣誉表彰激发大家的朗读热情，同时对表现优异的家庭给予一定的肯定。每期活动结束后，工作人员进行复盘，规避不足之处，以确保每期活动能够以最好的状态呈现给大家。

通过朗读者活动舞台，许多亲子家庭爱上了朗读、爱上了阅读，在舞台上可以自信、大方地展现出最美好的一面，在阅读上愿意花更多的时间去选择更多类型的图书进行阅读。

（撰稿人：安徽省映月书苑（映月书苑阅读空间）　梁　萍）

三明智慧父母读书会

1. 活动主题

以亲子阅读为抓手，以全市街道、社区、乡村为阵地，通过家长的成长带动家庭的成长，打开三明市全民阅读事业的新局面，做到阅读权益惠及全民。

2. 活动背景

为了培养家长和青少年良好的阅读习惯，营造有益于青少年身心健康成长的文化环境，通过组织家长与孩子共同阅读，扩大家长与孩子的阅读视野，增长知识储备，形成阅读习惯，提高文化素养，三明市图书馆、市妇联、市团委等单位联合各图书馆、企业、机构、社团及关注家庭与阅读的社会各界人士共同推出"三明智慧父母读书会"公益项目。

3. 参与对象

三明市辖区内所有居民，每场活动控制在 30 人左右。

4. 准备情况

（1）志愿者

①凡三明市辖区内赞同"三明智慧父母读书会"宗旨，关注智慧父母读书活动，自愿发起并能坚持每周至少组织一次面向全市家庭开放的阅读推广活动，且具有组织管理运营能力，并有一定的资质、学历者，都可以成为读书会的志愿者。

②秘书处实施读书会相应的考核机制。

（2）活动场地及设备

各区域读书会场地及设备由主办方、企事业单位、志愿者单位与个人自愿支持提供，并无偿供"三明智慧父母读书会"使用。

（3）组织形式

本读书会是一个地区性、公益性、服务性、非法人行业的活动组织。"三明智慧父母读书会"成立管理委员会与专业委员会，本读书会的组织原则是民主集中制，读书会决策由全体会员协商决定。

5. 实施情况

（1）确定读书时间

由加盟单位与个人（志愿者）根据实际情况，安排阅读时间，倡导家庭与社区共同商定，并互相督促实施。每周至少集中阅读一次。

（2）阅读内容及活动安排

读书会的阅读内容及进度由"三明智慧父母读书会"秘书处统一制定。

①各域内会员（志愿者）根据读书会总部的统一部署，以会员（志愿者）个人研读、实践，带动群体性的阅读与交流。

②由读书会秘书处根据各个读书小组的阅读进程，安排专家解读。

◎可佳书舍智慧父母读书会阅读点举办共读活动

◎读读书吧智慧父母读书会阅读点举办共读活动

◎妇女儿童读书点开展导读活动

◎三明市妇女儿童活动中心读书点

6. 活动效果

"三明智慧父母读书会"主要围绕家业、学业、事业、健康等方面的书籍开展阅读。内容包含：家庭教育、儿童成长、国学经典以及中外史书、世界文学名著、儿童科普读物、中外著名诗歌、散文、科学知识等。

这是市图书馆在开展特色阅读活动方面进行的一次探索和实践。市图书馆克服自身人力、财力不足的问题，积极争取省、市有关部门的支持，广泛吸收社会力量参与公益服务。"三明智慧父母读书会"以好智慧家长读书为抓手，以全市社区、街道、乡村为阵地，为进一步打开三明市全民阅读事业的新局面，推动青少年阅读活动深入开展发挥了积极作用。

从"三明智慧父母读书会"成立至今，共有2个常态化阅读点每周开展活动，11个阅读点不定期开展阅读活动。

截至2019年底，"三明智慧父母读书会"共开展活动百余场，1万余人次参与阅读活动。

今后，三明市图书馆将继续在开展青少年阅读服务工作中进行探索和实践，在资源建设、环境打造、活动开展等方面下功夫，为青少年打造更好更适合他们的阅读氛围。

（撰稿人：福建省三明市图书馆　上官晓敏）

书香润德，阅伴万家

1. 活动主题

家园联动，开展形式多样、喜闻乐见的"书香润德，阅伴万家"亲子阅读实践活动。通过亲子阅读入户指导、亲子阅读进课堂、亲子诵读、亲子演绎绘本故事等形式，让家长充分认识阅读的重要性。通过向幼儿、家长推荐优秀读物、传播科学的阅读方法、培养幼儿良好的阅读兴趣和习惯、营造浓郁的书香家庭氛围、让书香走进每个家庭，形成"教师引领幼儿，幼儿影响家长，家长推动社会"的全民阅读氛围。

2. 活动背景

我园地处农村，幼儿和家长的早期阅读意识一直比较淡薄，亲子阅读更是欠缺。几年来，我园深入贯彻落实习近平总书记注重家庭、注重家教、注重家风的重要指示精神，坚持"书香润德"，以市级"十二五"、"十三五"的"早期阅读"课题为契机，通过书香校园的建设，幼儿园已形成浓郁的书香氛围。为把读书活动更好地从幼儿园引向家庭，我园重视并积极探索开展家庭亲子阅读活动，深入指导家庭亲子阅读，广泛推广亲子阅读理念，传播家庭教育的科学理念，引导家长和孩子一起读书，培养幼儿阅读习惯，发挥阅读在家庭教育中的独特作用，促进社会主义核心价值观在广大家庭落地生根，弘扬家庭文明新风尚，以家庭亲子阅读引领家风建设。

3. 参与对象

全园 407 个家庭。

4. 准备情况

（1）学园

在幼儿园创设阅读环境。在宣传橱窗和班级等地张贴宣传标语，营造浓郁的读书氛围。

（2）家庭

每个家庭为孩子创造一个良好的阅读环境，做好"四个一"：一个安静的地方、一张小书桌、一个小书架、一个护眼灯。

5. 实施情况

第一阶段：宣传动员。

（1）为了不断更新家长的教育观念，我们一直坚持专家走进来和家长走出去。每学期请早期阅读的专家和一线实践者为全体家长做有关早期阅读的讲座，为家长提供学习机会，让家长树立正确观念。

（2）各班级通过召开主题班会，引导家长正确认识家长的榜样示范在孩子成长中的重要作用，认识到亲子共读不仅可以帮助孩子培养读书兴趣，形成良好的阅读习惯，也是家长与孩子进行情感交流的有效方法。

（3）为了给家长提供更直接的参考，老师根据自身教学经验和专业知识能力，每学期都会为不同年龄段的孩子和家长推荐不同的参考书目，有效地解决了家长如何为幼儿选择适宜的阅读书籍的困惑。

第二阶段：实施探索。

（1）鼓励家长为孩子在家创设专门的家庭阅读角，并通过老师的入户指导，有效实现家园携手，共同体验阅读的美好。

◎ "早期阅读"家长学校讲座活动

◎ 家长与讲座专家交流探讨

◎教师入户指导家庭阅读角创设　◎教师入户指导亲子阅读

◎故事爸妈进课堂活动照片

◎家长与幼儿在图　◎家长与幼儿在百姓书　◎亲子绘本剧场　　　◎社区亲子绘本展演
书馆选书阅读　　　屋看书

（2）开展"图书漂流"活动，营造随处可看书、人人可借阅的阅读环境。

（3）开展故事爸妈进课堂活动。邀请家长走进课堂，为孩子分享有趣的绘本故事，以"故事爸妈"的身份与孩子们一起亲子阅读，让老师、幼儿和家长共同享受书的芳香。

（4）为进一步丰富幼儿的阅读体验，我们鼓励家长利用周末或节假日带幼儿逛书店、图书馆和百姓书屋，一起体验阅读的美好时光。

（5）为了最大限度地激发幼儿的阅读兴趣，发展其语言表达能力，我们也为幼儿和家长搭建了多种展示平台，如每年利用读书月主题开展"幼儿好故事推荐比赛"和亲子绘本剧场等活动，促进亲子活动长效发展。

6.活动效果

我园通过开展形式丰富的家庭亲子阅读活动，积极尝试与探索。目前，家长们对亲子早期阅读越来越重视，孩子们对阅读的兴趣也有所提高，同时，家长也深深地认识到，阅读不仅是孩子有效的学习途径，也是培养孩子阅读兴趣与习惯，拉近亲子距离的有效途径。亲子阅读是促进两代人心灵交流的最好方法之一。接下来我们将制作亲子阅读情况调查问卷，根据我园亲子阅读的需求与现状进行更深入和切实有效的指导，让每个孩子在阅读的海洋中尽情遨游，让每个孩子都能从浓浓的书香中汲取营养。

（撰稿人：福建省泉州市台商投资区第一民族幼儿园　黄祯桢）

书香暖童心　伴读共成长

1. 活动主题

针对当前亲子阅读的现状，充分发挥幼儿园的主导作用，通过开展一系列家庭亲子阅读活动，有效利用家庭教育资源，提高幼儿阅读的实效性和长效性，促进幼儿园和家庭阅读环境的创设，帮助幼儿树立阅读意识，养成良好的阅读习惯，为幼儿学习能力和品质的形成奠定坚实的基础。

2. 活动背景

亲子阅读是在轻松自然的氛围下，以书为媒、以阅读为纽带，让孩子和家长共同分享多种形式的阅读过程。由于幼儿各方面的发育还未成熟，基本上缺乏自主阅读的能力，其阅读活动往往带有较大的盲目性、随意性和依赖性，在幼儿自主阅读能力发展中，需要成人的正确引导与温暖陪伴。家长是和幼儿关系最为密切的人，家长对幼儿的影响是不可替代的，家庭又是幼儿最早接触到阅读的地方，家长的伴读和指导在这一时期显得尤为重要。因此，家庭中的亲子阅读也就成为实施早期阅读教育最有效的形式。我们的亲子阅读活动旨在加强幼儿的阅读兴趣、阅读能力以及创造性表现力的培养，让阅读这颗幸福的种子播种在每一个幼儿及家庭的心中。

3. 参与对象

全园家长及幼儿。

4. 准备情况

（1）活动场地：幼儿园、幼儿家庭。

（2）材料准备：绘本、表演材料、DIY 材料等。

5. 实施情况

（1）"家庭书屋"图片展

英国当代著名青少年文学大师艾登·钱伯斯说："阅读总是需要场所的。""家庭书屋"展示活动旨在帮助家长明确家庭阅读环境创设的方向，逐步学习创设良好的家庭阅读环境。

（2）"我最喜欢的图书"图书推荐会

家长为孩子选择什么样的书，很大程度上决定了孩子的阅读走向。有的家长在为孩子购买图书时，目的不明确，出现许多困惑和盲目性，没有考虑孩子的年龄特点、图书内容的多样性等。开展"我最喜欢的图书"亲子图书推荐会，可以集中家长的资源，调动家长和孩子的积极性，共享资源，互学互惠。

（3）故事爸妈进课堂

家庭和幼儿园是影响幼儿身心发展的两大环境，幼儿园的教育与家庭是密不可分的。通过邀请家长给孩子讲故事，与孩子一起读绘本，通过声情并茂、有感染力的朗读，调动孩子的听觉、视觉去感知语言的规范和风格，获得更丰富的幼儿阅读体验。我们举办了故事爸妈进课堂的活动，让家长们重视阅读的质量，逐步提高家长的亲子阅读指导能力，激发孩子们对阅读的兴趣。

（4）家庭亲子故事表演

表演故事是丰富图书阅读的形态，深化图书内涵的一种有效方式。家长在孩子理解绘本的内容后，一起动手布置表演的场地，选择制作道具、分配角色、排练表演，通过表演游戏再现图画书内容，将动作语言和图书语言连接起来，

◎"家庭书屋"图片展　　　◎故事爸妈进课堂

◎家庭亲子故事表演

◎亲子绘本DIY

◎节日互动——世界读书日

让孩子感受到乐趣。家长和幼儿一起进入到童话世界里，投入到角色中，或欢笑，或忧伤，感受童话世界的美妙，丰富了亲子时光。

（5）亲子绘本DIY

幼儿和家长在自制绘本图书中，把对世界的认知经验及想象力结合在一起，反映在自己制作的图书里，成为图书真正的主人，让幼儿在制作图书和阅读自制图书的过程中享受做书和读书的快乐。同时，在"亲子绘本DIY"过程中，相互影响、相互交流。家长通过与幼儿一起寻找素材，巧妙构思，一起做好精心的准备，在活动中共同制作了一册册属于自己家庭的亲子绘本。诸多家长在此次活动中对绘本有了全新的认识，很多关于阅读的知识和理念也逐渐渗透到日常的亲子阅读中。

（6）节日互动——世界读书日

每年的4月23日是世界读书日，借助读书日，契合每年不同的读书节主题，开展全园性的主题系列亲子读书活动，如"我喜欢的图书""故事表演大王""亲子绘本制作展""亲子故事剧场"等。在节日庆典中，强化家长、教师、孩子的读书意识，交流读书带来的快乐，分享读书经验，提高阅读能力。

6.活动效果

在尝试多种形式的亲子阅读活动中，家长们对于亲子阅读越来越重视，孩子们对阅读的兴趣也有所提高。通过这一系列的活动，让每一位孩子从小养成想看书、爱看书、会看书的好习惯。同时也让更多的家长积极参与到孩子们的阅读学习活动中，和幼儿共同营造想读书、乐读书、会读书、读好书的良好校园书香氛围。

（撰稿人：福建省泉州市洛江区机关幼儿园　颜婉玲）

小手牵大手，悦读齐步走
——亲子阅读系列活动

1. 活动背景

亲子阅读活动，旨在为幼儿提供良好的阅读空间和展示平台，以阅读丰富幼儿的生活，以阅读促进幼儿良好学习习惯和个性品质的养成，让幼儿在阅读中开阔视野，提高阅读兴趣和欣赏能力、表达能力。我园围绕"用爱呵护孩子快乐成长"的办园宗旨，逐步形成了"爱润童心，乐享童年"的办园理念，并发扬"爱心献孩子，放心给家长"的园风，全方位地培养健康活泼、自理自主、有爱乐群、爱学乐阅的快乐儿童。同时以阅读为纽带，通过建立家庭、幼儿园合作阅读共同体，搭建起家园沟通交流的平台，在互助、共享中提高幼儿阅读的质量。

2. 活动主题

为了培养孩子们爱读书、乐读书、会读书的好习惯，我园开展了小手牵大手，悦读齐步走——亲子共阅读系列活动，激发孩子们对阅读的兴趣，丰富孩子们的知识，开阔他们的视野，活跃他们的思维，陶冶他们的情操，真正使他们体验阅读的快乐，促进他们健康快乐成长。

3. 参与对象

南安市第三幼儿园全体幼儿、家长，一共 379 名家长与孩子以及全园教师。

4. 准备情况

此次活动的场地为南安市第三幼儿园及每个幼儿的家庭。幼儿园利用每天下午 4:30—5:00 开展亲子阅读活动，请家长和幼儿，一起轮流至阅读吧进行亲子阅读。同时，为了丰富幼儿的阅读量，以班级为单位，开展图书漂流亲子阅读活动。

此外，在亲子阅读的基础上，幼儿园分别组织小班、中班和大班的孩子和家长开展各项活动。

5. 实施情况

幼儿园围绕"小手牵大手，悦读齐步走"的主题，开展了一系列丰富多彩、别出心裁的实践活动，全园师生和广大家长朋友们积极参与，营造了良好的阅读氛围和浓浓的书香卷气。

（1）亲子共读活动

幼儿园创设温馨的阅读吧环境，宽敞明亮的图书室，舒适漂亮的桌椅，摆放整齐、种类繁多的图书，邀请家长和幼儿，一起轮流至阅读吧进行亲子共读。通过共读，家长与孩子共同学习，一同成长；通过共读，为家长创造与孩子沟通的机会，分享读书的感动和乐趣；通过共读，带给孩子欢喜、智慧、希望、勇气、热情和信心。

◎亲子共读活动　　　　　　　◎故事爸爸妈妈进班级活动

（2）故事爸爸妈妈进班级

为了让家长了解更多的绘本和阅读指导方法，学习亲子阅读的互动策略，有效地改进亲子阅读的方法方式，幼儿园自 2019 年 10 月中旬开启了温馨的"故事爸爸妈妈进班级"活动。

（3）图书漂流活动

以班级为单位，开展图书漂流活动。以"图书漂流"的形式播撒书香、传播文化、传递信息、传递友谊、传递思想，孩子在亲子阅读中感受着快乐，家长在亲子阅读中体验着幸福。同时，设计读书笔记表格，引导孩子在阅读后画出自己的感受。

◎班级图书漂流活动之选书

◎班级图书漂流活动之读书笔记

（4）一起阅读吧

共同营造良好的家庭阅读氛围。家长与孩子一起找一本喜欢的绘本，一起阅读，每天陪伴孩子阅读至少 15 分钟，并在微信小程序中上传与幼儿一起阅读的图片。

（5）小班——亲子图书制作活动

家长和孩子通过一起动手制作图书，增进了亲子间的交流，营造了良好的阅读氛围，让幼儿对阅读产生更浓的兴趣，打开想象的空间，让幼儿与家长从制作一本书中认识书，从而爱上书，爱上有阅读的生活。

（6）中班——好书推荐活动

家长和孩子共同制作好书推荐卡，并向同伴推荐自己喜欢的书，感受分享阅读的快乐。通过对好书的推荐，激发全体孩子的读书热情，同时为大家提供一个交流好书的平台，让每一个孩子都能享用到这份文化的"营养大餐"。

（7）大班——我的阅读日记活动

在亲子阅读的基础上，大班幼儿

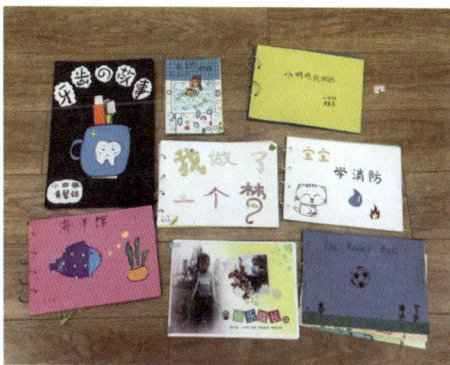
◎小班——亲子图书制作活动

通过书写的方式和家长们一起绘制属于自己的读书笔记，并通过漂流的方式和其他幼儿一起分享自己的阅读体验。

6. 活动效果

通过活动，让孩子们感受到阅读带来的巨大乐趣，在阅读中培养了孩子良好的阅读习惯，同时也加强了幼儿园与家庭、教师与家长之间的密切联系，更新了家庭教育的理念，得到了家长的充分肯定，对家园教育合力的形成起到了良好的促进作用。

◎中班——好书推荐活动

◎大班——我的阅读日记活动

（撰稿人：福建省南安市第三幼儿园　傅志端）

"阅读吧，少年"
——宝盖镇亲子阅读活动

1. 活动背景

亲子阅读活动可以培养孩子的阅读兴趣，让孩子感受阅读的乐趣和重要性。通过亲子阅读活动为家长提供相互交流的平台，丰富家长的教育经验，促进亲子关系。同时通过活动扩大青少年儿童的知识面，增长见识，培养健康人格，让孩子亲近书籍，与好书为友，陶冶情操，提高文学素养，营造阅读氛围，打造书香宝盖。

2. 参与对象

小学 1～2 年级学生及家长（20 组）。

3. 准备情况

（1）活动场地：宝盖镇"咱厝边"家庭服务中心图书馆（石狮市图书馆分馆、福建省亲子家庭阅读体验基地）。

（2）报名方式：可在"咱厝边"微信活动群"魅力宝盖"官微通知报名参加；也可到"咱厝边"家庭服务中心现场报名。

（3）活动形式：20 组亲子，共 40 人，再进行分组。

（4）活动流程及材料准备（见下表）：

时间	内容	目的	所需材料
8：50	签到	确保参加人员到位，活动准时开始	签到表、笔
9：00—9：10	活动开始，自我介绍	让参与亲子们互相认识，消除陌生感	
9：10—9：20	亲子游戏（手指谣）	活跃现场气氛，促进亲子互动	播放器
9：20—9：40	《安的种子》绘本领读	邀请绘本老师先进行绘本领读，阐述故事内涵，营造读书氛围	绘本书籍、小蜜蜂扩音器

时间	内容	目的	所需材料
9:40—9:50	发放绘本，亲子共读	亲子们共同进行绘本阅读，感受阅读的魅力和享受亲子时光	绘本书籍
9:50—10:10	手工折纸（纸莲花）	让亲子动手共同完成一份作品，且以莲花的圣洁和柔美寓意母爱的伟大	折纸材料、教程
10:10—10:30	童书交换，分享阅读	事先通知准备书籍，进行交换阅读，感受阅读和分享的快乐	可进行交换的童书
10:30—10:50	父母对话（问卷调查）	通过与父母对话，了解父母对于亲子阅读乃至亲子教育的困惑与难题，让在场父母进行反思与探讨，引导其重视亲子阅读和陪伴	问卷调查表
10:50—11:00	活动结束（合影留念）	为亲子留下宝贵的画面	照相机

4. 实施情况

在致和社工工作人员的"手指谣"游戏带领下，本期"阅读吧，少年"亲子阅读分享会拉开帷幕。首先由社工介绍本期亲子阅读活动的意义和内容，并邀请了志愿者施老师——亲子阅读推广人参与活动。大家开始进行自我介绍："叔叔阿姨、小朋友们大家好，我是来自××小学一年级的×××，今天很高兴妈妈能陪我一起来参加亲子阅读活动。"虽然只是短短几句话，却拉近了彼此间的距离，减少陌生感，让参与者更加放松地融入到活动中。随后，志愿者施老师讲解绘本故事《安的种子》。通过施老师童趣的语言和丰富的肢体表达，让亲子们沉浸在故事中。欣赏完动人的绘本故事，施老师让孩子们学着故事里

◎致和社工工作人员主持开场，介绍本期活动意义及内容

◎志愿者老师带领亲子们共读绘本故事《安的种子》

◎亲子共同阅读绘本书籍，享受亲子共读时光

◎亲子阅读的美好画面

◎亲子共折手工莲花，彩绘莲花作品

◎"父母对话"及分享亲子阅读感受

的安一样去动手折手工莲花、彩绘莲花图画，给予亲子共同合作完成一幅作品的机会与时光，促进彼此间的交流互动。

在亲子共读环节，由孩子们自行阅读绘本或交换自带的绘本图书，在家长的陪伴下，共同阅读自己喜欢的书。活动最后，致和社工工作人员还与现场的家长们进行了20分钟的"父母对话"，倾听家长们的感受，分享自己日常与孩子的互动和关系，并引导家长深入了解亲子共读是最感人、最温馨的家庭生活图画。

5. 活动效果

此次的亲子阅读活动，亲子们都踊跃地参与，活动现场气氛十分活跃。成功的共读活动可以唤起孩子们丰富的联想和广泛的兴趣，家长抓住孩子们的兴趣，进一步地延伸阅读，可以起到事半功倍的效果。家长们也意识到自己的以身作则，可以引起孩子的阅读兴趣，同时可以促进两代人之间的心灵交流。这是家长和孩子的共同成长，家长和孩子的感想也侧面反映了活动举行的意义和成功。

宝盖镇妇联"咱厝边"家庭服务中心图书馆自 2017 年 5 月份开办以来，已常态化开展亲子阅读活动 24 期，服务 2000 余人次；开展"书香飘万家"阅读分享会及读书沙龙 10 期，服务 1000 余人次；开展"回忆·传承"诵读经典主题活动 25 期，服务 3000 余人次，得到省、市等各级媒体的关注与报道 20 多篇。2019 年，在省、市妇联的指导和支持下，中心图书馆还被评为"福建省亲子家庭阅读体验基地"；2020 年被授予"全国家庭教育创新实践基地"。在"咱厝边"家庭服务中心这个乐园里，亲子们感受到的不仅仅是快乐，更多的是对亲情、对家庭的深入理解。在寓教于乐的氛围里，让亲子家庭感受到宝盖镇妇联带给他们的温暖和"咱厝边"图书馆散发的书香气息和阅读魅力。

（撰稿人：福建省石狮市宝盖镇妇女联合会　林海燕）

"书香小芽儿"系列亲子线上阅读分享活动

1. 活动主题

童心战"疫"·阅动全城。

2. 活动背景

"书香小芽儿"亲子阅读活动由泉州市妇联主办，通过开展丰富多彩的亲子阅读活动，贯彻落实习近平总书记"三个注重"的重要指示精神，打造全民参与的阅读盛宴。至 2020 年已举办了 5 年，形成具有较大社会影响力的亲子阅读品牌活动。

2020 年，在全国上下众志成城抗击疫情的特殊时期，为培育和践行社会主义核心价值观，引导广大家庭理性对待疫情，倡导文明健康生活方式，培育儿童良好的阅读习惯，泉州市妇联结合疫情防控工作，持续深化"书香小芽儿"这一品牌活动，开展以"童心战'疫'·阅动全城"为主题的系列亲子线上阅读分享活动，引导全市广大儿童及家庭自觉居家抗疫，争当"防疫小卫士"，为抗击疫情助力，在和谐的亲子关系中筑牢家庭最小防疫空间，将家庭亲子阅读打造成支持疫情防控工作的"新时尚"。

3. 参与对象

全市 3 ~ 16 岁儿童及家长。

4. 准备情况

在泉州市妇联官方微信发出《亲子阅读倡议书》，发布系列活动的参与方式、活动内容、奖项设置等，各县（市、区）妇联积极转发推送，持续扩大活动知晓度和覆盖面，引导全市广大儿童及家长踊跃参与。

5. 实施情况

活动一："阅读吧，少年"亲子阅读推广。各县（市、区）妇联在小学 1 ~ 4

年级儿童中广泛开展寻找"小小阅读推广大使"活动。参加选手录制一段 5 分钟以内的诵读音频，各县（市、区）妇联组织进行评选并推荐 1 ~ 2 名"小小阅读推广大使"加入泉州市妇联"为爱朗读"亲子阅读领读队。市妇联邀请教育领域的专家进行亲子朗读指导，亲子家庭走进泉州广播电台录制朗读音频，广大家庭通过关注"泉广 904 交通之声"及"泉州市妇联"微信公众号进行收听，学习借鉴亲子阅读方法。活动累计收到 1800 多户家庭报送的朗读音频作品，评选出市级"小小阅读推广大使"25 名。

活动二："抗击疫情　祝福祖国"主题作品征集。向全市奋战在抗疫一线的家庭发出一封慰问信，发动医护人员家属子女通过家书、绘画等形式表达对前线亲人的思念和祝福。面向全市儿童征集"抗击疫情·祝福祖国"主题作品，引导儿童在家通过手抄报、绘画、书法等方式，为抗击疫情助力加油。广大儿

◎ "抗击疫情　祝福祖国"
主题作品征集入选作品：
《奋战一线》

◎ "抗击疫情　祝福祖国"
主题作品征集入选作品：
《必胜》

◎ "抗击疫情　祝福祖国"书画作品展

◎ "故事爸妈同阅读　童心童行抗疫情"亲子阅读微
视频创作一等奖作品：《病菌的旅行》

◎ 为"故事爸妈同阅读　童心童行抗疫情"亲子阅读
微视频创作活动获奖家庭颁奖

童参与热情高涨，共收到作品近 2 万份。六一儿童节在市妇女儿童活动中心举办同名主题书画展，展出期间吸引 3 万多名家长儿童观展。在市妇联微信公众号开设《童心系祖国》专栏，连续展播优秀作品 14 期，并制作专栏同名作品集，把抗疫必胜的坚定信心传递到千家万户。

活动三："故事爸妈同阅读　童心童行抗疫情"亲子阅读微视频创作。引导儿童及家长围绕科学防控、敬畏自然、尊重生命、为祖国加油等主题录制亲子阅读微视频，各县（市、区）妇联共推荐微视频作品 164 份，泉州市妇联邀请专业评委进行评比，经过初评、终评，评选出一等奖作品 3 个、二等奖作品 5 个、三等奖作品 10 个、优秀奖作品 15 个。在市妇联官微平台上展播获奖微视频作品 15 期，引导儿童关注疫情、关注社会，筑牢家庭防疫空间。在六一儿童节举行颁奖仪式，并对一等奖作品进行现场展播。

6.活动效果

市妇联着力打造"在你身边"的家庭教育指导模式，制作顺口溜、防疫歌、表情包，以儿童喜闻乐见的方式传播科学防疫知识。面向全市儿童及家庭征集抗疫主题的创意亲子阅读微视频、音频及绘画书法作品，整合资源进行提升指导，利用各类线上平台进行展播，丰富特殊时期家庭文化生活，引导广大家庭充实居家生活，宅出健康和幸福。数十万家长、儿童从中受益，系列线上活动总访问量达到 11.5 万人次，系列活动被八闽快讯、侨区快讯、泉州晚报、泉州电视台、东南网、今日头条等主流媒体报道。

（撰稿人：福建省泉州市妇女联合会　庄灿霞）

相"绘"社区里·识"爱"家庭中

——社区故事家庭培育活动

1. 活动主题

以亲近自然、认识生命、懂得爱为切入点，融合"儿童绘本阅读习惯培养、亲子共读技巧提升、家长带读自助组织培育"3 个主题开展。

2. 活动背景

福建省厦门市思明区滨海街道上李社区有近 60% 的人员为外来务工人员。他们注重子女培养，但缺乏科学的教育理念和方法。时逢疫情期间，儿童居家学习为主，游戏成瘾、亲子冲突等问题不断爆发。

4月起，社工开始筹备面向社区外来务工家庭的阅读服务，结合社工在辖区多年"生命教育"服务经验和培育起来的志愿者资源，制定了"相'绘'社区里·识'爱'家庭中"——社区故事家庭培育计划。

该计划围绕 3 个目的开展：第一，通过家庭亲子共读，让孩子爱上阅读，让绘本给孩子带来自然、生命、爱的养分；第二，通过家长工作坊，带领学习阅读技巧，指导家长提高绘本共读能力，培养家长阅读的自助组织；第三，提高家庭阅读氛围，让亲子关系在爱阅读中更加融洽。

3. 参与对象

上李社区外来务工人员家庭中，孩子为小学一年级和二年级学生，有亲子关系矛盾的家庭。每期 5~8 个家庭参加，已经举办了 4 期，56 人参与。活动持续开展，参与对象不断增加。

4. 准备情况

（1）活动场地

上李社区鹭悦小区党员驿站为一处公共场所，有休憩的凉亭，开阔的空地，丰富的植被，适合开展活动。

（2）材料及人员的准备

购买绘本及相关工具，准备活动相关宣传物料，召集绘本阅读志愿者等。

（3）组织形式

主要采用3种形式：以社工小组的形式进行，以自然和生命相关的绘本为载体，以小组动力实现活动目的；以家长工作坊形式进行家长绘本带读能力培养，培育绘本家长志愿者，培育家长互助的自助组织；以社区活动的形式，带领家庭从书本走向社区、从学习走向实践。

◎榕树下共读绘本《叶子的小屋》，绘本故事连接生活场景

◎孩童分享和妈妈一起创作的绘本故事

◎阅读绘本《小种子》，家庭作业播种小种子，观察植物的成长，感悟生命

◎认真聆听绘本《一片叶子落下来》

5.实施情况

（1）亲子共读习惯养成期

①主题：相"绘"在社区学堂。

②形式：社区学堂、社工小组。

③内容：

a.生命主题教育：这一阶段通过大量阅读绘本，促进亲子养成阅读的习惯。亲子在社区志愿者的指引下，共同阅读《树真好》《花园里有什么》《大熊抱抱》等绘本。这些绘本循序渐进，贯穿"自然、生命、情感"三大主题。

b.社区自然学堂：在社区户外活动空间，把绘本中学到的自然知识运用到现场自然环境中，弥补传统教室教育的不足。

c.阅读家庭作业：引导亲子在家里阅读，通过带有3个思考题的家庭作业引出下一本绘本的阅读。

（2）绘本带读观察学习期

①主题：家长"绘"读更有爱。

②形式：家长工作坊。

③内容：

a.10分钟家长会。社工、志愿者跟家长们在每次活动前开碰头会，将当次阅读绘本的主题、带读时可以引导孩童思考的方向、如何与日常生活进行结合等内容进行提前沟通，以明确在共读时，家长的聚焦点及方向。

b.亲子互动妙招。共同制定阅读契约、情景模拟、爱的抱抱、生命成长观察、故事续编等互动技巧，让参与的父母学到如何互动，以加强阅读兴趣。

c.家长家教作业。记录孩子阅读精力集中的时长和时点、记录孩子最感兴趣的片段、记录自己引导时孩子的反应情况，帮助家长提高家庭教育能力。

（3）故事家庭实践成长期

①主题："绘"读绘制大自然。

②形式：社区活动。

③内容：

a.家长带读模拟。在每次活动开始前一周，设置绘本带读模拟环节，阅读此前带读过的绘本。

b.亲子组合作战。通过绘本故事演练、互动妙招运用、家庭间的互相学习，再现亲子在家阅读的互动场景。

c.社区花园共建。以"自然、生命、情感"为主题，亲子美化小花园、认领花园，定期养护和关爱小花小草的生命成长。

6. 活动效果

（1）活动特色

①本地化。依据社区资产为本的理念，充分利用社区自有资产，激发本地志愿者活力，服务于外来务工家庭。

②创新性。结合社工专业小组的工作，社工、志愿者、家长不断变换角色，共同探索社区家庭教育的内容和方法。

③科学性。从疫情期儿童学习障碍、心理情绪出发，结合外来务工人员对家庭教育方法的迫切需求；从社区家庭教育的理论和方法出发，制定计划，使活动遵循科学的方法指引，取得较好的成效。

④推广性。该计划在启福社工机构的不同项目点陆续推出，也可进一步扩大到更多社区，在妇联社区家庭教育中推广。

（2）活动成效

①社区亲子共同成长。爱自然、爱生命、爱自己、爱家人，共读和陪伴促进了爱的流动，升华了爱的教育。

②培育志愿者和组织。社工培育了绘本带读志愿者，让宝妈们在自我学习中成长，发挥奉献和引领作用。同时，家长们在互相学习中发挥互助精神，社工协助成立绘本带读自助组织，共同制定组织规范，培育组织成长和发展。

③探索家庭阅读教育。家庭文化教育内容宽泛，绘本是适合小学低年级学生的文化阅读材料，其图文结合的形式、寓教于乐的方式，既能吸引孩子喜欢，又能带领家长快速习得教育方法。

（3）社会影响力

活动得到滨海街道的大力支持，社区在场地、物资、资金等方面给予资助；活动受到思明区妇联、厦门市妇联的认可，给予关注和报道，妇联领导就活动内容提出了建设性意见，促进后续2期服务精准化和精细化程度的提升。

（撰稿人：福建省厦门市思明区滨海街道上李社区居委会、

福建省厦门市思明区启福社会工作服务中心　俞玲敏）

阅读让家庭更美好

——"芦笛声声"亲子阅读会案例

1. 活动主题

江西省萍乡市芦溪县"芦笛声声"亲子阅读会成立于 2018 年 4 月，是在芦溪县妇联直接关心、倡导下，以"亲子阅读"为纽带，由一群热爱读书、热爱教育、热爱孩子的家庭自发组织的民间组织。阅读会成立两年多来，开展了近 20 场活动，带动影响着 100 多户家庭开展亲子阅读活动，鼓舞和引领着更多的家长有效地开展亲子阅读，营造了全民阅读的良好氛围。

"芦笛声声"亲子阅读会大主题是"书香润童年　分享好时光"，小主题一般根据时令季节及当时的流行文化元素进行设定，如"我的暑假我的书""爱要大声说出来——致敬父亲节""书中自有颜如玉——我最喜欢的书中人物"等。

2. 活动背景

"芦笛声声"亲子阅读会，旨在以书为媒、以阅读为纽带，聚集更多的孩子和家长共同分享多种形式的阅读过程。通过阅读活动的开展，引导孩子热爱阅读、感受阅读的乐趣，引导家长重视并支持孩子的阅读，帮助家长掌握亲子共读的技巧和方法，提升家长自身素质和科学教育子女水平。

3. 参与对象

7 ～ 12 岁孩子的家庭自愿报名，每期一般设定为 15 个家庭 45 人参加。参加活动的家庭在活动方案公布后采取跟帖的方式在阅读微信群报名，并于活动前一周将分享内容及相关资料发给活动方。

4. 准备情况

每期活动由 2 个家庭负责（包括场地选定、主题设定、活动方案、主持、活动总结等），活动方案在活动开展前一个月交由理事会商定后在群内公布，活动总结可由孩子撰写（孩子小的可让家长代笔），并于活动结束后两天内发至理事长处。形式在阅读分享的基础上可以灵活多变，适当加入参观、讲解、竞赛、换书等。

5. 实施情况

阅读会成立以来，围绕"我的暑假我的书""爱要大声说出来""书中自有颜如玉""中秋月·思念情""金秋十月·感恩收获"等主题开展了近20场活动。

以其中一期活动为例：

在芦溪县"芦笛声声"亲子阅读会第二期活动中我们拟定的阅读主题为"诵《弟子规》·品好家风"，活动地点选定在芦溪县源南乡刘凤诰家风家训教育基地（江西省家风教育基地）。根据该期活动的主题和特色，我们设定了3个阅读流程：

（1）参观刘凤诰家风家训教育基地，观看家风视频（刘氏宗祠—国学教育馆—民俗文化馆—家风家训馆）。

（2）分享《弟子规》，讲述好家风（以家庭为单位展示），要求背诵自己喜欢的一段《弟子规》，讲解它的意思，并表达感悟。

（3）集中展示，参加的家庭一起朗诵《弟子规》中"入则孝""出则悌"

◎阅读会组织家庭参观省家风家教基地

◎阅读会上孩子们行孔子礼，读弟子规

◎阅读会组织的暑期夏令营活动

◎阅读会给评选出的阅读家庭之星颁奖

片段。

阅读会成立以来坚持每场活动有主题、有特色。参加"芦笛声声"亲子阅读会的家庭内心荡漾着书香；仙凤三宝园，相约父亲节，把爱大声说出来，记载着爱意融融的亲子互动时光；博物馆里，把喜爱的书一起分享，大家在浩瀚的书海中翱翔；泪隐之行，小主持人化身爱的天使来到现场，诉说着爱的愿望；南坑老鹰谷，大家带着自己的看家本领一一亮相，质朴的声音述说着祖国的繁荣富强；银河紫溪村，大家分享的人物包罗万象，读书之余组织参观，领略新农村的美好景象；抚州研学，诗词大 PK、古体字篆刻，一起追溯中华文化的源远流长……

每年阅读会都举办年会，回顾一年来的活动情况，对一年来表现突出的孩子、家长和家庭进行表彰。

6.活动效果

阅读会活动开展以来，以鲜明的亲子特色、丰富的活动形式、愉快的分享过程吸引了 100 多个家庭 1000 多人次参加，成为当地一道亮丽的文化风景。阅读会鼓舞和引领着更多的家长有效地开展亲子阅读，营造了全民阅读的良好氛围，涌现出王奕、江馨叶、欧阳梓祺、贾钰祺、易泽丞等一批优秀的阅读之星。

"芦笛声声"亲子阅读会，让家长与孩子共同学习、一同成长；为家长创造与孩子沟通的机会，分享读书的感动和乐趣；带给孩子欢喜、智慧、希望、勇气、热情和信心。

（撰稿人：江西省萍乡市芦溪县妇女联合会　阳　钦）

"云"端之上，将阅读进行到底

1. 活动主题

为推动我校的书香校园建设，激发学生的读书热情，营造浓厚的家庭阅读氛围，提高亲子的文学艺术修养和欣赏水平，我校在 2020 年特别的春季里，开展了一次特别的亲子阅读活动。

2. 活动背景

2020 年春季，在校学习被迫中断，线上学习取而代之，学生学习压力迅猛倍增。紧张形势下，我校审时度势，创新阅读活动形式，借以亲子阅读的方式，拉近家庭成员之间的距离，安抚孩子们焦躁的内心，激发孩子们阅读的热情，同时分享亲子阅读相伴相依偎的故事，扩大阅读的影响力，给特别的春季注入特别的暖意，坚持"云"端之上，将阅读进行到底。

3. 参与对象

光丰小学全体学生家庭，共计 2000 余人次参与。

4. 准备情况

活动场地：广大学生家庭，各班级网上微信群、钉钉群、朗读打卡群，光丰小学官方微信公众号。

材料准备：广大学生家庭读书吧，网络电子书籍，读书感悟交流平台等。

组织形式：学校牵头，老师指导，家庭为主阵地，网络为交流媒介，以共读一本书为主要形式，活动分为亲子共读、感悟交流、网络推送三个流程，广泛参与，精品分享，深入推广，鼓励阅读。

5. 实施情况

步骤 1：学校牵头。教研处制定"芬芳四季 阅读悦美"亲子阅读活动方案，组建活动策划和执行小组，对活动的流程及细节责任到人、分工到位，发动全体班主任、语文老师在班级交流和学习群内进行活动的宣传、说明及指导。

步骤2：以老师为主导。各年级语文备课组凝心聚力，结合本学期新教材的阅读建议和指导，分析学生已有的阅读及认知水平，选定适合绝大多数孩子阅读的书目，确定共读书单（六年级《鲁滨孙漂流记》，五年级《西游记》，四年级《宝葫芦的秘密》，三年级《团结有力量》，二年级《七色花》，一年级《安徒生童话》）；结合当下家庭教育的现状，面向本年级家长，推荐多样化、科学性的家庭教育专著。

步骤3：以家庭为主阵地。在老师规定的时间期限内，亲子共读，从自家书吧，或是从网络上下载书籍资源，明确共读的时间，低年级孩子在家长陪伴下或听或读，高年级孩子自主阅读，与家长讨论、分享，最后整理读书感悟，撰写读书心得，发送亲子共读照片。

步骤4：以网络为交流媒介。居家期间，一切信息的交换建立在"云"端之上。家庭（学生和家长）撰写的读书心得先在班级群里交流、分享，在老师的判断下，选定一到两篇优秀读书心得，加以指导润色和版面设计，推送到年级组后，再进行评优，这是感悟交流环节。为了让阅读传播更为深远，教研处评选小组又对入围年级组的优秀作品做比较，遴选意义深刻、代表性强、值得广泛宣传的作品，进行朗读录音，编辑成文，以"芬芳四季　阅读悦美"为主题，发送到校园官方公众号里，向全社会分享，这是精品推送环节。从撰写至朗读，起到广泛宣传、示范引领的作用，进一步掀起阅读的浪潮，为创建文明校园、书香校园添砖加瓦。

6. 活动效果

本次"云"端之上亲子阅读分享活动开展深入、广泛，是特殊时期坚持阅读初心的创新操作方法，是一次全新的阅读体验，也是一次深入的亲子交流。它在特别的春季里，为焦躁的心灵开辟了着落之所，借助文字无声而强大的力量，拉近了亲子距离，活跃了家庭气氛，密切了家校沟通，激活了书香文化。

（撰稿人：江西省萍乡市经济开发区光丰小学　温翠玲　黄　叶）

"共·互"家庭亲子阅读活动案例
——科技带来的阅读新体验

1. 活动主题

本次亲子阅读活动的主题，主要围绕科技与阅读展开家庭亲子阅读活动。在 5G 技术的发展之下，万物互联已经成为现实，"共同"与"交互"两个词将成为科技与阅读主题的两个关键词，让我们感受技术与阅读相互融合带来的奇妙体验。秉承养成孩子良好阅读习惯、创建和谐家庭阅读氛围的理念，将技术与阅读真正带进家庭体验中。

2. 活动背景

亲子阅读是激发学生阅读兴趣、推动学生阅读能力与水平发展的重要渠道，更是连接家长与孩子之间良好亲情关系的渠道与纽带。互联网技术的发展，产生出丰富的科技产品，许多家长和孩子都热衷于在一块小小的屏幕中获取信息以及交流。在这样的科技背景之下，如何良好地运用技术来促进孩子与父母之间良性的共同学习与交流成为关键。此次活动的背景就是以互联网技术为驱动，开展家庭亲子阅读活动。

3. 参与对象

活动以互为同学的 3 个孩子家庭为参与对象。

4. 准备情况

从本次的活动主题出发，围绕科技与阅读，主要目的是让孩子与家长感受媒介技术带来的阅读新体验。本次阅读活动全程采用电子阅读与 VR 沉浸阅读的方式展开。

（1）创建微信群

在活动正式开始之前，3个家庭的家长创建一个微信讨论群，在这里共同讨论活动准备与实施的具体流程与细节。

（2）制定相关书目

在书籍的选择上，主要从3个类型入手。第一种是科普类书籍（包括自然类、科技类等），第二种是教育类书籍，第三类是故事类书籍。

以下是所选择书籍的目录清单：

《神秘洞穴大冒险》《天地》《大黑狗》《真正的陪伴》《孟子》《小王子》《海底两万里》《父与子》《玛雅的昆虫王国》《稻草人》《科学的发现》《世界五千年》《爱丽丝漫游仙境》《童年》《科学改变人类生活的100个瞬间》

3个家庭在一个月的活动时间内，需至少完成以上所列10本书籍的阅读，其他书籍可以选择性阅读，也可根据实际情况增加其他书籍，可随时在微信群聊中进行分享。

（3）小程序打卡与微信分享交流会

在活动开始之前，选择了一个打卡小程序，用每日阅读金句分享的形式完成每日的阅读打卡，家长和孩子都需要完成。除此之外，还有每周阅读打卡，在完成每周2本的书籍阅读之后，家长和孩子同样需要完成阅读感受与评价打卡。

（4）VR沉浸阅读体验

这是本次阅读活动中的创新板块。虽然目前没有专门的体验场馆，但是为了给家长和孩子带来VR虚拟场景的真实体验，我们购买了VR眼镜，让孩子与家长在阅读书目之后，找出一些由书籍改编的3D电影。如寻找难度过大，则会寻找一些具有教育意义的VR体验电影，根据实际情况而定。目前选定的书籍改编电影体验是《爱丽丝漫游仙境》。

（5）活动时间

①活动时间从2020年7月1—30日。

②沉浸体验将放在活动进程中途举行。

③以7天为一个打卡时间，7天之内需要完成2本书籍的亲子阅读及书籍评价、阅读感受等打卡。

（6）"科技阅读日"

在一个月小范围的家庭阅读活动之后，在活动家庭所在的小区内开展一次

"科技阅读"一日阅读活动，准备电子阅读体验室和VR阅读体验室，让家长和孩子在这里感受科技阅读带来的美妙体验。

5.实施情况

从一个月的家庭阅读到"科技阅读日"活动的开展，整个亲子阅读活动过程进展都较为顺利。在前期3个家庭的家长就进行了详细的规划与筹备，共同希望能和孩子在这一个月的阅读活动中一起学习、一起成长，每日的打卡情况完成得非常好，阅读群组里的分享讨论十分活跃。

6.活动效果

这次亲子阅读活动，为家长陪着孩子一起感受科技阅读，提供了一个良好的机会。通过参加活动，家里的书香氛围更加浓厚了，家长与孩子、家长与家长之间的交流更多了，孩子也在这个过程中学到了更多，与父母之间的关系更加融洽了。家庭与家庭之间互相学习，对以后营造更好的家庭学习氛围有积极的推动作用。将这样一个活动从家庭带到小区，将科技阅读的理念传输给更多的人，为打造科技阅读的大环境贡献了一分力量。

（撰稿人：江西省赣州市全南县第四小学　林　琳）

和你一起读，美文推"诵"活动

1. 活动背景

在疫情时期，很多家长反映孩子在家不爱阅读、不阅读的情况颇多。孩子的独立能力还在形成之时，为了激励孩子们在家能更好地阅读，结合疫情防控要求，我校为了塑造良好阅读氛围，制定了家庭亲子阅读计划，开展了多种形式的亲子阅读活动。

2. 活动目的

（1）通过读书活动，激发师生尤其是全体学生的阅读热情，开阔视野、增长知识、发展智力、陶冶情操。充实学生文化底蕴，提高学生综合素质。

（2）通过居家期间亲子读书活动，师生一起读、生生一起读、亲子一起读、全班共读等逐步形成我校特有的书香校园特色，不断提升我校的阅读氛围。

（3）力争通过开展各种形式的读书活动，增加学生的课外阅读量，提高学生的读写能力，打造学生的人生底色。努力建设师生的精神家园，全面提升师生的整体素质，从而提高教育质量，也为建设书香社会，推动学习型社会的形成，作出我们应有的贡献。

3. 参与对象

城关小学全体师生、家长。

4. 准备情况

为了积极推动学生的课外阅读，前期学校教务处率先制定好"居家期间，和你一起读"活动方案，方案中有具体分工和各年级阅读安排，对何时上交活动美篇和读后感也作出了规定，学校教务处进行监督并不定期地在学校公众号推出活动美文。先从教师范读开始做起，再到师生共读、学生自读，最后开展班级共读、亲子共读等多种形式。

◎部分学生读后感

◎部分亲子共读文章在学校公众号上展示

5.实施情况

本次活动内容丰富,首先由教务处制定阅读计划,做好各年级具体分工安排,再由各任课教师在班级内推广阅读,居家期间教师带领学生在学校公众号上进行每天一期的美文推"诵"活动。

基本步骤:

(1)准备各年级好书推荐目录。各年级语文备课组长带领组里语文老师为本年级学生推荐必读书目,必读书目为新课标推荐书目,如学生已经阅读可以更换书。

(2)进行阅读打卡(学生自读、亲子共读)。打卡方式可以是拍照打卡、录音打卡等。

(3)在钉钉群进行阅读交流。

(4)进行成果展示(读后感、思维导图、情节曲线图、阅读记录卡等)。其间家长还可以和孩子们一起抽取故事中的人物进行角色扮演,选取感兴趣的片段进行朗读,并让孩子们结合故事内容画一幅有关的画,最后家长和孩子们一起参与班级阅读分享会。活动后,各语文老师还以美篇形式进行整本书读书活动总结,而教务处则联系老师及孩子朗读同一篇目,再用学校公众号进行推送,由点带面，扩大覆盖面、参与度、影响力，从而带动全校形成良好的阅读氛围。

6. 活动效果

经过我们与家长共携手，全校师生在居家期间，阅读不但没有减少，反而氛围更浓了，我们在学校公众号上一共推出了40多期亲子美文，家长积极参与，孩子也因能和家长"同台"而感到自豪，在这么一个良性循环的阅读氛围下，我们收到了各年级各班的投稿，形成了居家期间一股浓厚的阅读氛围，这种阅读氛围直到返校依然保持。

（撰稿人：江西省赣州市赣县区城关小学　黄　莹）

"保护生态环境　共建文明南昌"
——走进海洋馆亲子阅读研学活动

1. 活动主题

保护生态环境，共建文明南昌。

2. 活动背景

为贯彻落实《新时代公民道德建设实施纲要》《新时代爱国主义教育实施纲要》《关于全面加强新时代大中小学劳动教育的意见》的文件精神，厚植广大儿童爱国主义情怀，注重关心关爱特殊儿童群体，努力培养德智体美劳全面发展的社会主义建设者和接班人，南昌市妇女联合会、南昌市妇女儿童活动中心特开展"保护生态环境　共建文明南昌"家庭亲子阅读研学活动，通过阅读实践活动，培育社会主义核心价值观，助推良好家风的形成，助力南昌文明发展。

3. 参与对象

（1）15组8～10岁南昌市少年儿童家庭代表。

（2）特邀南昌市扬子洲学校5位留守儿童及教师代表。

4. 准备情况

（1）活动场地

活动在位于南昌市九龙湖新区融创文化旅游城内的融创茂海洋馆举行，该场馆是集海洋参观、生物科普、表演于一体的综合性海洋馆。

（2）材料准备

为契合活动主题，选定《大海里我最大》和《神秘的海洋生物》两本关于海洋主题的绘本故事；在研学互动环节，准备了任务锦囊、异形KT板、彩笔及研学任务贴纸。

（3）组织形式

①线上报名：在"南昌市妇女儿童活动中心"微信公众号发布招募信息。

②联建学校：与南昌市扬子洲学校开展合作，邀请留守儿童参与活动。

5.实施情况

活动以研学为主线，通过海洋主题故事绘本引导展开研学行动，先集体参观海洋馆，后发布研学任务、分队完成，最后集合以团队形式分享研学结果。具体流程如下：

（1）"海洋集结"：在活动启动阶段完成绘本阅读。

（2）"海洋巡游"：在场馆讲解员带领下参观海洋馆。

（3）"海洋探险"：进入研学主线任务，分队领取锦囊任务，分别寻找"海洋美杜莎"蛋黄水母、"河中巨怪"史氏鲟两种濒危海洋生物，现场观察、记录它们的特点习性，并记录在任务贴纸中，贴在蛋黄水母造型和史氏鲟造型的异形 KT 板上。

◎"海洋集结"：绘本讲解

◎"海洋巡游"：参观海洋馆

◎"海洋探险"：现场分队研学

◎"海洋揭秘"：交流分享

（4）"海洋揭秘"：每组小分队成员轮流展示自己记录的生物某个特点，合作完成交流分享。

6. 活动效果

一是开展特色研学，树立少年榜样。本次研学活动鼓励少年儿童自主发现、主动探索，通过认知、感受、启发等引导方式，在学、游中，领略海洋的独特魅力，同时了解海洋生态环境遭受的伤害，激发少年儿童深层次展开对生态保护的思考，增强保护家乡环境意识。

二是媒体关注，共倡文明新风。《中国妇女报》官方客户端，江西电视台二套、五套，今日头条，新浪江西，南昌新闻网，南昌晚报，南昌广播电视台等多家媒体对本次研学活动进行报道，进一步扩大了活动社会影响。

三是关爱乡村儿童，丰富校外实践。本次活动特别邀请南昌市扬子洲学校的5位留守儿童一同感受研学的魅力，体验校外实践的乐趣，通过校外公益活动，关注农村少年儿童阅读实践，保障农村儿童阅读权益，搭建城乡少年儿童家庭阅读公益共享平台，促进城乡儿童交流、合作，激发阅读热情，培养阅读习惯，培育优良品行，推动全市少年儿童健康全面发展。

（撰稿人：江西省南昌市妇女儿童活动中心　章艳静）

亲子悦读　畅游书海

1. 活动主题

点燃阅读激情，书香溢满家园。

2. 活动背景

为深入贯彻落实习近平总书记注重家庭、注重家教、注重家风的重要指示精神，推进全民阅读，共建书香校园，激发学生的阅读兴趣，肥城市老城街道中心小学开展了精彩纷呈的家庭亲子阅读活动，让孩子与父母一起"点燃阅读激情"，享受阅读的乐趣，让书香溢满家园。

3. 参与对象

一至六年级全体学生。

4. 准备情况

（1）建设书香校园

①在校园走廊、宣传橱窗等地方张贴宣传标语、名人名言，营造浓郁的读书氛围。

②学校图书馆周一至周五全天开放，方便学生随时借阅。每班设有图书角，为学生借阅图书提供便利。

③各班级学习园地中开辟"书香园"栏目，介绍名人读书故事、推荐优秀书目、交流学生和家长的读书心得，让学生在潜移默化中受到书香的熏陶。

（2）创设家庭阅读环境

①每个家庭为孩子创造一个良好的阅读环境，做好"四个一"：一个安静的小书房、一张小书桌、一个小书架、一个护眼灯。

②家长定期带孩子购买一些必读书目。

5. 实施情况

第一阶段：宣传动员。

（1）向家长宣传：各班级向家长发放"亲子读书活动"倡议书。

（2）各班级通过召开线上和线下主题班会，引导家长正确认识榜样示范在孩子成长中的重要作用，认识到亲子共读不仅可以帮助孩子培养读书兴趣，形成好的阅读习惯，而且是家长与孩子进行情感交流的有效方法，取得家长的理解和支持。

（3）利用微信、钉钉等网络平台向家长介绍一些亲子阅读的具体方法。

①每日共读。要求每位家长每天和孩子一起阅读经典著作至少30分钟，并将与孩子共读的照片或视频拍下来，鼓励家长和孩子要持之以恒。

②每读共思。在亲子共读中引导孩子边读、边思考，使阅读成为一种积极的活动，培养观察、分析、初步推理等能力。家长可以提出一些问题让孩子思考回答，加深对书中内容的理解，促使孩子主动阅读、主动思考、主动探索。

③读后共联。成功的共读活动可以唤起阅读者丰富的联想和广泛的兴趣，如画画、表演，进行观察、实验，都是非常积极的反应。家长要抓住孩子的兴趣，进一步延伸阅读，起到事半功倍的效果。

（4）以级部为单位向学生推荐优秀书目，激发孩子读书乐趣。

第二阶段：实施探索。

（1）各班级设计家庭课外阅读反馈表，要求家长隔周填写一次，如实反映孩子在家的阅读情况。

（2）开展"好书漂流"活动：班级建立图书角，每周四下午第二节课为全校阅读课。读完后，小组内对换进行好书漂流。家长给孩子买的新书，自己孩

子读完后，也推荐给别的孩子阅读，

这样孩子们在学校读、在家中读，读书蔚然成风。

（3）定期召开线上和线下家长会进行经验交流共享，共同探讨亲子共读的方法，让更多的家长掌握指导孩子阅读的方法和技巧。

（4）为激发和保持学生的阅读兴趣，每两周进行一次小竞赛。例如，"制作创意书签""亲子读书记录卡"制作比赛；"我和家长共读书共成长"征文比赛、"小书房晒一晒""谁的藏书多"评比活动；每月评出一批"书香家庭"和"读书小明星"。

6.活动效果

老城街道中心小学通过开展家庭亲子阅读活动，培养了孩子广泛的阅读兴趣，扩大了阅读面，增加了阅读量，多读书、好读书、读好书已成为每个学生的习惯，并在读书实践活动中陶冶情操，获取真知，树立理想。通过活动使家长也深深地认识到，阅读不仅是孩子有效的学习渠道，也是拉近亲子距离，促进两代人心灵交流的最好方法之一。

（撰稿人：山东省肥城市老城街道中心小学　冀春玲　石昌亮）

亲子阅读促进家、校、社共育

——"亲子阅读品鉴交流会"创新案例

1. 活动主题

2018 年，威海市妇女儿童活动中心被授予"全国家庭亲子阅读体验基地"，为发挥基地的引领作用，拓展基地的内涵和外延，中心充分结合近年来在家庭教育领域中的成果，将推广有实效的家庭亲子阅读指导活动和传播科学的家庭教育理念充分结合，与落实威海市妇联"成长引航"家庭教育计划和威海市建设"书香威海"的活动相结合，在家庭亲子阅读实践中促进了家庭教育工作的深入和升华。活动的开展得到了学校幼儿园、社会教育机构以及广大家长、儿童的积极响应，获得了良好的效果和广泛的社会影响力，成为中心开展家庭亲子阅读的活动品牌。

2. 活动背景

近十年来，威海市妇女儿童活动中心在家庭教育方面，进行了较为深入的长期探索，取得了政府相关部门和社会广泛的支持，汇集了一批致力于推广家庭教育事业的讲师，并坚持不懈地开展以"家庭教育读书会"为抓手的家庭教育实践，取得了很好的成效。

家长和指导教师们都面临如何选书、如何读书、如何指导读书等问题，需要相对系统、专业的支持。活动中心召集相关专家研讨，整合家庭、社会、学校等资源，提出常态化、系统化、专业化的初步构想，并汇聚家庭教育专家、幼儿园骨干教师、社会机构优秀阅读推广人力量，共建幼儿园，共同举办"亲子阅读品鉴交流会"。将亲子阅读和家庭教育工作深度融合，举办了多种形式的亲子阅读品鉴交流推广会。

3. 参与对象

中心项目组成员、中心家庭教育专家团成员、幼儿园园长及教师、儿童及家长、社会机构亲子阅读指导教师。

4. 准备情况

（1）活动场地选择在各共建幼儿园、图书馆、城市书房。

（2）配备音响、投影仪、坐垫、座椅。

（3）选择适宜书籍。

（4）招募同龄儿童及家长。

（5）安排指导教师准备课件。

（6）组织学校普通教师、家庭教育指导教师、亲子阅读指导教师、项目组专家共同参加。

5. 组织形式

（1）中心举办"周六读书会"。选择理论性、实践性强的专业书籍，邀请家庭教育专家、亲子阅读专家领读，组织家庭教育、亲子阅读指导教师进行系统性集体读书学习，统一思想，提升指导教师的专业水平。

（2）举办"亲子阅读品鉴交流会"启动仪式。在威海市图书馆少儿馆，教育体系、社会机构中的 10 名指导教师，自选阅读书目、活动形式，按序登场开讲，邀请专家进行即时点评，众多阅读人、家长观摩，最后大家交流总结。呈现了风格不同的特色阅读形式，在体验阅读和深度阅读层面开拓大家的视野。

（3）举办幼儿园"亲子阅读品鉴交流会"。中心邀请6所实验幼儿园的园长、骨干阅读教师、家长和儿童参与。每期走进一所幼儿园，由幼儿园推荐亲子阅读书目，中心邀请专家和幼儿园老师、社会机构亲子阅读指导教师共同探讨课程设计，根据绘本内容随机挑选部分幼儿体验课程，各幼儿园骨干教师通过现场观摩、交流互动等形式共同讨论开展亲子阅读教学的有效指导方式。

（4）举办城市书房"书香飘万家　家庭共成长"系列读书指导活动。中心组织家庭教育讲师团成员自主报名、自选书房、自选书目，到22所市区范围内的城市书房宣讲，城市书房组织儿童及家长参加。此项活动得到了社会众多的亲子阅读组织的积极响应，大家踊跃参加，相互切磋交流、共同提高。

6. 实施情况

（1）课程引入。

（2）课程体验（角色扮演）。

（3）专家、园长交流与评价。

◎看封面，猜故事

◎课前小游戏，让孩子们消除紧张感

◎孩子们扮演的小鼹鼠

◎孩子们表演的"皮带送给小狗铺路"

亲子阅读促进家、校、社共育 | 199

7.项目总结

通过举办品鉴交流推广会，以亲子阅读为切入点，融入家庭教育理念与指导方法，选择适合的家庭亲子阅读方式，广泛汇集社会力量，促进家庭、学校、社会合力共育。在活动中，指导教师和家长相互学习，取长补短，多方位碰撞，不断提升学校教师、社会专业指导教师、家长的亲子阅读引导、指导能力。品鉴交流会以形式多样的阅读活动，激发儿童阅读兴趣，帮助儿童养成阅读习惯，学会阅读，引发儿童情感联想和思维转化，引发儿童主动思考和深入探究，更好地促进儿童持续发展。

（撰稿人：山东省威海市妇女儿童活动中心　杜洪明）

引领儿童阅读进家庭
——威海市图书馆"阅宝起航计划"

1. 活动主题及背景

作为全民阅读的重要组成部分，儿童阅读被称为"根的工程、花的事业"。威海市图书馆在开展全民阅读活动中，一直把儿童阅读推广作为全民阅读推广的重中之重。在活动开展中，馆员不断接到来自年轻父母的咨询，不知如何为自己新出生的婴儿选书。这让我们意识到，我们的低幼区多半是服务于 3 岁以上的儿童，而在 0～3 岁的婴幼儿阅读推广方面确实存在空白。通过学习借鉴英国"阅读起跑线"理念及苏州馆开展的"悦读宝贝"计划，不断摸索和设计适合威海本地婴幼儿的阅读推广项目。2016 年 4 月 20 日，一项引领威海市婴幼儿家庭开展亲子阅读的 "阅宝启航计划"项目正式启动。计划一经推出，立即引起了社会的广泛关注。

2. 活动措施

（1）千份阅读礼包引领 "阅宝起航计划"

自 2016 年起，威海市图书馆 "阅宝起航计划"每年都会向威海市区 0～3 岁婴幼儿免费赠送千份"阅读大礼包"，里面包括婴幼儿读物、亲子阅读指导书、"蹒跚起步来看书"活动宣传册等，目前已经发放 5000 份。"阅宝起航"礼包的发放，更多代表的是一种理念上的引领，同时配合图书馆开展的一系列亲子阅读活动，引领新生婴幼儿家庭开展亲子阅读，从小培养孩子的阅读习惯，让孩子爱上书籍和阅读。"阅宝起航计划"，采取网上报名、现场发放的方式，为起到循序渐进的引导效果，网站设置每月 200 个申领号，当月未申领成功，次月可继续登录进行报名申领。"阅宝起航"计划一经推出，受到年轻父母的极大欢迎。网站开启当天，申领名额就被抢注完毕。"你申领阅读礼包了吗？"已成为时下年轻妈妈们见面的口头禅。

◎阅读大礼包内容

（2）搭平台建联盟，整合社会资源共推"阅宝起航计划"

威海市图书馆牵头发起成立"书香威海　全民阅读推广联盟"，同时整合社会儿童阅读推广的优秀资源纳入联盟成员单位，共同致力于此项活动的推广和开展。经过广泛发动和实地调研，最终将10家有实力的绘本馆加入"阅宝起航计划"的推广中来。"栽下梧桐树，引得凤凰来"，随着众多绘本馆纷纷加入"阅宝起航计划"中，加之越来越多的文化志愿者也积极参与到阅读推广活动中来，威海"阅宝起航计划"的推广队伍越来越壮大。2017年，威海市启动了"点燃阅读之灯　播撒幸福种子"儿童阅读推广人培训计划，培育了一大批故事妈妈、故事爸爸。同时联合各绘本馆共同开展"阅宝起航计划"中的"蹒跚起步来看书"活动，包括"阅读小脚印"游戏、"孕读时光计划"、"妈妈读书沙龙"、"纸戏剧和绘本剧"、"父母微课堂"等系列儿童阅读品牌活动。通过品牌活动的开展，进一步提升了父母的亲子阅读理念，大大提高了阅读指导的有效性，让更多的父母意识到儿童阅读推广的重要性。

（3）打造系列公益活动，助推"阅宝起航计划"向纵深发展

2019年，威海市图书馆新馆正式投入使用，新馆专门设立儿童图书馆，每周根据不同年龄阶段开展"聪聪伴成长"系列读书活动，并以威海图书馆公共馆为平台，整合社会优质绘本馆资源开展合作，实现双赢的合作局面。

①打造一支高水平的"故事妈妈"公益志愿团队。"阅宝起航计划"

◎故事妈妈们的培训现场

的实施，抓住人才是关键。图书馆通过邀请省内外知名阅读推广人举办讲座，对馆员进行培训，让年轻馆员成为"阅宝起航"的主力军。发动、利用社会力量，来自市区儿童阅读推广机构的老师在"阅宝起航"活动中发挥了重要作用。邀请市电视台主持人加入进来，对"故事妈妈"团队成员进行专业的指导，并

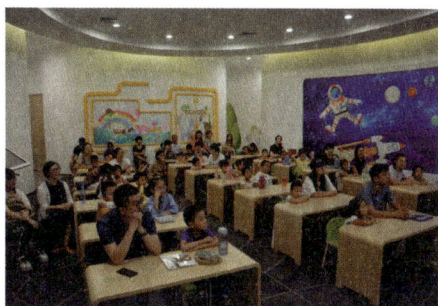

◎家长带领孩子一起参加"阅宝起航"故事会

加入到阅读推广的活动当中，提升"故事妈妈"团队的影响力。现在，这些"故事妈妈"公益团队每周都会走进图书馆举办的"聪聪伴成长"故事会，和孩子们一起讲故事、做游戏，享受阅读的乐趣。

②开展"阅宝起航"公益行活动，走进校园、社区、企业宣传亲子阅读推广理念。为了让更多的父母了解亲子阅读的正确打开方式，"阅宝起航计划"开启乡村公益行走，受过专业培训的阅读指导老师以幽默诙谐、夸张生动的语言和形式带孩子们走进精彩的绘本阅读世界，指导乡村父母如何开展亲子阅读。同时还开展企业公益行，为员工们进行了生动有趣的现场演绎，让成天忙于工作的年轻父母了解到更多的阅读知识，体验了一场全新的亲子阅读讲座。开展"阅宝起航"校园行活动。每周由市图书馆联系中小学、幼儿园，并协调"故事妈妈"志愿团的主讲老师把绘本故事送到课堂，配合绘本内容开展手工 DIY 以及音乐律动活动。同时还举办家长课堂讲座，邀请家长和孩子共读绘本，此项活动的开展，深受孩子和家长们的欢迎。

◎"阅宝起航"乡村公益行活动

◎"阅宝起航"企业行活动

3. 活动实施效果

威海市图书馆开展的"阅宝起航计划"，直接影响和带动威海市3万余个家庭开启亲子阅读。根据追踪调查结果显示，参与过"阅宝起航计划"，获赠"阅读大礼包"的家庭，在阅读兴趣、亲子共读频率、购书数量及全家同到图书馆的次数方面都比未参加此活动的家庭要高，取得了良好的社会效果。

（1）整合资源，开展品牌活动精彩延伸。市图书馆充分发挥公共图书馆行业引领作用，将社会的儿童阅读推广力量进行整合，以点带面，抱团发展，共同引领亲子阅读活动的开展。联合各绘本馆，将公益属性和社会属性功能发挥到最大，改变了各绘本馆各自为战的情况。礼包选取地址同时还设在"阅宝起航"合作馆，既方便了市民领取，又促进了绘本馆阅读推广方面的积极性，各绘本馆自身取得发展的同时，也推动了全市阅读推广工作的开展。各绘本馆馆长表示，有市图书馆的引领作用，他们不再是孤军作战，看到了希望，找到了动力。"阅宝起航计划"的实施，调动了全市儿童阅读推广的力量。

（2）注重宣传创新及推广工作。威海市图书馆充分利用"4·23全民阅读启动"举办之机，推出"阅宝起航计划"，随即引起了分管副市长的高度重视，并成为媒体集中报道的重点，迅速在社会上产生了反响。同时加强和本地传统媒体建立联系、开展合作，每次开展的活动都能及时予以报道，对"阅宝起航计划"的开展起到广泛的宣传作用，进一步扩大了知名度和影响力。此外，威海市图书馆官网首页设"阅宝起航"专门板块，内设活动说明、申领细则、报名规定、序号查询等，对计划的品牌活动进行详细介绍，常年在图书馆大厅设立宣传图版，同时将市儿童保健院作为联系点，发放宣传材料，宣传阅读的意义。每年发放的千份"阅宝起航计划"礼包数量尽管是有限的，但对阅读理念的宣传作用是无限的，产生的效果也必将是长远的。

（3）注重抓团队建设。威海市图书馆"阅宝起航计划"的顺利开展得益于有一支高素质的图书馆员队伍，他们怀揣对少儿阅读推广工作的热爱，以一颗高度的责任心，出策划、搞活动、办讲座，让"阅宝起航计划"在威海大地上真正落地，生根发芽，开花结果，一步步引领威海的婴幼儿家庭走上亲子阅读之旅，开启阅读人生。

（撰稿人：山东省威海市图书馆　周红波）

"周末亲子阅读一小时"公益服务项目

1. 活动主题

放下手机同行书海，亲子共读静待花开。

2. 活动背景

基于新时代新形势给家庭教育和亲子阅读带来的新挑战新课题，如何解决孩子迷恋手机的现实难题，漫谷公益书屋作为枣庄市妇联亲子阅读基地，倡导具有人文关怀的倡议：让更多的孩子在亲情陪伴下，回归和沉浸纸质阅读，远离手机、网络和游戏的侵扰。

3. 参与对象

枣庄新城地区广大家庭，包括3 ～ 12岁的少年儿童及家长。

4. 准备情况

前期对服务对象阅读现状进行了问卷调查和广泛征集，与书屋周边小区20余户家庭签订了亲子阅读合作服务协议，全年周末开放，约定亲子阅读。2017年12月3日，漫谷公益书屋"周末亲子阅读一小时"公益服务项目正式启动实施。

5. 实施情况

在推进"周末亲子阅读一小时"服务项目过程中，漫谷公益书屋始终坚持"立德树人、成风化人"主线，通过"完善一套机制、培养一种情怀、凝聚一股力量"的"三个一"实现路径，打造有利于青少年健康成长的亲子阅读新生态，达到了"细水长流、枝繁叶茂"的效果。

（1）完善一套激励约束机制，突出亲子阅读的过程管控。该书屋为参与项目的各家庭免费提供阅读书包，大人和孩子各一套读书笔记，发放阅读存折，约定每个周末家长陪孩子到书屋亲子阅读一小时，并与孩子一起进行深度阅读，分别做读书笔记，当值志愿者对亲子阅读时长和质量进行打分。在阅读时长方面：

对缺席或不到一小时的进行扣分，对中途打电话、看手机的家长进行提醒并延长相应阅读时长，对阅读超过一小时的进行酌情加分；在阅读质量方面：家长和孩子将当期所做的读书笔记提交志愿者进行评定打分，将家长和孩子的积分计入家庭阅读存折，并将亲子阅读状态进行即时拍照，和学习笔记一起上传至亲子阅读家庭微信群进行展示、交流、学习，一周一展示一通报。对亲子阅读效果进行严格规范的积分考核评比，每季度评选一次"书香家庭""阅读之星"。通过家长和孩子的双向互动监督，激发了亲子阅读的内生动力，形成了比学赶超的浓厚氛围。为了提升亲子阅读质量，书屋邀请全国模范教师孙晓颖、枣庄知名作家王忠、儿童作家英娃等嘉宾与亲子阅读家庭互动交流，指导上好阅读第一课，通过名师和作家的榜样力量培养孩子的阅读兴趣，提升孩子们的文学素养。

（2）培养一种爱国爱家情怀，突出亲子阅读的铸魂赋能。书屋开展丰富多彩的亲子阅读外延活动，组织亲子阅读家庭开展气象、观展、观影、专家讲座等户外科普活动。发挥志愿者的特长优势，开展了"怎么养多肉""手工制作布娃娃""中国古诗词鉴赏"等专场活动，家长和孩子们在共同动手协作中增进了感情交流和沟通。每年举办一次新年亲子朗诵会，使亲子陪伴成为爱的陪伴。周末开展爱国爱家乡的主题研学游活动，到滕州国防教育科技城、墨子纪念馆、鲁班纪念馆进行参观学习，并开展"创新少年"作品展示评选活动。2020年，书屋发起"致敬搏'疫'人迎接新学期"征文比赛，鼓励孩子们在家中关心国家大事、坚定必胜信念，并将20余个孩子的征文结集成册，编印了《漫谷公益书屋防疫特别文集》，被市图书馆收藏。书屋小读者刘春秋小朋友还特意给枣庄市委书记李峰写信并赠送特别文集，并收到了市委书记李峰爷爷的回信，在全市引起了强烈反响。

（3）凝聚一股同帮共建力量，突出亲子阅读的要素保障。书屋作为市级亲子阅读活动基地，坚持"开门办书屋"理念，注重整合社会资源，汇聚各方力量，与薛城新华书店、市图书馆建立亲子阅读体验和全民阅读推广合作，藏书6000余册，科学划分儿童和成人书籍分区。开辟了图书漂流区，鼓励和欢迎社会各界和家庭捐献图书，目前已有100余个家庭主动捐书近千册，与民盟枣庄市委联合建立同心书屋，与市图书馆联合创办邻里书屋，与市文联、作协共建英娃儿童文学工作室，为"周末亲子阅读一小时"公益项目的实施，提供了强有力的要素保障，形成了可持续的公益合力。

6. 活动效果

经过3年多的实践，漫谷公益书屋的"周末亲子阅读一小时"服务项目取得了"三个正向增长"的良好效果。一是图书从最初的2000余册增加到6000余册，丰富了亲子阅读书目；二是志愿者从最初的20余人发展到50余人，壮大了志愿服务队伍；三是服务亲子阅读家庭从最初的20余个家庭拓展到100多个家庭，很多孩子的学习成绩稳中有升，作文成为学校班级的范文，拓展了受益群体。2019年，漫谷公益书屋"周末亲子阅读一小时"服务项目荣获山东省最佳志愿服务项目。目前，该活动年服务2万余人次，成为枣庄地区亲子阅读的一张闪亮品牌。

（撰稿人：山东省枣庄市薛城区志扬社会工作服务中心　付　强）

"书香飘万家，家庭共成长"
——21 天亲子阅读打卡活动

1. 活动主题

书香飘万家，家庭共成长。

2. 活动背景

为深入贯彻落实习近平总书记关于注重家庭、注重家教、注重家风的重要指示精神，传承中华优秀传统文化和优良家风，推动家庭文明建设新风尚，按照省、市妇联关于开展亲子阅读活动工作要求，费县妇联开展了"书香飘万家，家庭共成长"——21 天亲子阅读打卡活动。此次活动旨在培养全县广大家庭良好的阅读兴趣和阅读习惯，营造和谐融洽的亲子阅读环境和充满书香的家庭阅读氛围。

3. 参与对象

全县 18 岁以下亲子家庭。

4. 准备情况

通过线上微信朋友圈打卡形式开展。

5. 实施情况

（1）策划筹备

加强宣传力度，通过线上和线下相结合的形式宣传活动的目的和意义，动员广大家庭积极参加活动。

①通过协同办公系统向各乡镇、街道及县直各单位下发正式通知。

②通过费县妇联微信公众号、县乡村妇联微信工作群和县直妇委会工作微信群等线上方式进行宣传。

③充分发挥 6 家市级亲子阅读基地作用，加大宣传力度。

（2）组织实施

①组建 2 个微信群，组织参与活动家庭进入微信交流群接龙报名参加活动，并为参与活动的家庭编号。

②在微信群内发布详细的活动规则。

③在群内设定 3 名管理员，每天与参与家庭在微信群进行互动，管理活动日常开展。

④各家庭每天在微信朋友圈上传打卡文字及视频或照片，连续打卡 21 天，并在第 22 天上传亲子阅读的心得体会或读书故事（不少于 100 字）。提倡各参与活动家庭将打卡截图发到群里，起到相互提醒、相互鼓励的作用。

（3）评比表彰

召开总结表彰会，对按要求完成打卡活动的前 500 个家庭进行奖励，每个孩子可获得奖章一枚和唐诗宋词图书一套，每位家长可获得全国妇联推荐的优秀女性读物《发现母亲》一本。500 名之后的家庭奖励奖章一枚。

6. 活动效果

（1）活动特色、成效及社会影响力

①通过线上方式开展，宣传面广，参与家庭多。

②参与活动的群体范围广，涉及城乡各行各业的家庭。

③在行为心理学中，人们把一个人的新习惯或理念的形成并得以巩固至少需要 21 天的现象，称之为 21 天效应。这是说，一个人的动作或想法，如果重复 21 天，就会变成一个习惯性的动作或想法。21 天阅读打卡活动方式有利于培养孩子阅读的习惯。

④创新了妇联工作的方式方法，扩大了妇联的社会影响力。

（2）活动总结评价：亲子阅读的价值，远非阅读本身

通过"亲子阅读"打卡活动：

①培养了孩子良好的阅读态度，让孩子享受阅读的乐趣。亲子阅读会使孩子从小体会到读书是一件快乐的事，让孩子体会阅读的价值，从而培养其良好的阅读态度。这种良好的学习态度将使孩子终身受益，会给孩子将来的学习、社会适应、文化修养等打下良好的基础。

②创造了良好的亲子沟通渠道，有利于儿童健康成长。亲子共读，使父母

能和孩子共享童年美好时光，也为个性不同的父母提供了一条亲子沟通的良好渠道。读书的教育意义不仅在于促使孩子乐观地面对人生，同样对成人也很有启迪。让父母和孩子在日常平凡的生活中感受"爱的教育"，相互勉励。

③通过亲子阅读，为广大家庭提供了共同读书、共同成长的平台，积极引导全县广大女性树立正确的家庭教育观念，传承好家教，弘扬好家风，建设好家庭，不断提升自身素质，增强科学教儿水平，在阅读、学习的过程中，不断完善自己，提升自身素养，做一个有智慧、有魅力的母亲，为我县家庭教育工作贡献更多的力量。

（撰稿人：山东省临沂市费县妇女联合会　尹　娜）

书城故事会展新颜，经典故事"演"出来

1. 活动主题

为响应国家对少年儿童素质教育和全民阅读的新号召，促进青岛市精神文明建设发展，青岛书城文化发展有限责任公司联合社会力量，整合社会资源，不断探索阅读推广多元化新模式，不断将国学经典、绘本故事等改编成舞台剧进行演出，旨在通过口语表达、舞台表演等方式，将有趣的故事以生动的表演方式展现在观众面前，以提高小朋友的表达能力和表演兴趣，丰富他们的想象力和创造力，让孩子在表演中爱上书本阅读，提高阅读能力，加深对经典文学的理解，多方位地汲取文化营养。青岛书城结合 10 多年的绘本阅读推广经验，目前已精选出国学经典和绘本故事两大主要课程体系，分别面向小学和幼儿园，其中绘本故事从孩子的实际出发，又细分为亲子关系、社交关系、童趣故事三大主题，寓教于乐，激发他们从书中寻觅知识的兴趣。

2. 活动背景

青岛书城是青岛新华书店旗舰店，开业 20 多年来用海量的图书、敞开的怀抱，笑迎每天的读者，陪伴孩子们的成长。日常经营中，书城始终坚持弘扬主旋律、传播社会主义先进文化，积极倡导全民阅读，让书城成为读书人的乐园。入选首批全国亲子阅读体验基地后，青岛书城围绕培养少儿良好阅读习惯，传播科学家庭教育理念，传承中华优秀传统文化和优良家风，促进家庭文明新风尚，因地制宜、科学开展各类文化活动、亲子阅读指导活动，充分发挥基地引领、示范、带动作用。

3. 参与对象

（1）面向小学、幼儿园，按班级进行招募，一般演出需要演员 4 ~ 20 人。

（2）面向青岛全市小读者群体进行招募。

（3）排练老师 3 位。

（4）负责活动的工作人员 3 ~ 4 位。

4. 准备情况

（1）活动场地：青岛书城一楼城市课堂、三楼小剧场等活动场地。

（2）组织形式：演员和编剧提前两个月面向适龄小读者公开招募，招募完成后需要一个月时间，根据演员情况一周排练 1 ~ 2 次。

（3）材料准备：

①道具（根据每场绘本剧的需要，提前做准备，包含准备演出服饰）。

②音乐（根据每场绘本剧的需要，提前选择适合的背景音乐）。

③提前一个月与参演的演员们、编剧进行沟通、交流，完善剧本、续写故事，更好地将绘本故事更深层的意义表达出来。

④提前一个月进行海报宣传、邀请函的设计制作。

⑤提前两周进行绘本剧排练表演。

⑥提前两周进行绘本剧活动宣传并招募观众。

5. 实施情况

青岛书城自 2016 年开始在卖场里"演"故事，起步阶段与青岛市话剧院亲子剧场合作，邀请专业的话剧演员为小读者带来经典故事演出，演出受到孩子和家长的热烈欢迎，通过观看演出也带动相关图书的购买和阅读。看到现场反馈后，书城的工作人员意识到让孩子们来"演"故事一定会有更好的效果，立即着手筹备相关工作。首先，是挑选剧本，内容是关键，还要综合考量表达效果、道具难易、演员人数、表演时长等因素。其次，在确定好剧本后，要开展定向招募，招募适龄小演员，以班级为单位，便于协调排练时间。再次，老师对小演员进行排练，通过前期的排练发现现在孩子综合素质普遍较高，能够理解并善于表达剧本内容。最后，书城工作人员做好演出现场布置、道具准备等的幕后工作，为演出做好后勤保障。

一般演出的具体流程是：

（1）提前一天布置舞台、调试音响、准备桌椅。

◎剧本讲解中

◎《花木兰》现场演出剧照

◎《孔子诗传》现场演出剧照

（2）带领演员提前彩排，熟悉场地。

（3）活动当天提前进行化妆以及音响设备二次调试。

（4）活动正式进行，由主持人进行故事背景以及参演人员的介绍。

（5）绘本剧正式开演。

（6）主持人随机对现场观众进行采访。

（7）主持人对本次绘本剧的主题进行总结，向家长讲述陪伴在孩子成长中的重要作用。

6. 活动效果

自 2016 年开展该活动以来，我们从零开始，目前已有 10 余个成熟剧本，累计演出 20 多场次，观众近 3000 人次。孩子亲自参与到舞台剧的表演中，通过对角色的一次次排练，真正了解平时看起来距离我们遥远的国学经典所蕴含的深刻含义，在绘本剧的生动演绎中学会现实生活中的点滴事情，培养孩子阅读兴趣，增强孩子的自我认同感、自我存在感、自我价值感。

（撰稿人：山东省青岛书城文化发展有限责任公司　张　蕾）

"小蜜蜂"亲子阅读活动

1. 活动主题

播幸福种子，听花开声音。

2. 活动背景

"小蜜蜂"亲子阅读活动于 2016 年 4 月 23 日在三门峡市图书馆亲子阅读区正式启动，是三门峡市妇联与三门峡市图书馆为学龄前儿童精心打造的亲子阅读平台。活动开办以来，秉持"定期化、精品化、小型化、互动化"的宗旨，定期在图书馆进行亲子阅读活动，每期提前在图书馆的少儿阅读推广群、图书馆微信公众号及图书馆网站上发布活动通知及共读书目，倡导学龄前儿童与父母定期走进图书馆、感受图书馆，为孩子们营造愉快的阅读体验。针对不同年龄的孩子的发育特性、阅读特点、阅读方法，有的放矢地引导孩子们阅读，以形成良好的阅读兴趣和阅读习惯，并激发孩子们的想象力和创造力。

3. 参与对象

学龄前的儿童与父母共同走进图书馆，共同阅读。"小蜜蜂"亲子阅读活动 4 年来一直在连续有序进行，从未间断（受新冠肺炎疫情影响，活动于 2020 年 1 月到 10 月之间暂停线下活动）。活动开办以来，已举办过 108 期，由最初的 5 组家庭，通过口口相传，发展到如今的 100 余组家庭，惠及 10000 余人次，在三门峡市区形成了良好的社会效应。

4. 准备情况

（1）活动场地：三门峡市图书馆布置亲子阅读区时，从实用性、安全性、科学性出发，兼具人性化、舒适化、童趣化，并考虑儿童的心理特点及审美趣味。首先，亲子阅读区选择在光线充足、通风良好的一楼区域；其次，配置色彩明快的小桌椅，方便孩子们取放图书的书柜、书架，绘本按主题摆放，营造可爱的色彩斑斓的阅读场所，让孩子们轻松自由地阅读。

（2）材料准备：三门峡市图书馆通过长期调研，在购置亲子阅读书籍时，考虑不同年龄段孩子的生理特点、心理特点、阅读特点，采购题材丰富、形式生动的绘本、歌谣、童话、文学作品、科普读物等，满足孩子们的阅读需求；购置指导家长的儿童心理学、儿童教育学、幼教、科普等图书。

（3）组织形式：图书馆面向三门峡市招募了一批爱孩子、懂孩子、高素质、乐于分享、有亲子阅读实践的志愿者，作为"小蜜蜂"亲子阅读会的骨干力量。

5. 实施情况

（1）绘本故事会。讲故事是亲子阅读主要的活动。志愿者讲读，不是简单地复述绘本，而是用声情并茂的语言和肢体语言来展现故事情节，同时，在讲读的过程中，采用启发式、提问式的方法，与孩子们互动，鼓励孩子们发挥想象力，乐于分享精彩的绘本故事，体会情感，锻炼了孩子们的逻辑思维能力和语言表达能力。

（2）绘本的角色扮演。儿童天性活泼好动，志愿者结合多年的阅读实践经验及儿童的生理特点，对绘本的故事采用角色扮演的方式，孩子们体会角色的情感，对故事产生好感乃至共鸣，不仅激发了孩子的想象力，而且提高了孩子的阅读兴趣、表演兴趣，让孩子在笑声中明白做人的道理。

（3）绘本创作。绘本创作是引导幼儿阅读的一个创新，使幼儿通过动手、动脑、动口，培养他们的说、想、画等多元能力，是引导儿童阅读的一个创新。由志愿者鼓励幼儿根据图画内容和文字，自己编撰绘本故事并描述出来，以进行绘本创作，使幼儿产生自信感和成就感，提高幼儿的阅读兴趣和创作兴趣，锻炼幼儿的想象力、语言逻辑能力。

（4）幼儿讲故事、朗诵。志愿者引导幼儿从读图入手，让幼儿先看图，鼓励幼儿把图画说出来，使幼儿学会看图、想图、说图，从而逐步地提高幼儿的观察力，提高幼儿的想象力和口语表达能力。

（5）根据特定主题选择绘本。"小蜜蜂"亲子阅读会的志愿者，提前确定绘本主题，结合特殊的节日如端午节、父亲节、母亲节、春节等，选取配套的绘本故事，向小朋友讲述节日的由来和风俗，分享绘本故事，使孩子们了解中华民族的根，感受中华传统文化的魅力。

（6）绘本拓展。拓展活动包括手工、绘画、科学实验等。志愿者阿姨结

◎雏鹰幼儿园的40余名小朋友参观图书馆，并在亲子阅读专区阅览绘本

◎国家二级心理咨询师郅利聪副教授来馆开展幼儿家长心理讲座

◎亲子阅读志愿者在亲子阅读区进行幼儿读绘本活动

◎实验幼儿园大七班在老师的带领下来图书馆进行参观实践活动

◎在世界读书日，市妇联、市图书馆联合举办亲子读书分享会

◎新世纪幼儿园的90名幼儿在幼儿园老师的带领下参观了三门峡市图书馆，感受图书馆的氛围

合绘本，以绘本故事内容为载体，对绘本进行拓展活动，激发孩子们的兴趣和动手热情，使小朋友们更真切地理解绘本的内容。

（7）亲子阅读讲座。在亲子阅读中，家长的阅读技巧直接影响孩子的接受能力及理解能力。虽然图书馆开展了亲子阅读活动，但是大部分家庭并不清楚如何指导孩子阅读，志愿者开展亲子讲座，对家长进行阅读技巧指导，使家长掌握相应的阅读技能，带领孩子阅读并享受阅读的快乐。

6. 活动效果

小朋友们在故事会中进步非常大，很多小朋友都愿意将自己喜欢的故事和书与大家分享，并且越来越多的小朋友喜欢在故事会开始前和结束后，请爸爸妈妈读书给自己，越来越多的小朋友通过故事会喜欢上了阅读，越来越多的家庭通过故事会将亲子阅读作为家庭日常生活中的一项重要内容。另外，该活动也吸引了众多社会人士和单位前来参与志愿者服务，一起给孩子们举办富有特色的多种活动。

在举办故事会的过程中，"小蜜蜂"阅读会也关注到了家长对儿童阅读认识的误区、儿童心理问题和家庭中的亲子关系问题，如家长在孩子阅读时拔苗助长，不考虑儿童阅读发展规律；家长对亲子阅读认识不足，不愿意进行亲子阅读；家长忽略儿童的阅读需求；家长未能给孩子作出阅读表率；孩子对阅读失去兴趣；孩子过于依赖电子产品；亲子关系差；家长和孩子沟通困难等等。通过组织家长一起学习和讨论，并请相关知名专家在故事会现场给家长和孩子们做讲座和指导，帮助了很多有相关问题困扰的家庭。

4年来，三门峡"小蜜蜂"亲子活动通过多种形式让孩子们和家长们在绘本中获取知识、增强亲子关系、构建和谐的家庭环境，积极组织并参与未成年人思想道德教育、心理健康教育和家庭教育志愿服务等关心关爱儿童方面的工作，从而打造真正的儿童文化活动中心。2020年4月，三门峡市图书馆被三门峡市妇联命名为"三门峡市家庭亲子阅读体验基地"，被河南省妇联命名为"河南省家庭亲子阅读体验基地"，被全国妇联命名为"全国家庭亲子阅读体验基地"。

（撰稿人：河南省三门峡市图书馆　牛翠屏）

"书香飘万家，相伴同悦读"
——亲子绘本故事大赛

1. 活动主题

书香飘万家，相伴同悦读。

2. 活动背景及目标

为全面贯彻国家关于注重家庭、注重家教、注重家风的重要指示精神，为了培养孩子的读书习惯，增进亲子之间的亲密感情，实现全民阅读的良好目标，河南省妇女联合会持续开展了3届"书香飘万家，相伴同悦读"亲子绘本故事大赛。

活动由河南省妇女联合会主办，河南省妇女儿童活动中心承办，旨在推广亲子阅读，鼓励更多的家庭成员参与到孩子的成长中来。通过一个个绘本故事的演绎，孩子们能在活动的进行过程中感受绘本阅读的魅力，提高阅读兴趣，培养阅读习惯，其他家庭成员也可以同读同演同分享，一起构建和谐的家庭亲子关系。

3. 参与对象

参赛对象分为：幼儿组（3～6岁）、少儿组（7～10岁）、亲子组。

4. 准备及实施情况

本系列活动通过线上、线下两种形式报名参与。组委会成员走进社区、幼儿园、小学校园进行海选。无门槛、无费用，让更多的小朋友们都能积极参与其中，让更多的亲子家庭享受到这份幸福的历程，让宝贝们有了展示自我、放飞自己梦想的舞台。

活动分为海选、复赛、半决赛、决赛4个阶段。

　　每年从近 2000 人的海选报名选手中角逐出 200 组家庭晋级到复赛，50 组家庭晋级到半决赛，最终 15 组家庭晋级到决赛。

　　奖项设置：一等奖 1 名，二等奖 2 名，三等奖 3 名，最佳表演奖 3 名，最佳创意奖 3 名，最佳组织奖 3 个。

　　自 2017 年起，活动从世界读书日当天启动，4 月进行报名海选，组委会通过在多个社区、幼儿园及校园设点，招募报名者，协助他们挑选绘本素材，并对作品进行初步筛选。复赛和半决赛集中在 5 月的 4 个周末举行。复赛和半决赛均在正式舞台上面对观众进行。200 组家庭携带他们的优秀作品真正站上舞台，向观众展示绘本阅读的魅力和风采。参赛家庭自发设计道具，采购服装，组织彩排。孩子们经历每一个阶段，不论晋级与否，都从中获益良多。

5. 活动效果

　　连续几年举办的"书香飘万家，相伴同悦读"亲子绘本故事大赛取得了可喜的社会效益。本系列活动是亲子主题，父母将绘本中的语言讲给孩子听，就像播下一粒粒语言的种子。当一粒种子在孩子的心中扎根时，亲子之间就建立起无法切断的亲密关系。

活动主题定义为亲子绘本故事大赛，参与本系列活动的不仅仅是孩子，更是一个个家庭。"书香飘万家，相伴同悦读"活动走进 50 多个社区，近百所幼儿园及小学，吸引了河南省范围内的近万个家庭参与。本系列活动是一场普惠的亲子阅读比赛，为了能让更多的孩子和家庭体验阅读的快乐和亲子的温暖，不设任何门槛，鼓励没有受过专业语言训练的孩子勇敢地站上舞台，真正做到了全民有奖参与。将亲子阅读搬上舞台，向社会展示了亲子阅读的社会价值和家庭意义，鼓励孩子多读书，并通过不同的方式将所读图书的内容展示出来。让更多的家庭通过亲子阅读构建更亲密的亲子关系，更和谐的家庭氛围。

从策划之初，大豫网、今日头条、中原网等网络媒体都对活动给予了极大的关注，媒体的持续跟踪报道也让更多的家庭关注亲子阅读，新技术手段的运用也有效地扩大了活动的参与范围。从海选至决赛各个阶段，赛事全程都运用视频进行直播，采用手机直播投票。让活动过程中的每一个精彩瞬间都被记录、保存并同步分享出去。通过高科技手段，将阅读推向更多孩子更多家庭，让正能量"上头条"。

这是一场亲子的比赛活动，家长们参与到节目的准备、排练和表演中来，构建了更加和谐的家庭阅读氛围。阅读不仅仅是孩子的事，一个良好的家庭阅读氛围才能够让孩子坚持阅读、感受阅读的美好和温馨，通过相伴共读，构建书香家庭。

（撰稿人：河南省妇女儿童活动中心　任晓林）

"经典润泽人生，书香溢满家园"亲子阅读活动

1. 活动意义及目的

阅读是孩子最珍贵的宝藏，为了使阅读更好地从学校走向家庭，开德中学开展"经典润泽人生，书香溢满家园"亲子阅读活动，旨在让更多的家长与同学以书为友，共享亲子阅读的独特魅力。

2. 活动对象

全体学生及家长。

3. 活动步骤

（1）启动阶段

通过家校交流，引导家长正确认识到自己的示范作用在孩子的成长中的重要作用，认识到阅读在一个人成长中的重要作用，认识到亲子共读不仅可以帮助孩子培养读书的兴趣，形成好的阅读习惯，而且是家长与孩子进行情感交流的有效方法。

①发放《开德中学亲子共读倡议书》、"开德中学亲子阅读成长卡"。

②语文教师代表给家长做家庭亲子共读指导报告。

③学生及家长代表和学校签订《共读承诺书》。

④校长为学生们赠送书籍。

（2）实施阶段

①营造亲子共读的氛围，坚持周一至周五每天不少于30分钟，双休日每天不少于1小时的亲子读书时间。

②落实亲子共读一本书或几本书。

③学生和家长读书以后，填写"开德中学亲子阅读成长卡"，将家长和孩子在一起阅读的温馨场面的照片在班级微信群里共享交流，共同见证亲子阅读

◎阅读卡

◎"一刻钟"亲子阅读指导

◎我家最爱读的一本书

◎我爱我家——亲子大课堂

的温暖画面。

④在家长中开展"我和孩子共读书"征文活动，交流家教方法。交流内容可以是自己怎样在家中创设浓郁读书氛围，怎样培养孩子浓厚的阅读兴趣，怎样有效指导孩子阅读，怎样让孩子养成良好的阅读习惯等；也可以是与孩子一起读书的快乐及自己读儿童读物的感受；还可以讲述亲子阅读过程中发生的故事等。

⑤学校定期组织相关的亲子阅读活动。例如读书交流会、"我是故事大王"比赛、漂流瓶活动、班级专题讨论会、辩论赛、知识竞赛等。

⑥为烘托读书氛围，各班轮流出以"我读书，我快乐"为主题的黑板报或手抄报，参与学校的手抄报评比活动。

⑦积极开展优秀读书笔记的评比活动，促使孩子养成认真阅读、勤于思考、善于总结的好习惯。

（3）总结阶段

①上交"开德中学亲子阅读成长卡"。

②开展"我和孩子共读书"征文活动，每班择优选择2篇。

③评选和表彰"书香家庭""亲子阅读星级老爸（老妈）"。

④评选开德中学"书香少年"。

4. 活动效果

参加阅读活动的同学，在语言表达和人际交往沟通能力上有了明显的提升。学生以阅读为乐，在书海中尽情地遨游，不断汲取知识，在作文竞赛、朗诵、演讲等活动中表现优异。亲子读书活动愉悦孩子身心的同时，也让家长与孩子之间的关系更加亲密。

（撰稿人：河南省濮阳市开德书院　顾燕丽）

庆六一"江海相连 云享书香"
——宜昌、青岛两地儿童阅读直播连线活动

1. 活动主题

为庆祝 2020 年这个不寻常的六一国际儿童节，山东青岛与湖北宜昌两地妇联运用新媒体传播手段，以"和湖北的小朋友一起过节"为特色，通过两地儿童"云端"相聚，共享这种创新阅读模式，引领儿童"心中有祖国，心中有他人"，传递对湖北小伙伴的关爱与祝福，为宜昌和青岛两地亲子家庭搭建起交流互动平台。

2. 活动背景

为深入贯彻习近平总书记在全国教育大会上的讲话精神，发挥儿童活动中心在培养德智体美劳全面发展的社会主义建设者和接班人中的重要作用，促进家庭文明建设，培育和践行社会主义核心价值观，积极响应全国妇联 2020 年"看见幸福 '阅'出梦想"亲子阅读活动主题，落实"携手过六一，有'鄂'也有你"主题教育活动精神，聚焦"立德树人"育人目标，加强宜昌与青岛两地儿童的交流，传递社会关爱。通过搭建"云享书香"的创新阅读实践平台，深化家庭教育，弘扬良好家风，促进儿童在亲子阅读中涵养品德、收获成长。

3. 参与对象

邀请宜昌、青岛两地有关领导、亲子阅读专家、书香家庭代表等，进入直播间。两地同时开启直播平台，通过云端直播连线的形式，进行互动交流。两地在线观看 10 万余人。

4. 准备情况

（1）活动场地：两地分设直播室

青岛：青岛市广播电视台新闻中心六楼高清演播室。

宜昌：宜昌市新华书店。

（2）准备工作

①物料准备：

a. 设计、制作活动高清背景图 2 个（青岛、宜昌各一幅）。

b. 制作直播连线活动片头（2 分钟，直播连线开始前播放）。

c. 制作直播连线串场片花（40 秒，两地直播镜头切换时播放）。

d. 制作捐赠图书 KT 板一块。

e. 设计、制作书香家庭纪念奖杯 4 个。

f. 两地儿童互赠礼物 4 份。

g. 捐赠书籍：《家庭教育：给孩子成长的力量》、"中国儿童十大安全理念绘本"丛书、"海底大侦探"丛书，共计 1600 册。

◎宜昌亲子阅读专家在直播连线活动中分享先进经验

◎青岛向宜昌捐赠少儿科普丛书，宜昌少年儿童代表接收捐赠

◎青岛亲子阅读专家在直播连线活动中分享先进经验

◎青岛优秀亲子阅读家庭分享经验

◎宜昌参与直播连线活动人员合影留念

◎宜昌优秀亲子阅读家庭在直播连线活动中分享经验

◎直播连线活动青岛现场照片

②技术对接准备

a. 青岛电视台提供直播技术设备支持保障，提供演播室。

b. 确认直播团队技术人员，进行连线技术对接。

c. 确定直播活动主持人。

d. 协调直播连线彩排（2次）。

③对外宣传准备

a. 设计制作直播活动电子海报。

b. 生成二维码，制作直播预告。

c. 撰写新闻通稿，邀请新闻媒体。

5. 实施情况

（1）活动内容

举行线上图书捐赠仪式；两地亲子阅读专家、书香家庭代表分享家庭阅读经验；两地儿童互送礼物祝福；发出《书香飘万家全国家庭亲子阅读倡议书》。

（2）具体流程

直播连线时长1小时（9:30—10:30）。

活动时间：2020年6月1日上午9:30。

活动地点：青岛电视台高清演播室。

主要流程：

青岛市妇联、青岛市文化和旅游局、青岛市文明办、民进青岛市委会领导和青岛儿童代表，向宜昌儿童"云端"赠送书籍1600册。

6. 活动效果

活动当天，直播观看点击量超过10万人次。大众日报、"学习强国"山东学习平台、"学习强国"青岛学习平台、半岛网、青岛市广播电视台、宜昌三峡电视台等十几家媒体，先后对直播活动进行宣传，获得良好的社会反响。

在两地市级妇联组织的关心支持下，两地妇女儿童活动中心充分发挥校外教育公益服务职能，以开展家庭阅读活动为载体，组织举办了一系列丰富多彩、主题鲜明的亲子阅读活动，让阅读成为两地亲子家庭生活的重要方式，为打造书香文明城市、滋养城市品质发挥积极作用。浓厚的亲子阅读氛围已然成为两座城市的文化品牌。

（撰稿人：山东省青岛市妇女联合会/湖北省宜昌市妇女儿童活动中心　方　妍　彭丽蓉）

陪伴成长　亲子阅读打卡日记

——线上和线下融合　引领亲子阅读风尚

1. 活动主题

陪伴成长，让亲子阅读走进每个家庭。

2. 活动背景

黄石市是一个老牌工业城市，文化氛围与阅读环境与一线城市相比，明显偏弱偏差，大多数家长虽已意识到阅读的重要性，但并没有付诸行动，生活中多数家长沉迷于手机，少有父母陪孩子一起阅读。孩子的阅读仅仅局限于课本，无暇他顾，课外阅读量及阅读内容匮乏，没有养成自主阅读习惯。团队针对我市亲子阅读现状，特别设计开发全公益线上线下相结合的阅读推广项目——陪伴成长　亲子阅读打卡日记。

3. 参与对象

3～12岁适龄儿童。目前我市上万余户适龄家庭参加团队阅读推广活动，9658名孩子坚持线上阅读打卡诵读。

4. 准备情况

活动场地：线下活动以市、城区图书馆（亲子阅读体验基地）为基地，定时推出每周亲子故事会领读活动；线上亲子阅读以团队开发的阅读打卡小程序为载体。

材料准备：打造"成长故事""来吧图图"亲子故事会品牌，设计了专属活动Logo、故事贴标、课件物料，推出了活动公众号、阅读小程序，建立了亲子阅读互动社群。

组织形式：线下亲子故事会、特色专题活动与线上阅读打卡融合互推，倡导适龄家庭陪伴式阅读、快乐式阅读。

5. 实施情况

倡导每周陪伴孩子参加一次亲子故事会、每天陪伴孩子亲子阅读 10 分钟，结合节日等主题不定期推出专题阅读活动，走进社区、乡村，倡导陪伴式阅读、快乐式阅读，以此引导适龄家庭培养孩子爱阅读、会阅读、乐阅读的习惯，营造书香家庭，培育良好家风。

（1）线上亲子阅读打卡

倡导适龄家庭每日 10 分钟亲子阅读。团队先后以资源融合和自主开发相结合方式，自 2020 年以来推出各类亲子阅读打卡活动 4 个，打卡课程 16 个（目前小程序端有"学前故事"和"每日诵读"两大板块 10 个阅读打卡课程），共计 9658 个家庭参与线上亲子阅读打卡，后台收录亲子阅读打卡音频 21 万余条。

具体流程：

筹备阶段：①对接网络资源，开发自己专属的阅读打卡小程序；②根据适龄儿童阅读特点和需要，联合网络资源和团队专业老师自主开发推出亲子阅读打卡课程；③组建阅读亲子打卡项目服务组及线上微信服务社群；④制作线上阅读打卡操作指南小程序。

实施阶段：①利用公众号宣传家庭亲子阅读教育理念，推出亲子阅读小程序；②儿童根据自己的年龄和需求，选定打卡课程；③通过微信服务社群互动，及时解答，反馈项目动态；④项目服务组根据打卡课程情况，做好分班管理及数据统计。

评价阶段：①每个课程结束后，合格者获得电子结课证书；②优秀作品在公众号等平台推广，优秀学员推荐参加线下诵读活动展示。

（2）线下亲子故事会活动

鼓励每周陪伴孩子参加一个亲子故事会。以儿童绘本故事、

儿童诗歌、童谣为载体，带领孩子走进故事世界，感受阅读所带来的喜悦。旨在引领家庭亲子阅读，倡导高质量的亲子陪伴，在故事中与孩子一起快乐成长。

具体流程：

筹备阶段：①选定活动场地，对接辖区图书馆固定活动场地；②明确活动方案，确定每周定时定地开展亲子故事会活动；③组建讲师及协助服务团队，拟定活动时间、人员安排表。

实施阶段：①利用公众号、现场海报等形式做好活动推广宣传；②定时在公众号及小程序端推出每期亲子故事活动预告及预约报名表；③适龄家庭通过推广活动，自主在小程序端预约报名活动；④讲师及协助志愿者按计划开展活动并做好活动相关资料记录。

总结阶段：①及时在微信社区反馈活动相关图片资料，加大宣传推广；②做好每期活动资料的收集归档。

（3）特色专题阅读活动

结合我们的节日、当前热点主题设计开发形式多样、生动活泼、内容丰富的亲子阅读活动，通过资源融合，走进社区、走进乡村，让亲子阅读真正走进每个家庭。

6. 活动效果

阅读能力是学习能力的核心。初心同行阅读推广中心致力于为黄石孩子打造一个全公益阅读打卡平台，倡导亲子共同阅读、共同生活、共同成长，让新教育阅读理念与行动渐渐融入我市广大家庭教育中。陪伴成长——亲子阅读打卡日记推广活动自2018年启动以来，由初期的摸着石头过河，仅仅是开展常规每周日儿童绘本阅读成长故事和单一的亲子阅读打卡课程，到现在，线下故事会和线上阅读联动，节日主题、季节主题、热点主题各类大型阅读推广活动，辐射各城区，甚至走进乡村，线上和线下辐射影响近万名适龄儿童加入阅读活动，深受广大家长的欢迎和好评，形成了今天相对丰富的公益服务项目格局。

2020年伊始疫情突袭，所有线下活动按下暂停键。1月28日，市妇联、初心同行团队特别推出线上"畅读经典"系列课程4个，我市535个适龄家庭在居家期间参加并坚持打卡阅读，提交14253个亲子阅读打卡音频；六一儿童节，针对今年疫情不能聚集的特点，市委文明办、市妇联、市教育局联合初心同行团队特别设计推出"庆六一阅读伴我成长"系列线上视频阅读比赛，全市50余所学校、2万余户适龄家庭关注活动，13天收到报名表1753份，提交有效参赛视频895份，活动评选优秀作品105份，并于6月1日当日成功举行了首场阅读推广抖音直播活动，收获直播间流量点赞近8000个。同时，积极对接下陆区教育局，开展阅读打卡进校园活动，成功对接辖区55所幼儿园、小学，推出"我和爸爸妈妈一起读书"线上阅读打卡活动，大大提升了线上阅读打卡课程的参与率。在积极开发线上阅读推广资源的同时，团队结合我们的节日主题，在可控范围内开展"中国心端午情""建党节忆党恩""阅读伴重阳"等节日主题亲子诵读活动。同时，主动对接政府资源，开展大型家风家教主题教育讲座、下乡扶智关爱留守儿童阅读推广活动等，以活动传理念、以活动促推广，在全市范围内公益普及亲子阅读活动。

（撰稿人：湖北省黄石市下陆区初心同行阅读推广中心　万艳华）

利用数字资源　协同合作　深耕亲子阅读
——青青故事会案例

1. 活动背景

湘潭是一代伟人毛泽东的家乡，是长株潭城市群"两型社会"建设综合配套改革试验区、长株潭国家自主创新示范区核心成员，辖湘潭县、湘乡市、韶山市等 5 个县市区，拥有湘潭高新区、湘潭经开区两个国家级园区和湘潭综合保税区，总面积 5006 平方千米，人口约 300 万。湘潭市少年儿童图书馆作为三、四线城市的公共图书馆，2014 年设立了湖南省首家公共图书馆绘本馆。为了更好地利用绘本资源开展亲子阅读，2015 年开展了青青故事会活动。该活动是湘潭市图书馆（少儿馆）作为全国亲子阅读体验基地的常规活动，是湘潭市少年儿童主题读书活动，也是"书香校园·经典诵读"系列推广活动和核心价值观教育实践活动之一。每周日上午 10:00，在湘潭市少年儿童图书馆 3 楼绘本馆举行，由阅读推广人、三湘少年儿童阅读之星和文化志愿者们组成的领读者给小读者及其家长分享好故事、分享好书、交流阅读体验、开展阅读相关活动，弘扬中华优秀传统文化。

2. 参与对象

3 ~ 12 岁的亲子家庭，每场活动 30 组家庭。

3. 准备情况

硬件准备：用于播放 PPT 和音视频资料的多媒体一体机、音响和话筒，新语听书体验卡、笔、小风扇等礼物。

资料准备：根据当天参加活动的读者年龄准备相应的故事，利用图书馆的数字资源下载音视频和所讲内容相关的资料。下载资料的平台有：新语听书、学习通、湘潭市图书馆掌上图书馆等。为引导小读者思考，准备 5 ~ 10 个与故事相关的问题。

宣传准备：在湘潭市图书馆微信公众号、湘潭在线、大美湘潭等平台上发布活动信息，包括内容介绍、领读者简介、参加须知。

◎青青故事会活动预告

4. 实施情况

（1）打造绘本馆主题活动

为培养少年儿童关注传统文化，感受传统文化的魅力，打造了"说说我们的节日"系列活动，如在元宵节等传统节日开展了富有节日气息和符合传统习俗的"元宵喜乐会"，向小读者们介绍元宵节的来历，动手包元宵，感受节日气氛，介绍元宵节相关的绘本。此外，还推出了以二十四节气为主题的相关活动，让"70后"张口就来的二十四节气歌重回"00后"的口中，为亲子家庭讲述二十四节气的由来，推荐和节气相关的绘本，如《二十四节气》。开展主题活动，如"谷雨饮茶日""立夏蛋上画画""秋忙会""处暑放河灯"等和当时节气相关的活动。亲子故事会则是青青绘本馆的常规活动，讲述绘本里的好故事，开发绘本里的小游戏，挖掘绘本里的好剧本，充分利用绘本，让小读者在活动中成为讲故事小达人、DIY小达人、表演小达人，从小养成阅读习惯。

（2）丰富小读者假期生活

暑假和寒假是少年儿童图书馆最忙碌的一段时间，也是小读者人数最多的时候。为此工作人员制定了假期安排表，把阅读时间进行规划，如上午10:00之前让小读者们安静地看书，此为免打扰阶段；10:00—10:30则为好书分享活动时间，让小读者把看到的好书告诉其他的小读者，在分享的过程中巩固了看书时的记忆，此为活跃读书气氛阶段；11:00以后利用数字阅读设备开展阅读活动，此为寓教于乐阶段。通过合理安排，利用假期引导亲子家庭阅读相关的内容。

（3）丰富阅读形式

利用数字资源，将数字阅读与纸本阅读相结合，适当地引导亲子家庭利用数字阅读平台，丰富阅读形式。2015年湘潭市少年儿童图书馆购置了超星一体机，2016年购置了哪吒看书阅读平台。从2015年5月份开始，工作人员结合超星一体机、学习通、哪吒看书阅读平台里有关的内容开展数字阅读，让资深播音老师为小读者讲故事，让书里的人物动起来，让多彩的绘本图片放大在眼前，以亲子故事会、领读者故事会的形式开展活动。

◎利用超星一体机开展青青故事会

（4）联合社会力量

开展社会教育、开发智力资源、提供文化娱乐是公共图书馆的重要职能。在推广亲子阅读的过程中充分发挥公共图书馆的资源优势，联合社会力量推广阅读，青青故事会通过和晚报、各中小学校、幼儿园、数字阅读供应商合作，开展形式丰富的活动。

5. 活动效果

至今青青故事会已举办6年、543场，3万亲子家庭参与。通过数

◎在滴水湖学校开展青青故事会《图书馆狮子》

字阅读资源和纸本图书资源相结合，在湘潭市文化旅游广电体育局、湘潭市妇联、湘潭教育局的大力支持下，打造出说说我们的节日、亲子故事会、二十四节气故事会、十二生肖故事会等系列故事会。青青故事会还加入"书香校园·经典诵读"系列活动、湘潭市少年儿童主题读书活动、书香伴成长·认知图书馆活动和小小图书管理员培训中。青青故事会作为湘潭市少年儿童主题读书活动的内容之一，在2016年湖南省公共图书馆服务成果评奖中，湘潭市图书馆少儿馆的"湘潭市少年主题读书活动"荣获一等奖；2018年湘潭市少年儿童主题读书活动获国家公共文化服务体系示范项目，得到了包括湘潭在线、大美湘潭、湘潭文明网、湘潭都市频道等媒体的多次报道，获得了较好的社会反响。

（撰稿人：湖南省湘潭市少年儿童图书馆　沈　婧）

书香助力战"疫"，阅读通达未来
——以艺抗疫 携手共读

1. 活动主题

为进一步构建"书香益阳"，为益阳市精神文明建设贡献力量，益阳市图书馆呼吁更多亲子家庭积极参与到全民阅读活动中来，从阅读中获得新知，在阅读中享受快乐，使读书学习成为一种内在的生活方式，并在阅读中传递力量、坚定信心，共迎抗疫全面胜利！

益阳市图书馆组织承办开展的"书香助力战'疫'，阅读通达未来"全民阅读活动共包括四大阅读主题活动："我在益阳——为武汉加油"少儿公益书画主题绘画线上征稿和线上投票活动、寻找"共控疫情 最美宅家悦读者"主题摄影展、"敬畏自然 守护生命"致敬逆行的英雄主题征文、"文化游园·爱心赠书"和"我们的节日——清明"经典诗歌线上诵读活动。

2. 活动背景

2020年初，新冠肺炎疫情肆虐，一场没有硝烟的战役打响，在党中央、国务院的坚强领导下，全国人民众志成城、共克时艰，一手抓疫情防控，一手抓复工复产。益阳市图书馆为表达对"最美逆行者"的崇高敬意，增强人民群众抗疫信心，激励复工复产热情，引导人民群众步入正常工作生活，借书香助力，凝聚全市亲子家庭阅读正能量。用笔抒发抗疫豪情、用文字送温暖、扬大爱、传祝福；用图片记录抗疫过程、传递抗疫精神，用"文化游园·爱心赠书"助力打赢疫情防控攻坚战。

3. 参与对象

活动自2020年3月份启动以来，受到我市亲子家庭的高度关注，截至6月底，近 15 万人参与了我馆组织的线上线下阅读活动。

4. 准备情况

自疫情暴发以来，全国上下倡导居家抗疫，宅家读书，充实自我，就是爱国爱社会的行动。读一本好书，会让人心情平静和愉悦，会看到不同时空的世界和人生，开阔视野，也学到很多知识。为做好疫情防控工作，益阳市图书馆积极行动，接连推出多个防疫妙招，让读者足不出户，便可在我馆移动图书馆公图版 APP 和市图书馆微信公众平台上免费获取海量资源（图书、期刊、视频、讲座等），读者通过打卡签到、发表书评、转发、点赞等方式和亲朋好书共读一本好书，打开阅读之窗，发现更多美好与温暖。我馆在官网和微信公众号上号召、组织亲子家庭一同参与"我在益阳——为武汉加油"少儿公益书画主题绘画线上征稿和线上投票活动、寻找"共控疫情 最美宅家悦读者"主题摄影展、"敬畏自然 守护生命"致敬逆行的英雄主题征文、"我们的节日——清明"经典诗歌线上诵读活动。通过前期的征集作品和线上投票，择优选出部分抗疫绘画、征文和主题摄影展作品制作成户外抗疫写真板，购买了相应奖品和证书。在"文化游园·爱心赠书"活动中为亲子家庭制作了游园打卡奖状纸、号码牌、拍照背景墙、爱心捐赠书的图标等。

5. 实施情况

2020 年，益阳市"书香助力战'疫'，阅读通达未来"全民阅读活动于 4 月 19 日上午在益阳市奥林匹克公园内冠军林广场举行。此次活动由中共益阳市委宣传部、市文化旅游广电体育局、市新闻出版局、共青团益阳市委、市妇女联合会、市新华书店联合主办，益阳市图书馆学会、益阳市图书馆共同承办。

活动当天，益阳市图书馆号召市民在做好疫情防控的前提下，优选了千余种好书，将选书的主动权交给每一位读者，现场办证支持手机支付宝自助办理，即可把新书免费带回家。在"文化游园·爱心赠书"活动中，参与的亲子家庭齐集奥林匹克公园，在 4 处打卡点打卡后兑换新图书一本，写上读书寄语后捐赠给贫困地区儿童，携手共读。活动现场同时展出了"共控疫情 最美宅家悦读者"主题摄影展和"我在益阳——为武汉加油"少儿公益书画主题绘画展的获奖作品供市民读者欣赏，为部分获奖者颁发证书和书卡。

6 月 1 日和 6 月 23 日，益阳市图书馆将"文化游园·爱心赠书"活动中已写好寄语的图书分别送至益阳市金银山街道西流湾社区壹基金儿童服务站和资阳区茈湖口五星小学，这 2 次赠书活动丰富了留守儿童和贫困学校的孩子们的课外阅读生活，帮助他们实现图书阅读的梦想，受到社区、老师和孩子们的欢迎。我馆也号召更多市民读者让手中闲置的书籍流动起来，让更多亲子家庭能从书中汲取知识营养，共享读书的快乐。

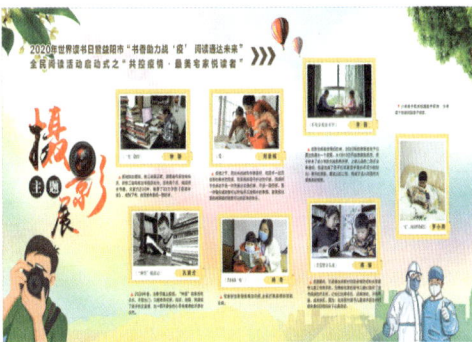

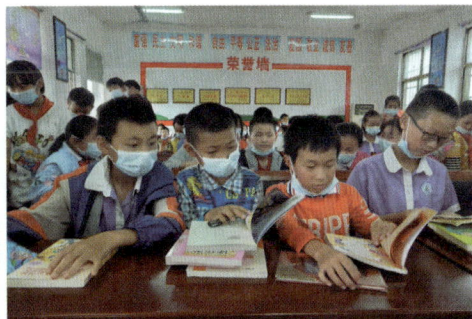

6. 活动效果

本次活动以"书香助力战'疫',阅读通达未来"为主题,倡导全市市民行动起来,营造崇尚学习、热爱阅读的良好氛围,开创全民阅读新时代,凝聚阅读正能量,坚定信心,助力打赢疫情防控攻坚战。寻找"共控疫情 最美宅家悦读者"活动,共征集摄影作品 100 余幅;"我在益阳——为武汉加油"少儿公益书画主题绘画展共征集作品 200 余幅;网络投票数 14 万;征集"敬畏自然 守护生命"致敬逆行的英雄主题征文 40 多篇;购买"文化游园·爱心赠书"活动图书 1300 余册。活动得到了湖南日报、中国网、红网、益阳市广播电视台、益阳日报、益阳在线等媒体支持,且得到了广大市民读者的高度关注和肯定

（撰稿人：湖南省益阳市图书馆 黄赛军 姚 瑶）

"游读"：让阅读的效果在游历中升华

1. 活动主题

立足高尚、顺应天性、激发潜能。

2. 活动背景

家庭是人生的第一个课堂，父母是孩子的第一任老师。在当今时代，如何提高孩子的阅读兴趣、培养孩子的阅读习惯、与孩子共育家庭书香氛围，如何破解亲子阅读"流于形式、囿于教材、拘于内容、难于坚持、虚于效果"的困局？湖南省湘潭市九华和平科大小学打破常规，创新性地推出了"游读"活动，将读书与游览祖国大好山河有机结合，引导和鼓励学生家庭采用"读＋教＋游"的方式开展亲子阅读，帮助学生自觉地扣好人生的第一粒扣子。

3. 参与对象

亲子家庭，本文以湖南省湘潭市九华和平科大小学二年级 1903 班邓聿安家庭为例。

4. 准备情况

活动场地：室内教学以家庭、学校、图书馆、书店为主要地点；室外教学以家乡湖南湘潭为中心，慢慢扩展到湖南和幅员辽阔的中国。

材料准备：可以是一册绘本、一张地图、一幅漫画或新闻里的一个故事。"游读"时，带上国旗、赴游地基本情况和相关的传说、成语、典故以及英雄人物等资料。

组织形式：以家庭为单元或几个家庭组团出行，条件许可时，也可由班级组织学生家庭进行短程的"游读"。

5. 实施情况

（1）兴趣与阅读结合。邓聿安在一岁左右跟家人坐火车时，就对火车特别感兴趣。于是，家人就给他买火车的绘本，讲火车的故事。《火车立体书》《揭秘火车》《肚子里的火车站》《小火车登场啦》等跟火车相关的绘本书籍，每一本他都爱不释手，每个内容都听得津津有味。开始识字后，家人又给他买了《内燃机车的故事》《高铁动车的故事》《火车带我去旅行》等读物，让他学会自主阅读。后又为他订阅了《中国铁路》《铁道车辆》等杂志并辅导他阅读。通过听与读，不到4岁，他就学到了许多关于火车的知识。他一眼就能认出身边飞驰而过的列车是快客还是直达、是高铁还是动车、是城铁还是轻轨、是和谐号还是复兴号。

（2）阅读与体验结合。各式各样的火车，他从书上看到了、认识了。看到新奇的火车，就要家人带他去坐。他坐着火车到过冷的哈尔滨，到过热的吐鲁番，到过北面的阿勒泰，到过南面的海南岛，到过东面的青岛和宁波，到过西面的霍尔果斯，到过海拔最高的火车站——安多车站。他坐过双层火车，亲历过火车过海，体验过青藏铁路上进藏火车的梯次供氧。他坐着火车看到了风格迥异的地形地貌，接触了充满异域风情的少数民族，品尝了多种风味美食。每次体验，都让他对奇妙的世界充满了无限想象，激发了他探寻知识的浓厚兴趣。

（3）体验与思考结合。为什么会有时差？为什么戈壁滩没有树？为什么冬天的松花江上可以走汽车而珠江不能？为什么北方的马很高大而贵州的马很矮小？为什么藏族同胞经常袒露着一条胳膊？大渡河有没有铁路？井冈山到延安有多远？……他不再局限于对火车相关知识的渴求，他希望了解更多知识。于是《十万个为什么》《一千零一夜》《安徒生童话》《唐诗三百首》《地理百科全书》《脑筋急转弯》等许多书籍都成了他的最爱，而《成语词典》则是他每次出游的必备之物。

（4）思考与行动结合。"沙漠里长不出花草是因为没有水，我们要节约用水""黄河的水真黄，要让黄河水清就要多植树""青藏高原是野生动物的天堂，要爱护野生动物"……这些均出自6岁的邓聿安之口。每次"游读"他都会有所感想、有所启发，也有所行动，他也因此成长为一名懂道理、知礼节、有品位、富情趣的少先队员。

6. 活动特色

（1）寓读于游。迎合他的兴趣，在他尚未识字时就带他坐火车旅游，借此让他认字、识图、辨方位、长知识。尔后，又给他讲关于火车的故事，教他看火车的书籍，引导他增强读书兴趣。随着年龄增长，旅游的方式和阅读内容不断拓展。至今，他已在家人陪伴下游历了我国大陆所有的省、自治区和直辖市。

（2）因游生思。每次旅游，通过书籍与实物的相互印证，对孩子开展一次关于当地风土人情、历史文化和革命传统的现场教学，都会使他有所感知和思考。每一次"游读"，邓聿安都会以日记的形式进行简单描述和评点。至今，他已经写下了2本厚厚的日记。

（3）由思而行。"游读"让他见识更广、兴趣更浓、学习劲头更足。每次阅读，他都想要去故事发生地更深入地了解故事，想要试着编一编、讲一讲故事让大家开心。为此，他也爱上了实验，爱上了演讲，更爱上了读书。2019年，他在"小小阅读推广人"演讲活动中作了"我和我的火车们"主题分享，被推选为湘潭市莲城读书会年龄最小的"阅读形象大使"。2020年，他又参加全省"绿书签"线上闯关答题活动，成功闯关，成为湘潭市年龄最小的"绿色阅读小达人"。

7. 成效及影响

该案例以"读万卷书，行万里路，悟万般道理"为目标，将亲子阅读与参观游览有机融合，依托书本又跳出书本，以祖国各地的风景、风物、风情以及风流人物为生动教材，并进行现场讲授，让孩子亲身感受，从而提高了孩子的阅读兴趣，激发了孩子丰富的想象力和无限潜能，也传承了中华民族的传统美德，收到了一举多得的效果。如今，九华和平科大小学这一"游读"方式越来越被人们所认可，越来越多的家庭向邓聿安家庭学习，湘潭市亲子阅读活动的氛围越来越浓郁，效果越来越显现。

（撰稿人：湖南省湘潭市九华和平科大小学　李　莉）

"阅读接力 为爱发声"

——家庭亲子阅读主题活动

1. 活动主题

最好的方式是陪伴，最好的陪伴是亲子阅读，长沙市妇联以儿阅之家为基地，通过"线上社群＋线下活动"搭建亲子共读平台，通过亲子阅读、亲子创作等形式的活动，为广大家长和亲子阅读参与者宣传阅读的重要性及解答困惑，帮助其走出早期阅读教育误区，通过正确的亲子阅读方式激发孩子阅读兴趣，促进孩子读写能力的发展。

2. 活动背景

2020年初，在疫情之下，全民宅家的自我隔离日子里，为迎接 2020 年 4月 23 日第 25 个世界读书日，帮助小朋友们养成良好的阅读习惯，感受阅读的魅力，长沙市妇联开启 2020 年世界读书日"阅读接力 为爱发声"长沙市妇联家庭亲子阅读主题活动，旨在用童声、画笔、童言，记录这段时光，激发广大家长和孩子的家国情怀、民族精神。让更多的家庭参与亲子共读，让更多的家长学会正确的亲子阅读方式，提高孩子们对阅读的兴趣，进而爱上阅读。

3. 活动形式

"听，大自然在说什么？"活动主要通过"线上社群＋线下活动"搭建亲子共读平台，以完成挑战任务的形式来开展：阅读一本书，化身为书中的某个角色发声；提交一件垃圾分类、美丽家园等自然环保主题作品（绘画、手工、小实验）等；写一封信给大自然或某人，用清澈的童声、多彩的画笔、真挚的语言，记录这段非同寻常的亲子陪伴时光，凝聚起向上向善的家国情怀。

4. 实施情况

活动为全市的小朋友及广大家庭准备了"打赢阻击战，书香飘万家"家庭亲子阅读主题活动的文化大餐。活动从2020年2月底开始筹划，3月底通过网站、微信等线上平台发布宣传通告，4月2日—30日，通过投稿的方式，开展了"我想对你们说"视频征集。通过阅读一本书，化身为书中的某个角色，来录制一分钟以内阅读分享小视频；通过"我想创作什么"，征集自然环保主题作品（绘画、手工、小实验）；通过"我想给TA写一封信"，征集写给大自然或某人（抗疫一线的医护人员、武警、各执勤人员、社区工作人员、志愿者、亲朋好友等）的一封信。从4月2—23日，短短的22天，收到了1700多个家庭的投稿，其中视频576个，自然环保主题作品801幅，信225封。评选出100幅优秀作品，分期在长沙女性网、魔术老虎公众号等平台进行展示，并在《漫画周刊》选发，更多优秀的作品在家庭亲子阅读活动的各类平台展示。

活动期间每周组织一次由作家、出版社编辑或资深阅读推广人进行的家庭亲子阅读线上分享活动，分别开展了"听，大自然在说什么""一场人和动物关于生命的对话""打开阅读的奇妙世界""阅读接力 用爱发声"四场直播，1500多人参与线上分享。在直播过程中送出68本书，4张阅读卡给到参与的幸运家庭。活动期间还围绕"垃圾分类我先行，美家美妇在行动"的主题，在长沙女性微信公众号上组织"听，大自然在说什么？"垃圾分类图文海报宣传活动（共10期），在长沙女性网上图文展示：#它说#生命之水 、#它说#天空之城 、#它说#多彩大地 、#它说#森林污染 、#它说#海洋污染 、#它说#湿地污染 、#它说#城市污染 、#它说#能源浪费 、#它说#环境教育 、#它说#生态文明 ，传递环保理念，倡导大家爱护地球，环保践行保护我们人类共同的家园。

5. 活动效果

（1）充分连接、调动各方力量参与

本次活动由长沙市妇联主办，长沙市妇联网络新媒体中心、长沙市阅量亲子阅读推广中心承办，长沙市家庭教育学会、湖南省寓言童话文学研究会、长沙市妇女儿童社会组织服务中心、长沙政和社会工作发展中心、长沙市开福区家庭教育综合服务中心、长沙市优儿帮儿童健康公益服务中心、长沙市天心区合力社会工作服务中心、益生军公益联盟等协办，得到了各区县（市）、高新区妇联、市直妇工委、市直系统妇工委、市税务系统妇联以及湖南少年儿童出版社、魔术老虎工作室、《漫画周刊》杂志社、小当当童书馆、绿色潇湘、樊登小读者等 10 多家机构的大力支持。

（2）激发儿童阅读的兴趣，培养孩子和家庭持续阅读的好习惯

儿童通过阅读获得知识、开阔视野、认识世界，阅读能力也是工作生活中必不可少的技能。亲子共同阅读提升了孩子阅读的兴趣，提高了孩子专注力及综合学习的能力，通过阅读书中的故事，学做人做事，陶冶情操，提高文化修

养和鉴赏水平。在家长的引导、参与和示范作用下孩子参与度、热情更高，效果更好，通过日积月累养成良好的阅读习惯。

（3）改善亲子关系，融洽家庭氛围，培养健康生活方式

挑战活动并不是孩子一个人就能完成，除了作品展示的主角，还需要其他家庭成员的视频录制、发送等多项事务，交流沟通、分工合作、统筹协调都在一个个完成的作品中完成。疫情下慢节奏的生活，让家庭成员间接触时间变多，良好的家庭阅读习惯促进了家庭成员情感的交流。

（撰稿人：湖南省长沙市妇女联合会　李艳清）

"红茶书屋" 系列活动

1. 活动背景

2019 年 4 月，在世界读书日来临之际，海珠区妇联、海珠区文明办在海珠区琶洲国茶荟文化广场举行 "诵读新时代、好书好家风" ——海珠区妇联 "红茶书屋" 发布会。通过积极倡导培养家庭成员爱读书、共读书、读好书的良好习惯，形成积极健康向上的生活方式，通过阅读涵养良好家风，促进家庭和谐稳定，培育和践行社会主义核心价值观。

2. 参与对象

儿童及家长，参与人次达 400 万。

3. 准备情况

线下场地：海珠区国茶荟负一楼及广州市女创中心。线上平台：开设 "红茶书屋" 直播抖音号、海珠妇联 "红茶书屋" 微信公众号。项目设计及材料准备：以海珠区妇联为主，以讲座、沙龙、论坛及亲子家庭活动的形式开展。

4. 实施情况

该项目整合多方资源，立足家庭，扎根社区，面向社会开展形式多样的活动。有结合传统节日节庆开展的弘扬中华传统文化活动，有面向广大家庭的好家风好家教宣传、沙龙、论坛活动，有线下活动，也有线上活动。

2019 年 8 月，"红茶书屋" 进驻南国书香节，4 天共举办了 17 场阅读主题活动，3000 多名群众现场参与活动，成为南国书香节上一个广受群众喜爱的网红点。广泛发动家庭参与 "百百书" 亲子阅读打卡，共有 17 所学校，246 个家庭参加。联动企业、社会组织和群众捐书、捐课、捐声，凝聚社会力量推动家庭阅读的深入开展。2020 年，南国书香节期间，"红茶书屋" 再次举办的 7 场线上 + 线下联动的活动，达到近 200 万人次的观看量。活动邀请了中国诗词大会总冠军、名作家、著名教授等公众名人参与，同时也有省家庭教育协会、省教育学会中小学生阅读研究专业委员会、广东省社会学学会潜能开发专业委员会等行业机构，朗声出版社、傅邦音乐馆等企业，还有千万亲子家庭的群众基础，在共促亲子阅读社会参与度大幅提高的同时，形成了阅读推广的磁吸效应，实现了书香飘万家、书韵启心智、书味塑灵魂的成效。

◎ 2019 年 4 月 21 日"红茶书屋"揭牌仪式

◎ 2019 年 4 月"红茶书屋"揭牌仪式上成立广州市海珠区新时代文明实践阅读"红茶书屋"家庭悦读推广服务队

◎ 2019 年 5 月 19 日"红茶书屋"家庭阅读计划启动仪式

◎ 2019 年 9 月，结合"我们的节日——中秋"开展弘扬传统文化，共庆中秋活动

◎ 2020 年"抗击疫情，幸福悦读"暨新时代文明实践——"红茶书屋"小记者建站启动仪式

◎ 2020 年 8 月 20 日开展广州市"书香飘万家行动""书香家庭阅读行动"启动暨"南国书香节"红茶书屋阅读社区行活动

5. 活动效果

自项目开展以来，共举办系列活动 50 余场，累计影响、带动、吸引各类家庭近 400 万人次广泛参与。

（1）"1+N"模式产生社会参与的磁吸效应。2019 年，区妇联在琶洲中洲中心国茶荟搭建"红茶书屋"实体平台，以积极传播社会主义核心价值观为导向，以弘扬中国传统礼仪文化为基础，以推动阅读成为一种生活方式为途径，以家庭共读，涵养良好家风为目标，积极对接各方资源，引领广州公益阅读潮流，扎实推动家庭文明创建。经过一年多的探索，逐步形成了"1+N"的发展模式。"红茶书屋"这"1"个核心平台不断健全，其链接、整合"N"方资源参与推广家庭亲子阅读的能力不断提升，其中既有广东广播电视台等媒体力量，也有中国诗词大会总冠军、著名作家、著名教授等公众名人，有省家庭教育协会、省教育学会中小学生阅读研究专业委员会、省社会学学会潜能开发专业委员会等行业机构，朗声出版社、傅邦音乐馆等企业，还有千万亲子家庭的群众基础，在亲子阅读社会参与度大幅提高的同时，形成了阅读推广的磁吸效应，实现了"书香飘万家、书韵启心智"、书味塑灵魂的成效。

（2）"线上+线下"同频共振，公益阅读辐射能力和品牌影响力不断提升。除实体平台之外，"红茶书屋"公益阅读还积极开拓线上平台，在开设的"红茶书屋"抖音号、海珠妇联红茶书屋微信公众号等自媒体上进行宣传推广，同时依托省内外新媒体如新花城、南方、《广州日报》、瞭望中国、新华网、中国报道等进行全媒体展播，形成了线上和线下互动推广的闭环。南国书香节期间，红茶书屋的公益阅读活动场场爆满，单场活动直播观看量仅在花城上就逾 46 万人次，这一数据目前仍在持续攀升，传播辐射能力增强。而精准的线上传播数据分析，为进一步优化公益阅读内容、提升公益活动质量提供了量化标准与支撑，促进了红茶书屋公益阅读品牌影响力的提升。

（撰稿人：广东省广州市海珠区妇女联合会　蔡　婧）

"玉兰花开　愉阅东莞"系列活动

1. 活动背景和主题

东莞市妇联将家庭亲子阅读与探索市域社会治理现代化工作相结合，以"书香飘万家"为主题，打造"玉兰花开　愉阅东莞"亲子阅读品牌，通过"一个书屋、十个活动、百个书包、千户书香之家、万家亲子阅读"模式，凸显东莞海纳百川的博大城市精神，引领父母和孩子一起愉快阅读，读出感恩上进，读出仁爱友善，读出家国情怀，在相伴阅读中共同成长，追逐百年梦想，为推动"湾区都市、品质东莞"建设迈上新台阶贡献力量。

2. 参与情况

2016年以来，依托市、镇、村三级妇联，举办家庭亲子阅读活动3000场次，18万人次参与；其中全国书香之家8户；省十大书香之家9户；省优秀书香之家9户；培育市级书香之家570户。

3. 准备情况

一是机制建设，将亲子阅读纳入"玉兰姐姐"家教计划。以弘扬好家风为切入点，以激发广大亲子家庭的家国情怀、爱国热情、民族精神为主线，将亲子阅读作为科学育儿、家风建设、绿色环保、心理健康、安全教育为主的"玉兰姐姐"家教计划"5+N"课程体系中的重要组成部分和在家庭中实施家庭教育的重要方法。

二是树立标杆，发挥全国首批家庭亲子阅读体验基地示范作用。以全国首批家庭亲子阅读体验基地东莞市妇女儿童活动中心为核心，辐射带动全市592个村和社区、777个"妇女之家"、666个社区家长学校、36个白玉兰家庭服务中心等妇联阵地，引领东莞市家庭教育促进会、蓝海家园等家庭教育社会组织，自上而下开展"玉兰花开　愉阅东莞"家庭亲子活动。

三是常做常新，将亲子阅读与家庭工作有机结合。将"玉兰花开 愉阅东莞"打造成为新时代文明实践的有力抓手，通过亲子阅读方式将家庭文明、家庭教育、垃圾分类等全市大局工作通过声音、文字、图片传播到家庭，传播到全市公共场所。

4. 实施情况

"玉兰花开 愉阅东莞"亲子阅读品牌，通过"一个书屋、十个活动、百个书包、千户书香之家、万家亲子阅读"模式，在全市开展亲子阅读推广活动，为市民提供便利的亲子阅读场所、科学的亲子阅读书籍、有趣的亲子阅读活动、贴心的亲子阅读服务，让来了东莞的外地人也能感受到新家的温暖和家乡的亲切。

一是开拓1个"玉兰花开"愉阅书屋。将亲子阅读融合进妇联系统阵地建设，在全市33个镇街（园区）创新开拓公共场所母婴室、"玉兰花开"巾帼家美积分超市等亲子阅读的融合场所，将一个个亲子阅读书架带进商场、政务服务中心等人流量大、亲子群体多的地方，提供便利的亲子阅读场所。

二是设计10个"玉兰花开"愉阅实践活动。加强顶层设计，以生命教育、公民教育、敬畏教育、使命教育4个重点示范指导全市各级妇联创新开展

◎"用心陪伴，共同成长"2020东莞市"玉兰姐姐"家教计划暨万江儿童公园揭牌仪式

◎"看见幸福'阅'出梦想"作品展板

◎流动书籍共享阅读启动仪式

◎万江儿童公园亲子阅读书架

各类亲子阅读实践活动，如阅读当地历史的"行走的阅读"，体现各地方言特色的"方言读绘本"，紧跟潮流的"抖音读绘本""艺术亲子阅读"等活动。培育、组建幼儿绘本阅读辅导员志愿队伍等，创新、丰富亲子阅读载体，提高服务队伍水平。

三是发放百个"玉兰花开"愉阅书包。每年国际读书节，市妇儿活动中心推出年度推荐书单，向全市家庭推荐适龄书籍。抓住节日时机，结合慰问活动，向贫困儿童家庭发放"玉兰花开"愉阅书包，分年龄段挑选适龄书籍，让贫困儿童家庭在接受物资帮扶的同时扶志扶智。

四是创建千户"玉兰花开"愉阅之家。东莞市妇联作为东莞市读书节协调小组成员单位，每年面向全市市民开展"书香之家"创建工作，全市各级妇联系统广泛发掘、积极培育，选出了千户"书香之家"，并为"书香之家"提供平台分享亲子阅读经验，辐射影响更多家庭。

◎"行走的阅读"系列活动——走进中食营科

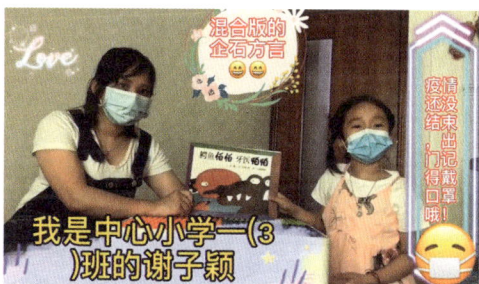

◎"看见幸福 '阅'出梦想"2020家庭亲子阅读系列活动——方言读绘本

◎东莞市妇联主席黄伟青为困境儿童家庭派发阅读书包

◎东莞市黄江镇"书香飘万家"亲子阅读夏令营

五是形成"玉兰花开　愉阅书香"进万家的亲子阅读的良好氛围。通过一系列活动和场所、人员建设，为全市家庭提供便捷的亲子阅读场所和服务，强化家庭自身的亲子阅读认知和技能，通过有效的亲子阅读促进良好的亲子关系，不断正向强化亲子阅读家家参与的良好氛围。

5. 活动效果

东莞妇联夯实亲子阅读基础，细水长流、静待花开，将亲子阅读作为增进亲子关系、家庭关系和促进家庭成长的桥梁，探索促进家长和儿童成长、沟通、亲密关系的简单易行、行之有效的办法，强化家庭工作的抓手，主动融入优化市域社会治理的自治体系，成为解决社会问题的有力臂膀。目前该活动年服务达 3.5 万余人次，成为东莞亲子阅读的一张闪亮品牌。

（撰稿人：广东省东莞市妇女联合会　陆　军）

"看见幸福　'阅'出梦想"
——"4·23"世界读书日亲子共读活动

1. 活动背景和目的

为充分发挥家庭阅读对培育家国情怀、传承良好家风的重要作用，让社会主义核心价值观植根于儿童心中，以好的家风支撑起好的社会风气，2020年，在新冠肺炎疫情的特殊时期，韶关市妇联全面贯彻落实习近平总书记重要指示批示精神和党中央、省委、市委关于疫情防控的工作部署要求，坚持不聚集、不扎堆，停课不停学的原则，勇于创新，灵活调整活动形式，充分利用新媒体的功能，以"看见幸福　'阅'出梦想"为主题，举办2020韶关市"4·23"世界读书日亲子线上共读半小时打卡活动。

2. 参与对象

优秀老师、知名主播、退休干部、学生等1.13万人次。

3. 准备情况

韶关市妇联依托风度书房、村（社区）妇女之家、儿童之家、家长学校、家庭教育指导服务站点以及市区各幼儿园等平台，号召广大亲子家庭通过线上朗读、打卡、投稿等形式积极参与亲子共读活动。

4. 实施情况

（1）成立"最强地表导读团"，干货满满

在2020年4月21—月27日，韶关市妇联联合韶关市武江区朗诵学会，强强联手，精心选拔了14位优秀导读者组成韶关市线上亲子阅读导读团。线上亲子阅读共分为14个板块，每一位导读者负责一个板块的内容。为了给亲子家庭带来不一样的体验与感受，他们精心挑选作品，认真备课，紧紧围绕弘扬中华优秀传统文化、培养良好家风家训等主题为不同年龄段的亲子家庭设计了 14 个风格独特的板块，其中"调逸声高经典诵读""若水茗心""共读童诗·悦享童心""快乐读书吧""那些年我们读过的课文""樱语菲菲""一家读书""共同成长""Helen 为你双语朗读""风起的时候""大地如歌""家国情怀咏举国抗疫和致敬抗疫英雄""战'疫'同心""美文共读"等"自助餐"式的阅读分享课程受到了亲子家庭的欢迎和好评。

（2）开通首个亲子阅读线上直播，惊喜不断

◎侯忻岑亲子家庭朗诵表演

◎彭岷胜、彭海玲亲子家庭朗诵表演

◎直播盛况

在线上打卡活动的第三天，恰逢"4·23"世界读书日，当晚 8 点，韶关市妇联利用线上最流行的抖音直播平台，特邀亲子家庭表演朗诵；现场答疑让孩子们有更多了解和学习；设置抽奖环节，为幸运观众送去精美图书，活动创新不断，惊喜不断，让大家在书香中品味幸福，在亲情中感受快乐。

直播活动灵活、形式新颖，不仅有诵读分享、现场问答，还有抽奖环节，高潮迭起，这是韶关市妇联利用新媒介开展线上亲子阅读系列活动的首次创新尝试。

（3）活动设计灵活新颖，收获多多

活动除了以线上共读半小时为主打，还增加了"最美书签——我为读书日代言""最美悦读时光"

的内容，增强活动的可视性。在打卡活动里，参与的家庭每天坚持呈现各自的作品，想方设法为参与活动的群友记录美好的阅读时光。每天近 800 个亲子家庭通过线上朗读、打卡、投稿等形式参与了亲子共读活动，每天晚上大家大胆发声，读书热情高涨，不断分享亲子阅读的音频、视频，此起彼伏的琅琅书声让书香飘进万家！大家在打卡时上传的每一张阅读相片，展现了一个个温馨和谐的亲子共读画面。在每一个参与的家庭中，做到以书为媒、以阅读为纽带，增进亲子关系。充分发挥了亲子阅读对培育家国情怀、传承良好家风的重要作用，为促进全民阅读，共建善美韶关、书香韶关添上了一道亮丽温馨的风景，共同点亮了这个有声有色的世界读书日。

为了扩大活动的声势，在"最美书签——我为读书日代言""最美悦读时光"的活动中，把各个家庭的亲子阅读相片，配上一句最爱的读书格言制作成读书日海报或个性化书签，还把参与"最美书签"活动的相片素材制作成视频，通过市妇联微信公众号充分展示出来，活动高潮迭起，营造了浓厚的亲子阅读氛围。

5. 活动效果

本次活动，市妇联广泛号召全市家庭成员积极踊跃参与，参与人数达 1.13 万人次，有效地培养了孩子阅读的兴趣，锻炼了他们的表述能力，拓宽了他们的眼界，培养了他们独立思考的能力和情操，促进了父母和孩子的交流，产生共鸣，让更多家庭爱上了亲子阅读，享受亲子阅读，让家庭飘满书香，让阅读浸润心灵，用亲子阅读营造良好的家庭氛围。

（撰稿人：广东省韶关市妇女联合会　汪　波）

"绘本润童心"系列活动

1. 活动背景

亲子阅读是家庭教育的有效方式之一。为全面贯彻习近平总书记关于注重家庭、注重家教、注重家风的指示精神，深入落实中共中央、国务院关于全民阅读的重要部署，充分发挥妇联组织和广大妇女在家庭文明建设中的独特作用，2020年广东省中山市火炬开发区妇联以"亲子共读绘本"为亲子阅读的介入方式，以"绘本润童心"为主题，在全区开展亲子阅读推广活动。

2. 参与对象

参与对象为广东省中山市火炬开发区2～6岁儿童及其家庭，2020年1月实施至今，服务逾25000人次。

3. 准备情况

活动场地为火炬开发区亲子阅读基地，由火炬开发区妇联主办，位于区群团组织综合服务中心内，面积2600平方米，内有儿童阅览室、舞蹈室、声乐室、讲学厅、多功能厅等活动场馆。儿童阅览室配备有儿童绘本6000册，儿童图书2000册，专用电脑、投影、儿童桌椅、门禁系统等设备。

基地成立之初，火炬开发区妇联以服务购买的方式，联合北师大高校教育资源和国内著名儿童阅读推广人易锐昌，开展"心阅读"绘本指导公益课堂项目，为基地软件设置提供专业支持力量。易锐昌老师通过线上绘本课程策划、远程辅导、实地观摩指导、开展主题讲座等方式参与基地建设。2020年起，基地联合中山市十大亲子阅读推广人吴军委老师，筹建亲子阅读推广志愿者队伍，围绕"亲子共读绘本"策划开展线上"亲情陪伴，快乐宅家"亲子绘本故事会、"阳光下的花朵"亲子绘本故事视频征集大赛；线下亲子绘本导读课堂、亲子故事会等系列富有特色的亲子阅读推广活动。2020 年基地获评为"全国家庭亲子阅读体验基地"。

4. 实施情况

（1）线上汇集视与声，绘本牵起亲子手

特殊时期、特殊课堂："亲情陪伴，快乐宅家"亲子绘本故事会。2020 年初疫情来临时，为了倡导居家防疫，鼓励家长利用居家时间陪伴孩子"共读"绘本，火炬开发区妇联、区亲子阅读基地以"亲情陪伴，快乐宅家"为理念，联合基地志愿者开展中外优质绘本故事讲读服务，内容包括：绘本故事音频录制、绘本故事介绍、绘本故事内页图文展示。通过微信公众号线上每天推送一期的方式，为本区的亲子家庭荐读优质绘本，服务实施至今已录制绘本音频故事 285 期，阅读浏览量逾 2 万人次，留言栏上常常收到本区家长表达的喜爱和支持。区亲子阅读基地将把这项服务做成常规服务，鼓励家长以绘本为媒，与孩子共学共成长。

◎志愿者们在家中为孩子们录制绘本音频

在光与爱中成长："阳光下的花朵"亲子绘本故事视频征集大赛。2020 年 4 月 16 日—6 月 6 日，火炬开发区妇联联合区教育事务指导中心举办"阳光下的花朵"——亲子绘本故事视频征集大赛。大赛以 100 本经典绘本故事为推荐素材，以亲子共读共演为展示方式，共收到全区各公办、民办小学及幼儿园择优推送的作品 73 个，作品内容有全家总动员进行绘本故事角色扮演、家长带领孩子一对一导读绘本、话剧小品形式展示等。经专家评审，共评出 32 个作品分获幼儿组及小学组的金、银、铜奖。绘本是光，共读有爱，火炬开发区亲子阅读基地为亲子阅读打造温暖有爱的展示平台，旨在教育引领本区家长重视亲子阅读，重视陪伴孩子健康成长，推动美好家庭建设。

（2）线下播撒知与乐，绘本联通亲子心

阅读悦美：绘本导读亲子课堂。2020 年 5 月，区亲子阅读基地重启线下绘本导读亲子课堂，邀请区亲子阅读推广志愿者担任课堂讲师，通过线上报名、线下亲子组队参与的方式，以本区 2 ~ 6 岁儿童及其家长为主要服务对象，开展优质绘本导读和主题延伸创意活动。课堂上，亲子阅读推广志愿者以绘本寓意领会、绘本所涉知识点普及和亲子导读策略为主要内容，带领家长与孩子通读、精读绘本。绘本导读亲子课堂每 2 周开展一次，限定招募 15 对亲子，2020 年共开展活动 11 期，服务亲子家庭逾 330 人次。

孩子"舞台"：亲子故事会。2020 年 8 月，区亲子阅读基地举办首期亲子故事会，通过线上信息发布，自愿自备绘本故事的形式预约参加。故事会以孩子讲述绘本故事为主要内容，讲述方式可以是孩子单人讲述、亲子共述，也可以是孩子单人演绎或亲子家庭成员共同演绎。灵活有趣的活动形式加上孩子就是主角的身份认同，让孩子们很快就爱上了这个活动，截至 11 月，故事会共开展 6 期，每期限定 50 个家庭，活动参与逾 600 人次。

走进校园：亲子阅读家长讲座。2020 年 8 月，区亲子阅读基地联合中山市十大亲子阅读推广人吴军委老师为本区家长开展公益亲子阅读专题讲座，以走进幼儿园与家长面对面的形式，介绍经典优质绘本，诠释树立亲子阅读观

的重要性，引导家长有趣地带领孩子参与共读。以群团组织综合服务中心的首场讲座为起点，区亲子阅读基地与吴老师共同走进阶梯幼儿园、津美幼儿园、健康花城幼儿园等，为500多名家长送上知识点满满的亲子阅读盛宴。

5. 活动效果

绘本润童心，共读心连心。2020年，在特殊的时间背景下，火炬开发区妇联、火炬开发区亲子阅读基地以亲子共读绘本为亲子阅读推广的媒介，聚焦本区孩子及家长的实际需求，线上和线下双重发力，开发设计新颖可行项目，获得了本区孩子及家长的认可和支持，全区亲子阅读、亲情陪伴的社会氛围日渐浓厚。

（撰稿人：广东省中山市火炬开发区妇女联合会　胡珊珊）

"弘扬苏区精神　品阅精彩人生"
——亲子共读分享暨朗诵比赛活动

1. 活动背景

为关爱我市职工子女特别是进城务工人员子女的健康成长，帮助务工人员子女适应城市，融入城市，南雄市妇联联合南雄市总工会、南雄市文化广电旅游体育局、南雄市图书馆、南雄市新华书店共同举办"弘扬苏区精神　品阅精彩人生"——亲子共读分享暨朗诵比赛活动。活动以家为主体，以书为媒，以阅读为纽带，为进城务工家庭的孩子和家长共同分享多种形式的阅读过程，在阅读中，了解和弘扬南雄苏区文化和精神，弘扬好的家风家教，培养家长、孩子的阅读兴趣和习惯，形成良好的家庭阅读氛围，促进家长与孩子之间的情感交流，让家长和孩子在阅读中开阔视野、增长见识、感受读书的快乐。

2. 参与对象

活动由南雄市妇联等主办单位邀请专业老师做评委，志愿者在活动现场做志愿辅导，广大市民和学生参加旁听。参赛对象主要是以南雄市进城务工人员家庭为单位，每个家庭最少有 3~12 岁儿童一名和一名监护人共同参加，每个家庭最多不超过 4 人参加，每次活动不超过 15 组家庭。

3. 准备情况

一是广泛宣传，积极动员。为使活动家喻户晓，达到理想的预期效果，各主办单位通过微信、微博、抖音等平台进行广泛宣传，积极动员广大家庭参与阅读朗诵比赛活动。

二是志愿服务，巾帼先行。主办单位招募一批巾帼志愿者长期为比赛活动开展志愿服务，引导和帮助家庭，确保活动顺利有序进行。

三是精心布置，动静结合。积极与相关单位协调，对活动场地进行精心布置，营造情景交融的活动氛围，同时为活跃比赛现场的气氛，特为参赛家庭精心穿插健康活泼、积极向上的歌舞表演。

四是严格审核，层层把关。主办单位对参加朗诵比赛家庭的节目内容严格审核，要求参赛内容健康、主题突出、思想性强、表现形式新颖、台风严谨大方、富有艺术感染力，充分体现积极进取、健康向上的新时代精神风貌。

4. 实施情况

一是利用场地优势。南雄市图书馆按国家一级公共图书馆标准要求进行设计，共4层，室内各功能室采取大开间设计，动静分开，共设有16个服务窗口。是一座集传统文献资源、现代网络资源及文化娱乐为一体的现代化图书馆。市妇联利用南雄市图书馆一楼少儿活动室、多功能报告厅作为活动举办场地，充分发挥图书馆社会教育的主导作用，营造读书氛围，将家庭教育与社会教育相结合，促进亲子阅读活动的有效实施。

二是分阶段进行。"弘扬苏区精神　品阅精彩人生"——亲子共读分享暨朗诵比赛活动共分3个阶段进行，即月赛、季赛和年度总决赛。第一阶段为月赛，即在每个月月中开展一次亲子共读分享活动，在每个月月底开展亲子朗诵比赛活动；第二阶段为季赛（前3个月的亲子朗诵比赛中前4名的获奖家庭进入季赛）；第三阶段为年度总决赛（三、四季度比赛中获得前6名的参赛家庭进入年度总决赛）。每一场比赛均由邀请到的专业老师现场对参赛家庭评选出一、二、三等奖及优秀奖，并给获奖家庭颁发奖品。

◎ 2020年第一次季赛照片

◎ 2020年9月朗诵月赛获奖家庭合影

◎ 2020 年 10 月朗诵月赛

◎ 2020 年 10 月朗诵月赛获奖家庭合影

◎ 2020 年 11 月 7 日举办（8—10 月）季赛合影照片

◎ 2020 年 11 月朗诵月赛活动现场

　　三是阅读的主题鲜明、风格各异。每期亲子共读分享活动均由主办方给出不同的主题，由志愿者老师在旁指导，陪伴和引导家长、孩子们分享阅读的故事的精彩内容。主要内容为传播中华民族优良传统，传承良好家风家训，弘扬南雄苏区精神等，激励广大家庭树立爱国、爱家、积极向上的健康风貌。

　　四是营造全市阅读氛围。截至 11 月底，"弘扬苏区精神　品阅精彩人生"——亲子共读分享暨朗诵比赛活动共举办了 4 场亲子共读、4 场朗诵比赛和 1 场季度赛，来自我市 100 多组家庭共 240 人参加了比赛活动。活动现场气氛热烈，温馨感人。参赛家庭配合默契、亲密互动，紧紧围绕孝、德、勤、善等传统美德，用真挚的情感及丰富的肢体语言诠释家和祖国的内涵，或激情高昂，或温婉抒情，用真诚和感动传递出中华儿女对国与家的满怀深情，展现了现代家庭的文化品位。每场活动均邀请其他家庭和学生到现场参加旁听，为参赛家庭加油鼓劲，进一步激发市民的阅读兴趣和朗诵激情，在全市营造浓厚的读书氛围，得到广大市民的一致认可和积极参与。

◎ 2020 年 8 月亲子共读照片

◎ 2020 年 9 月亲子共读照片

5. 活动效果

"弘扬苏区精神 品阅精彩人生"——亲子共读分享暨朗诵比赛活动的开展，在全市很大范围内营造了家庭阅读的书香氛围，使父母和孩子不仅获得了知识和快乐，还使亲子感情得到升华，对培养孩子的阅读兴趣，提高孩子的表现力和语言表达能力、理解能力和自信心起到巨大的作用，带动了更多的父母主动参与到家庭教育之中来。这一活动为我市广大家庭提供了精神食粮，为进一步培育和践行社会主义核心价值观，传承文明家风家训，也为提升南雄市精神文明建设，构建快乐和谐、积极向上的家庭教育氛围发挥了重要作用。

（撰稿人：广东省南雄市妇女联合会 郭秀丽）

"与你共成长"

——"小书童"亲子线上阅读活动

1. 活动主题

（1）活动宗旨

广西期刊传媒集团"小书童"亲子线上阅读平台日常活动以激发孩子阅读兴趣为宗旨，以"与你共成长"为活动主题，用阅读促进亲子关系，帮助孩子们获得更好的阅读体验，让父母和孩子们共同成长。

（2）服务内容

广西期刊传媒集团"小书童"亲子线上阅读平台以经典阅读、亲子阅读、辅助课堂阅读为抓手，由专业阅读推广人、教师设置线上领读、体验课程，精选中外儿童文学书目，配合《全日制义务教育小学语文课程标准》和学校语文课堂教学要求，拓展课外阅读，甄选权威出版社和优质版本，保障少年儿童良好阅读习惯的养成，帮助孩子们在可听、可问、可学、可答、可互动的环境下体验阅读的乐趣，获得生动、有趣、多元化的亲子阅读体验。

2. 活动背景

随着互联网的发展和技术的进步，数字化阅读方式迅速普及，正逐渐改变着人们的阅读习惯。在家庭教育中，越来越多家长选择线上教育课程，达到辅助教学、亲子教育的目的。少年儿童处在逻辑思维、审美品位和阅读习惯形成的重要阶段，探索符合少儿身心发展特征的数字化阅读模式，开发真正致力于提高少年儿童阅读素养的线上阅读平台，显得尤为重要且迫切。广西期刊传媒集团"小书童"亲子线上阅读平台结合用户需求和市场需求，积极探索新模式、新路子，找出了一条适合少年儿童身心发展的线上阅读之路。

3. 参与对象

5 ~ 12 岁少年儿童及其家长。

4. 准备情况

（1）技术准备

"小书童"亲子线上阅读平台的策划、开发、发行、维护、运营及技术支持由广西期刊传媒集团内部相关部门承担，是集团拥有完全知识产权的数字出版产品。平台基于微信公众号的开发环境，能向广大用户提供良好的兼容性。

"小书童"平台上线后，项目团队定期在集团公众号上发布课程信息及宣传推广图文消息，充分利用了新媒体的即时性与互动性，可以第一时间向用户推送课程内容。平台依托集团微信服务号，在公众号菜单添加"小书童"选项，让用户可以一键直达平台。

（2）挖掘优质阅读推广人和精品课程，促进品牌传播

"小书童"平台充分利用网络平台方便快捷、低成本、无区域限制、资源丰富等优势，通过制作"我们需要会讲故事的你"H5招募小广告，吸引到一批优质阅读推广人参与到"小书童"的日常活动中。

此外，各类新媒体平台的教师及课程资源也为打造优质的特色线上直播课提供了思路，可以为不同的书目设计与之内容相匹配的直播课。直播课可以让"小书童"的课程内容更具多样性、实用性和趣味性，还能使"小书童"具有更丰富的传播内容。

5. 实施情况

（1）小班制精细化管理

"小书童"为开发的阅读课程组建了专属微信阅读群，吸引学生读者及其家长入群。"小书童"团队定时发送阅读提醒消息，鼓励学生和家长利用上学放学路上、晚饭等碎片化时间完成当日阅读任务，并逐渐养成规律性、常态化的阅读习惯。阅读课结束时，"小书童"策划"结课典礼"，通过发奖状的形式奖励按时完成阅读任务、并在每日测试中表现较好的孩子们，另设创意奖、进步奖等多种奖项，以鼓励更多的孩子。

（2）以"任务"促交流、促合作

在每一本书读完后，"小书童"会开启"终极任务"以布置形式丰富的

◎形式丰富的配套终极任务之涂色作业

◎刊登在《作文大王》上的优秀"小书童"读者作品

配套终极任务，内容包括但不限于作文、图画、手抄报、涂色、小视频、故事接龙……形式多样的"终极任务"既让孩子从中体验到阅读可以如此的生动、有趣，让孩子在轻松愉快的"玩乐"中爱上阅读，也为孩子们提供了交流、协作的机会。

以"《大战火星人》的终极任务——续写科幻故事"为例，孩子们每4人一组，以抽签的方式选择队友和开头，以接龙的形式续写故事。其中组长需要组织人员，决定写作顺序，分配修改、校对、整理格式等任务，接棒的组员除了要考虑前后文的写作风格和节奏，完成自己的写作任务，还要与其他成员一起优化习作。孩子们来自天南海北，大多原本互不相识，但能够在短短几天时间内完成数千字的写作任务，这不仅锻炼了他们的写作能力，也培养了他们相互之间的沟通协作能力。完成任务的孩子们不仅能够获得成就感，也收获了一些素未谋面却"并肩奋斗"过的朋友。在这一过程中，一些家长也参与其中，与孩子一起想象、一起推敲情节，这也推进了亲子阅读习惯在这些用户家庭中的培养。

6. 活动效果

广西期刊传媒集团"小书童"亲子线上阅读平台上线以来，吸纳1114个家庭用户，共举办线上亲子阅读分享会20场，阅读推广人指导亲子共读图书34本，有百余名优秀小学生在完成亲子阅读任务后，创作优秀美文1322篇，且有 10 余篇优秀作品在精品期刊《作文大王》上发表。

孩子们在可听、可问、可学、可答、可互动的环境下体验阅读的乐趣，获得生动、有趣、多元化的阅读体验，赢得了用户们的热烈反响。此外，"小书童"提倡的是"亲子阅读"的方式，让家长也参与到孩子的阅读学习中，在感受孩子进步的同时，加深亲子之间的互动，促进了家庭关系的发展。

（撰稿人：广西期刊传媒集团　温尚超）

绘本阅读营
——立体化阅读体验引领亲子共读

1. 活动主旨

用戏剧表演、沉浸式体验、游戏互动、美术创意等形式，以多角度、立体化的阅读体验帮助孩子和家长把一本书读精、读厚。

2. 活动背景

家庭教育对孩子的成长以及社会的发展发挥着尤为重要的作用，越来越多的家长开始注重孩子的家庭教育。

基于上述痛点，独秀书房联合桂林地区的专业团队"月亮粑粑话剧社"，将绘本阅读、儿童剧、阅读指导等形式相结合，为 3～6 岁的小朋友及其家长打造了"绘本阅读营"，培养孩子们良好的阅读兴趣和学习习惯，同时，给家长带去专业的绘本阅读指导，使亲子两代在愉快的阅读中，享受温馨的亲情。

3. 参与对象

3～6 岁的孩子及其家长，截至 2020 年 10 月，约有 300 组亲子家庭参与。

4. 准备情况

（1）活动场地

独秀书房·旗舰店是广西师范大学出版社"独秀书房"校园实体书店品牌中最具文化内涵和社会影响力的实体店，位于广西师范大学出版社集团总部大楼，总建筑面积 600 平方米，共 3 层，可同时服务 300 余名读者。

（2）材料准备

"绘本阅读营"用 12 次课，给孩子们和家长们带去了 12 本绘本的分享，每一本绘本，都会根据其特色，由老师设计出专业的、有趣的课程环节，包括：故事讲述、戏剧表演、游戏互动、美术创意等形式，突破传统阅读课的故事导读、原文朗读的模式，带领家长和小朋友们一起阅读。

课程中用到的物料，每一期都会有专业的道具团队进行设计和制作，用道具将绘本里的场景进行还原，给大家带来身临其境的沉浸式的阅读体验。

（3）组织形式

活动由"独秀书房 + 月亮粑粑话剧社"联合主办，独秀书房负责活动统筹、场地支持、宣传招募，月亮粑粑话剧社负责课程的开发与落实，双方资源共享、优势互补。

活动于每周日上午（节假日除外）在独秀书房·旗舰店举办，招募采用"系列课程报名 + 单期报名"的形式，报名形式更灵活，可以满足大部分家长的参与需求。

活动过程中，结合绘本特色，通过巧妙的设计，将戏剧表演、游戏互动、美术创意等环节融入绘本故事讲述中，让孩子和家长一起化身为绘本主人公，让阅读更有趣，让亲子更亲密。此外，在孩子独立进行游戏的过程中，有老师给家长带来专业的阅读指导，让家长回到家里也能用科学的方式与孩子进行亲子共读。

（4）师资团队

"让孩子们爱上阅读"是独秀书房·旗舰店在举办各类亲子阅读活动时的出发点。为了能持续提供高品质的、孩子们喜闻乐见的阅读活动，独秀书房·旗舰店实行双品牌运营，以"独秀书房"实体书店品牌为硬件，提供高品质的亲子阅读空间，以"观文馆"阅读推广文化服务品牌为软件，为空间注入丰富且多样的亲子阅读内容。

月亮粑粑话剧社是桂林市小剧场领导品牌。自 2018 年成立以来，一直致力于为孩子们打造富有创意的儿童短剧。团队能够独立研发并且执行不同主题的戏剧项目，先后编排了《阿古力不生气》《怪兽国糖果》《黑夜怕怕》《精编马兰花》《小聪仔系列剧》5 部各具特色的小剧目。

5. 实施情况

自今年 8 月"绘本阅读营"开展以来，截至 10 月已开展 10 期，约有 300 组次亲子参与了活动。活动中，我们带着大家一起阅读过的绘本包括《老虎先生来撒野》《我救了一只大王乌贼》《好多好多好多羊》《稻田餐厅开业了吗》《害羞的香蕉》《小心恐龙会变身》等深受小朋友们喜爱的绘本。

在感受精彩故事的过程中，小朋友的体验同样丰富多彩，既有制作精良、形式新颖的纸剧场，又有形象生动、剧情精彩的倒提偶演出，还有需要开动脑筋、团结一心的亲子互动游戏，每一期形式都有所不同，每一期都值得期待。

◎ "老虎先生来撒野"纸剧场

◎ "老虎先生来撒野"剧场的互动

◎ "害羞的香蕉"倒提偶小剧场

◎ "害羞的香蕉"剧场现场互动

除了在独秀书房·旗舰店举办，"绘本阅读营"的相关课程还走出书房、走进社区，为周边社区的家长和孩子送去免费的故事会，包括由桂林市七星区主办的"星空下的秉灯夜读之《我救了一只大王乌贼》故事会""中秋雅集故事会"。

6. 活动评价

"绘本阅读营"系列活动具有创新性、可复制性、可推广性，活动的开展不仅让参与活动的孩子和家长度过了美好的周末亲子时光，带来了深刻而美好的记忆，同时，活动的开展也是一种创新性文化输入，让桂林地区的读者在这个小小的三线城市，也能感受到一线城市所具备的新颖、前卫的教育理念与阅读体验。

该活动不仅得到了市民朋友的喜爱，也获得了桂林市七星区政府的认同，并成为七星区的品牌活动之一。桂林市七星区主办方特别邀请独秀书房、月亮粑粑团队组织开展"星空下的秉灯夜读之《我救了一只大王乌贼》故事会""中秋雅集故事会"等活动，活动现场一座难求，甚是热闹。通过政企合作的形式，让更多的市民在家门口就能享受馥郁书香。

（撰稿人：广西师范大学出版社独秀书房·旗舰店　陈诗艺）

"领读人剧场"
——以沉浸式阅读创设亲子共读场景

1. 活动主题

以"讲剧 + 读剧 + 排剧"的形式创设亲子共读场景，与数百组家庭月月共读一部中外文学经典。

2. 活动背景

"全民阅读"活动是中央宣传部、中央文明办和新闻出版总署贯彻落实党的十六大关于建设学习型社会要求的一项重要举措。为推动"全民阅读、书香社会"的建设，秉持"阅读要从经典读起"的理念，广西师范大学出版社独秀书房·观文馆为 8 ~ 12 岁的同学量身定制"领读人剧场"，招募大学生领读者来到独秀书房，组织当地小学生开展经典阅读活动，通过饶有趣味的阅读引导亲子共读，让孩子爱上阅读，爱上经典。

"领读人剧场"由独秀书房·观文馆读剧会与独秀书房·观文馆文学课构成。通过读剧会与文学课的组合，将文学经典的阅读与戏剧表演相融合，带孩子通过"讲剧 + 读剧 + 排剧"的形式阅读古今中外文学经典，让孩子在理解专家"讲剧"，聆听读剧人"读剧"和亲自参与"排剧"的过程中，感知经典的魅力，萌发阅读的兴趣。

3. 参与对象

热爱文学、希望提升文学素养的 8 ~ 12 岁的同学及其家长，共 80 余组家庭。

4. 准备情况

（1）活动场地

独秀书房·旗舰店是广西师范大学出版社"独秀书房"校园实体书店品牌

中最具文化内涵和社会影响力的实体店，位于广西师范大学出版社集团总部大楼，总建筑面积 600 平方米，共 3 层，可同时服务 300 余名读者。

（2）组织形式

活动由独秀书房·观文馆、子兴教育咨询有限公司联合主办，独秀书房·观文馆负责课程开发、活动统筹、场地支持，子兴教育咨询有限公司负责课程的落实，资源共享，优势互补。

"观文馆文学课"课程安排
（第一学年 桂林）

序号	书名	读剧会时间（周五晚 19:00—20:30）	文学课时间 周六上下午、周日下午 上午班（9:00—12:00） 下午班（14:30—17:30）
1	城南旧事	2019 年 8 月 30 日	2019 年 9 月 21 日（周六上午）
2	柳林风声	2019 年 10 月 18 日	2019 年 10 月 26 日（周六上午） 10 月 27 日（周日下午）
3	呼兰河传	2019 年 11 月 22 日	2019 年 11 月 30 日（周六上午） 2019 年 12 月 1 日（周日下午）
4	爱丽丝梦游奇境记	2019 年 12 月 27 日	2020 年 1 月 11 日（周六上下午） 1 月 12 日（周日下午）
5	茶馆	2020 年 2 月 21 日	2020 年 2 月 29 日（周六上下午） 3 月 1 日（周日下午）
6	雷雨	2020 年 3 月 20 日	2020 年 3 月 28 日（周六上下午） 3 月 29 日（周日下午）
7	鲁滨逊漂流记	2020 年 4 月 17 日	2020 年 4 月 25 日（周六上下午） 4 月 26 日（周日下午）
8	牡丹亭	2020 年 5 月 22 日	2020 年 5 月 30 日（周六上下午） 5 月 31 日（周日下午）
9	仲夏夜之梦	2020 年 6 月 19 日	2020 年 6 月 27 日（周六上下午） 6 月 28 日（周日下午）
10	罗密欧与朱丽叶	2020 年 7 月 17 日	2020 年 7 月 25 日（周六上下午） 7 月 26 日（周日下午）
11	欧也妮葛朗台	2020 年 8 月 21 日	2020 年 8 月 29 日（周六上下午） 8 月 30 日（周日下午）
12	高老头	2020 年 9 月 18 日	2020 年 9 月 26 日（周六上下午） 9 月 27 日（周日下午）

◎ "观文馆文学课"课程表

（3）课件及教案准备

①做好全年规划

选出 12 本经典著作，用一年的时间带领学员们阅读经典。活动每个月某一周六晚在独秀书房·旗舰店举办当月阅读作品的读剧会，其后的下一周六、周日在独秀书房·旗舰店举办当月阅读作品的文学课。

②课程设计

讲剧：文学专家介绍关于剧情、剧作家和作品的背景。以生动有趣的语言，给孩子最易消化的内容，开启孩子思考的大门。

读剧：读剧人分角色演绎剧中人物，用声音赋予角色鲜活的生命，用艺术语言将剧中人物性格、人物关系、故事情节立体地呈现给孩子。

排剧：专业老师指导孩子参与排剧，为孩子搭建起体验编导、演员、美工等多重角色的平台，整体提升孩子的文学力、语言力、表达力、思维力。

精讲课程：用3个小时的时间，通过老师导读、学员朗读、文学手账制作、关键词精讲、课后作业等形式，让学员们深入领会文学经典，构建起科学的阅读思维模式。

③教具准备

配合课程开展，根据每一部作品的特点，开发、设计出一整套教具，帮助学员更好地去理解作品，探索阅读的其他形式。教具包括手账贴纸、阅读卡、闯关游戏H5等，精致的教具引导学员还原原著情节、线索、人物关系，通过极富参与感的闯关互动，带读者进入超强沉浸式的阅读体验，展开人与书的对话与思考。

◎《爱丽丝漫游奇境》沉浸式读剧会　　◎《牡丹亭》读剧会　　　　◎《鲁滨孙漂流记》文学课

5. 实施情况

2019年8—9月，广西师大出版社独秀书房·观文馆在桂林、南宁先后举办了10场经典读剧会、10场文学课，以"讲剧+读剧+排剧"的形式创设亲子共读场景，与数百组家庭在线上和线下每月共读一部中外文学经典。已引导阅读的书目包括《罗密欧与朱丽叶》《柳林风声》《爱丽丝漫游奇境》《城南旧事》《牡丹亭》《雷雨》《鲁滨孙漂流记》《茶馆》《呼兰河传》《仲夏夜之梦》等。

6. 活动效果

"领读人剧场"系列活动具有创新性、可复制性、可推广性，通过引导学员们阅读经典，以读剧形式让他们更好地融入角色，在聆听中立体地理解角色，将人物和故事刻入脑海，从而激发了孩子们思考的欲望、表达的欲望和互相沟通交流的欲望，培养了孩子的写作能力、语言能力、表达能力。课后作业的亲子共读环节，更是大大加强了家长与孩子的联系，让亲子关系更密切。

同时，活动的开展也是一种文化创新与孵化，让桂林地区的读者不用去北上广深，也能感受到一线城市所具备的新颖、前卫的教育理念与阅读体验，探索不一样的阅读方式。

活动的开展得到了社会各界的广泛关注，人民网、光明网、中新网、广西日报、桂林日报等媒体纷纷对本项目进行了宣传报道，并认为将文学经典的阅读与戏剧表演相融合的创新探索值得广泛推广，这对推动"全民阅读、书香社会"的建设具有重要意义。

（撰稿人：广西师范大学出版社独秀书房·旗舰店　陈诗艺）

阅读点亮文明家风

——"好家风 好家训"亲子阅读活动案例

1. 活动主题

阅读点亮文明家风 ——"好家风 好家训"亲子阅读系列活动。

2. 活动背景

近年来，习近平总书记不断在各种重要场合强调，我们都要重视家庭建设、注重家庭、注重家教、注重家风……使千千万万个家庭成为国家发展、民族进步、社会和谐的重要基点。而亲子阅读则是优良家风形成的重要载体。我们结合文明创建活动，通过亲子百日朗读、亲子阅读马拉松、亲子故事会等主题系列活动方式，倡导广大家庭形成家庭阅读的良好风气，以书香为媒，传承家庭美德、树立良好家风，让孩子切实感受身边"好家风 好家训"所散发出的道德魅力，积极推动和践行社会主义核心价值观，推动形成爱国爱家、相亲相爱、向上向善、共建共享的社会主义家庭文明新风尚。

3. 参与对象

全县少年儿童及其家长，参与系列活动的总人次为 8.3 万。

4. 准备情况

王子悦读馆于 2020 年 4 月被全国妇联命名为"全国亲子阅读体验基地"，是海南省亲子阅读体验基地、昌江县委宣传部的社会主义核心价值观教育实践基地、昌江县新时代文明实践点、昌江县首家妇女儿童阅读之家、民间公益阅读推广实践基地、县城学校的亲子阅读实践基地和农村留守儿童阅读之家。场馆具备上千平方米的室内公益阅读书屋、家庭剧场和室外拓展场地，公益书屋藏书上万册，为活动的开展提供了便利。

本次主题活动我们除了充分发挥基地场馆的作用外，还积极与县城、农场、农村学校以及农村农家书屋、新华书店等单位合作，借助学校、企业和村委会的力量，为开展活动提供场地和物料奖品支持。

活动开展组织形式：利用线上荔枝 FM、抖音和配音秀等 APP 和线下的亲子阅读讲座、亲子故事会比赛、亲子诵读比赛、农家书屋手拉手活动等形式开展"好家风 好家训"系列主题活动。

5. 实施情况

"好家风 好家训"亲子阅读系列活动从 6 月持续到 9 月，分为亲子经典诵读活动、亲子故事会、亲子书画活动、亲子阅读指导宣讲和家庭短剧表演、亲子阅读马拉松、亲子百日朗读、"快乐六一，快乐阅读"农村儿童亲子阅读活动、"我的书屋我的梦"农村少年儿童亲子阅读实践活动八大项活动。

亲子经典诵读活动（现场展示）：以家庭为参赛单位，通过诵读古今经典诗文和家风家训诗歌等内容，传承经典，弘扬家风。

亲子故事会（抖音线上初赛＋现场比赛）：以家庭形式参赛，选择经典的古

◎媒体报道活动

◎亲子朗诵《乌鸦反哺》

◎亲子书画（1）

◎亲子书画（2）

代家庭教育故事为题材,通过抖音初赛的方式,选拔参加现场决赛。

亲子书画活动:全县征集亲子阅读家庭,在户外广场现场参加"好家风 好家训"

◎亲子阅读宣讲

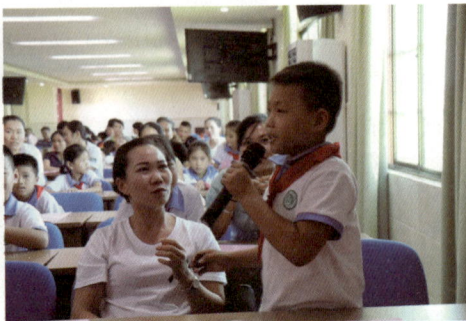

◎讲座中孩子发言

亲子书画百米画卷现场书画活动。

亲子阅读指导宣讲和家庭短剧表演:邀请海南省省级语文骨干教师、家庭亲子阅读推广人开展亲子阅读指导讲座,并在现场开展"阅读引领好家风"亲子家庭短剧表演。

亲子阅读马拉松:全县征集阅读家庭,在王子悦读馆亲子阅读2小时以上的亲子家庭,顺利完成挑战的给予证书和图书奖励。

◎亲子阅读马拉松活动

亲子百日朗读:在全省征集线上家庭,利用荔枝FM或配音秀进行100天的指定内容的朗诵活动,要求朗读后发送朋友圈。坚持100天的家庭可以获得证书的奖励。

"快乐六一,快乐阅读"农村儿童亲子阅读活动:走进乡村儿童之家,指导家庭开展亲子阅读活动,现场开展亲子朗诵比赛。

"我的书屋我的梦"农村少年儿童亲子阅读实践活动:邀请城市儿童家庭到

◎亲子百日朗读活动颁奖

◎走进农村

◎城乡儿童阅读

◎手拉手亲子诵读

◎儿童阅读活动

农家书屋，与农村儿童家庭开展手拉手亲子阅读活动。

6. 活动创新点

以主题引领方式开展系列活动，紧扣亲子阅读推广实践。活动以"阅读点亮文明家风"为主题，紧紧围绕亲子阅读，通过开展形式多样的亲子阅读活动传承好家风、好家训。

变单一活动为长效型活动，活动范围广、规模大。本次活动为一系列活动，从6月持续到9月。活动范围除城市外，还进入农村开展，超过8万人次参与。

活动形式灵活创新、活动内容新颖。活动分为线上阅读、抖音录像投稿和线下讲座、拓展活动以及展示竞赛方式进行，方便家庭随时随地进行亲子阅读实践活动。活动内容除经典诗词、家教故事外，还有家庭情景剧、童谣童诗配音、书画展示等，全方位多角度营造家庭亲子阅读氛围。

7. 活动成效

自系列活动开展以来，超过8万人次参与了系列活动，王子悦读馆邀请电视台主持人、语言专业教师为亲子阅读家庭录制范读文章近1000篇（首），收听亲子朗读活动音频荔枝FM所有专场累计突破158万人次，配音秀观看突破60万人次，抖音亲子故事会和腾讯视频观看达到 34 万人次。令人可喜的还有，百日朗读的同学参与范读录制的古诗词被清华大学出版社出版，在全国小古文朗读大赛中，荣获特等奖 23 人、一等奖 38 人、二等奖 58 人。

活动自开展以来，受到了广大家长的好评和当地政府主管部门的高度赞扬。《海南日报》、海口电视台和昌江电视台等媒体多次报道我们开展的系列活动。

（撰稿人：海南省昌江县王子悦读馆　王长领）

爱上阅读，从一隅阅读空间开始
——幼儿园阅读月活动

1. 活动主题

今年我园阅读月的主题是"为孩子寻找有趣的童书，为童书寻找有趣的孩子！"。在这一主题下，开展了系列活动。"爱上阅读，从一隅阅读空间开始"旨在指导家长进行家庭阅读环境的打造，以环境激发孩子阅读的兴趣，让阅读富有仪式感。

2. 活动背景

4月，恰逢世界读书日，同时也是我园的阅读月。每年的这个月，我们都会开展爸爸妈妈义工团、故事表演、故事小角落图书漂流等形式多样、内容丰富的系列活动。今年由于新冠肺炎疫情的影响，幼儿无法正常入园，家庭成为孩子主要的学习、活动场所。我们转换方式，线上指导家长进行家庭阅读环境打造，家园合力，激发幼儿的阅读兴趣，让阅读伴随孩子成长。

3. 参与对象

本次活动的参与对象分别是小四班、中三班、大三班的幼儿、家长和教师。

4. 准备情况

（1）组织形式：微信、电话等线上指导方式。

（2）活动场地：家庭、微信群。

（3）材料准备：教师线上研讨，实施计划。

5. 实施情况

（1）制定计划

根据不同年龄段特点，打造家庭阅读环境，制定线上实施、指导计划。

（2）发送邀请

教师在班级微信群内发送家庭阅读环境打造说明及邀请，鼓励家长和幼儿积极参与。

（3）话题讨论

教师通过线上分组与幼儿进行讨论的方式，了解幼儿家庭阅读角的使用情况以及幼儿内心的想法，指导家长在环境打造过程中关注幼儿的需求，注重幼儿的参与，创设一个幼儿喜欢的阅读角。

讨论话题根据各年龄段特点，有以下内容。

小班：

①在家里，你最喜欢看哪一本书？为什么？

②你喜欢在什么样的地方看书？

中、大班：

①你知道阅读角是用来做什么的吗？

②你的阅读角里都有什么？

③你对你的阅读角满意吗？说说你的理由。

④你觉得家中阅读角的布置应该选择什么样的场地？为什么？

（4）创设阅读角

创设前：

①教师分享家中阅读角环境照片，帮助家长拓展思路。

②给予家长一定的指导建议：

a. 巧用墙角、飘窗等地方，为孩子打造一个独立的阅读区域；

b. 为孩子准备一个高度适宜的书架，让图书有好的归处；

c. 适合孩子身高的座椅、垫子或沙发，让孩子在阅读时有个舒适的座位；

d. 适合阅读的照明，有助于保护孩子的视力；

e. 在创设过程中，与孩子共同商量，一起动手，打造一个孩子喜爱的阅读空间。

③鼓励家长与孩子共同商量，关注幼儿的需求，最大限度采纳幼儿的建议。

创设中：

①创设过程中注重幼儿参与。根据幼儿不同年龄特点，小班幼儿和爸爸妈妈一起布置，做自己力所能及的事；中班幼儿可尝试自己摆放图书、给图书分类；大班幼儿在布置前，尝试制定阅读角改造计划，做有思考的创设者。

②教师根据家长分享的图片以及问题，及时给予线上指导及建议。

◎我会自己整理阅读角图书

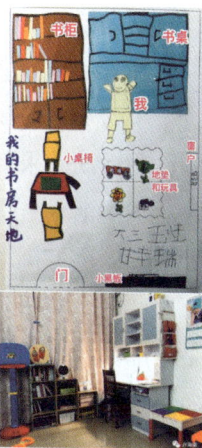

◎我的改造计划和改造成果图

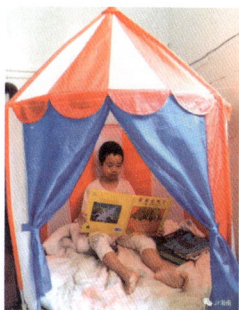

◎阅读角图片展选图

◎阅读角图片展选图

创设后：

开展居家阅读角图片展，分享阅读角照片，分享在自己阅读小空间中阅读所带来的乐趣与成就感，鼓励更多人参与进来。

6. 活动效果

本次活动，无论孩子、家长还是教师，都有不小的收获。首先，本次活动打破了家庭空间上的局限，阅读角原来可以很简单。孩子们和家长共同努力，巧用墙面、角落、窗台，打造出一个个温馨而又独立的阅读空间，谁说阅读不是很酷的一件事呢！其次，本次活动家长们更加关注到孩子的需求，尊重孩子的想法，在参与中增进亲子之间的情感。孩子在参与的过程中，积极思考，大胆表达自己的想法，充分发挥小主人翁意识，建立自信心。最后，教师的角色、组织活动的方式也有了一定的突破：从线下转变为线上，从引导孩子到指导家长，教师们有了不一样的探索和体验。

（撰稿人：中国人民解放军海南省军区幼儿园　于　娟　陈　妮）

故事爸爸妈妈义工团

1. 活动主题

亲子阅读是培养亲子之间亲密情感以及培养孩子阅读习惯的方法之一。通过故事爸爸妈妈义工团活动推动每一个家庭的亲子阅读，让阅读深入幼儿园每一个幼儿的心田，延伸到每一个家庭之中，使孩子们喜欢阅读，爱上阅读。

2. 活动背景

故事爸爸妈妈义工团是我园一直坚持开展的一项亲子阅读活动。很多家长都知道，要跟孩子培养亲密的情感以及培养孩子阅读习惯，亲子阅读是很好的方法之一。日本的图画书之父松居直曾说："图画书不是孩子独自阅读的书，而是大人读给孩子们听的书。"其实不管孩子是否识字，都提倡亲子阅读。在轻松愉悦的亲子阅读氛围下，家长和孩子能真正实现平等对话。所以故事爸爸妈妈义工团重点强调，请爸爸妈妈大声为孩子阅读故事。

3. 参与对象

军区幼儿园全体家长与幼儿。

4. 准备情况

制定活动方案、推选优秀绘本、制作招募海报、安排与组织活动、布置场地、准备录音设备、发布公告。

5. 实施情况

（1）线下故事爸爸妈妈义工团

每学期，幼儿园都会以海报宣传的方式向家长们招募故事爸爸妈妈，成立故事爸爸妈妈义工团，并利用家长学校开展培训，向故事爸爸妈妈传递正确的亲子阅读理念，鼓励义工团成员每周利用空余的时间，重温经典绘本故事，走进幼儿园，走近孩子，为孩子们朗读故事或表演故事。通过此类亲子阅读活动，使家长在亲子教育的过程中由旁观者变为主动参与者，使家庭和幼儿园成为真正意义上的合作伙伴，为每一个孩子健康快乐的成长搭建广阔的平台。

◎线下故事爸爸妈妈义工团之故事妈妈讲故事

◎故事爸爸妈妈义工团之我和妈妈表演故事

（2）线上故事爸爸妈妈义工团

受这次疫情的影响，幼儿园停园。居家时期是开展亲子活动的最佳时机，于是线上故事爸爸妈妈义工团招募活动开始。每个班级通过班级微信群向家长们发出招募海报，鼓励家长踊跃报名参加。每次故事爸爸妈妈招募活动都得到了家长们的大力支持，让每次活动质量得到了很好的保障。

线上故事爸爸妈妈义工团成立后，由每个班级在阅读方面和家长工作方面比较有经验的家长担任组长，协助幼儿园将优秀的故事绘本用班级微信群分享给大家，并与大家交流选择的内容。充分利用班级微信群和幼儿园微信公众号平台，组建班级亲子阅读学习共同体，带领家长开展各种亲子阅读活动，比如开展"大声为孩子读故事""亲子共读故事""亲子绘本表演"等，实现家长与孩子、家长与家长、孩子与孩子之间在阅读上互相提醒、互相督促，为亲子提供交流机会。以此保证每天亲子阅读的时间和每个家庭的多种需求，为养成良好的家庭阅读习惯提供必要的保障。

为了让线上阅读活动辐射到全园，带动全园幼儿和家长一起行动起来，每个班级每天由一位故事爸爸或妈妈陪伴孩子一起进行绘本故事朗读，并将亲子绘本共读的声音录下来，利用幼儿园的微信公众号发布，让全园的孩子每天都能听到不同的声音和不一样的故事。全园的爸爸妈妈义工团有上百名，这样孩子既可以与爸爸妈妈一起大声朗读故事，还可以聆听到上百个来自不同家庭的亲子故事，这个过程中，收获成长的不仅仅是孩子，还有爸爸妈妈们。

6. 活动效果

播下一粒种，收获万颗粮。故事爸爸妈妈义工团活动在孩子们纯洁的心田里播撒下了热爱阅读的种子，爸爸妈妈们也在为了孩子们结出丰硕的阅读果实而不断努力着。这个活动不仅强调亲子阅读，也注重建立融洽的亲子关系。在亲子共读过程中，孩子在爸爸妈妈的陪伴下一边欣赏书本，一边倾听有趣的讲解，还能共读，这是孩子感受父母之爱的一种方式。通过这样的亲子阅读活动，父母与孩子之间永远不会缺少共同话题。

亲子阅读对于家庭是一个永恒的话题，在亲子阅读中，家长、幼儿之间的有效互动还有待下一步的实践和探索。家园合作，一起对幼儿实施科学陪伴，努力打造一个理想、适宜的儿童阅读环境，相信孩子们一定会喜欢阅读，爱上阅读，阅读终将成为孩子们的一种生活习惯。

线上故事爸爸妈妈义工团活动借助网络的力量，传到了千家万户，让更多的孩子和家庭受益，让亲子阅读在每一个家庭中撒下种子。

（撰稿人：中国人民解放军海南省军区幼儿园　于　娴　林影惠）

传承好家风，弘扬好家训
——亲子诵读活动

1. 活动主题

近年来，三亚市图书馆充分整合馆内数字资源，通过社会力量参与公共文化服务的新途径，全力打造家庭亲子阅读基地，在家庭亲子教育阅读活动方面不断探索，将博看朗读亭数字资源平台与亲子诵读活动相结合，创新亲子活动形式，线上和线下引导家庭开展阅读，积极营造"书香三亚""文明三亚""礼仪三亚"的良好社会氛围。

2. 活动背景

家庭是社会的细胞，家庭的和谐是社会稳定的基础。中华民族历来重视家庭教育，新的历史条件下更需要全社会形成合力，推动"爱国爱家、相亲相爱、向上向善、共建共享"的社会主义家庭文明新风尚建设。为更好地践行社会主义核心价值观，让优秀的家规家训引领社会文明新风尚，三亚市图书馆特联合博看朗读亭开展2020年"三亚好家风好家训"主题朗诵比赛，在全市范围内展示家规家教的精神力量，共同营造全社会善美家风建设的良好氛围。

3. 参与对象

6～14岁儿童，分为低龄组（6～10岁）、大龄组（11～14岁）。

4. 准备情况

（1）活动场地

线上：博看朗读亭数字资源平台（初赛）

线下：三亚市图书馆多功能报告厅（决赛）

（2）材料准备

利用数字资源设备博看朗读亭及朗读小程序，推荐符合活动主题，内容积极健康向上，以倡导科学家教、弘扬良好家风为主要内容的唐诗、宋词、现代诗歌等经典文化作品供参赛者选用，参与活动的亲子家庭也可以自备符合参赛要求的作品进行朗读。

5. 实施情况

（1）初赛阶段

通过博看朗读亭数字资源开展线上诵读活动。

①报名

线上报名：通过线上的博看朗读亭和朗读小程序录制作品并进入"三亚市图书馆"微信公众号报名通道填写相关报名信息。

线下报名：到三亚市图书馆二楼总服务台提交报名表格。

②提交作品

报名完成后，进入大赛排行榜，分享作品至微信群、微信好友，也可通过留声卡的形式将图片分享至微信朋友圈，邀请朋友来收听并投票，根据排行榜投票数可以查看自己的排名。

③选拔作品

三亚市图书馆评审组综合考虑初赛报名作品的投票数，邀请专家评委从低龄组和高龄组各选出排名前列的15组亲子家庭参加线下决赛。

（2）决赛阶段

30组进入决赛的亲子家庭在三亚市图书馆报告厅现场朗读展示，由在场的专家评委根据评选标准评选出一等奖2名、二等奖4名、三等奖6名、优秀奖16名。

◎活动展示

◎选手合影

◎选手在朗读亭朗读作品

6. 活动效果

此次活动邀请媒体进行全程报道，共收到全市160篇作品，内容涵盖经典国学、传统文化作品及小说、散文、《朗读者》和《见字如面》节目中经典的朗读作品等。通过此次活动，让广大亲子家庭在朗读过程中提升朗读兴趣，获得古诗文及近现代经典诗文的熏陶，接受中国传统美德潜移默化的影响和教育，培养孩子们博览群书、朗读国学经典的良好习惯，提升中华文学朗读水平，增强广大青少年的文化水平和道德素质，唤起市民读者对民族传统文化的自觉与自信，在全市营造了"书香三亚""文明三亚""礼仪三亚"的良好社会氛围，为海南自由贸易港建设凝聚精神力量。

三亚市图书馆将以此次活动为契机，今后继续努力推广家庭亲子阅读公益活动，不断丰富亲子阅读活动内容，积极引入社会力量，共同探索开展家庭亲子阅读活动的新方法和新途径，分享亲子阅读的经验与乐趣，陆续在市辖区内各分馆、学校、社区图书室、流动图书站、外阅点等地，加强阅读平台建设，常态化开展"传承好家风，弘扬好家训"主题系列活动，以"阅读＋教育＋科技"等方式，创新活动形式，为三亚市家庭亲子阅读活动的开展源源不断地注入活力。在实践中传播科学育儿的理念和知识，助力学校教育，构建文明家庭，推进社会和谐发展。

（撰稿人：海南省三亚市图书馆　赵佳莉）

"图书淘宝我快乐"亲子阅读活动

1. 活动主题

为了更好地激发小读者的阅读兴趣，满足小读者对图书的需求，加深对图书馆的认识，充分发挥公共图书馆社会教育职能及家庭亲子阅读实践基地的作用，引领亲子阅读新风尚，形成家庭书香氛围，推动"全民阅读"活动持续、健康开展，重庆市少年儿童图书馆在全国首创了"图书淘宝我快乐"亲子阅读活动。

2. 活动背景

2010年，我馆整合馆内零散的读者活动，以"七色花"为品牌进行打造。"七色花"系列读书活动旨在搭建一个公益性的阅读推广平台，通过开展形式多样、内容丰富的亲子阅读活动，为低幼儿童提供亲近阅读、自主参与、主动交流的机会，共同分享阅读的快乐。

3. 参与对象

5～14岁的小朋友及其家长，每次会根据实际情况来设定具体参与对象。

4. 准备情况

发布预告，广泛宣传。提前一两周在官网和微信公众号发布活动预告，确定活动时间、地点、参加对象、选书主题及数量等，做好宣传，减少读者选书时的盲目性和随意性。

规划数量，确定经费。"图书淘宝我快乐"活动所选购图书是我馆藏书建设的组成部分，要控制好活动的选书总数量和购书经费，确定适当的比例，以不影响图书馆的整体藏书规划为宜。

把握规模，限定时间。限定每位读者选书数量及活动时间，安排图书馆员到现场查重、解释和登记等。

5. 实施情况

书店现场选书。小读者充当图书采购员，要求家长参与淘书活动，指导和建议孩子选书，突出亲子共读主题。在规定时间内到重庆书城自行挑选 3 ~ 5 种图书，每种 3 本交给我馆工作人员，由我馆采购入藏，现场有借书证的小淘宝员可凭借阅证当场借阅一本回家。从 2004 年开始，我馆是全国最早举办这项传统读书活动的图书馆，迄今为止已经举办了 21 届，共挑选图书 3128 种。从 2011 年至 2020 年，共接待小读者和家长 664 人次。

◎孩子们到书店现场选书

图书馆采编工作体验。一个月后，邀请小淘宝员和家长一同到我馆采编部体验图书加工流程，对淘到的书籍进行分编和加工。先是采编部主任介

◎孩子们到图书馆体验采编工作

绍图书采编的基本知识，然后小淘宝员体验采编工作。他们分组合作，把图书拆包装、分类、贴条码、贴磁条、加盖馆藏章、整理上架。

优秀淘宝员评选及颁奖。每届根据小淘宝员所选图书的主题价值和借阅量评选出"优秀淘宝员"，在次年"新春少儿联谊会上"举办颁奖典礼。

6. 活动特色

发展成常态性活动，并不断创新和深化。图书淘宝活动通常结合读书月、节假日举办，从 2019 年开始，由原来的每年一期增加至寒暑假都有，进而变为经常性活动，极大地满足了广大读者的阅读需求。

整合社会资源共同开展亲子活动。把亲子阅读活动从图书馆延伸到书店，再充分与学校、书店等合作，拓宽亲子活动的场地，提高亲子活动的服务质量。

体现了图书馆积极创新的工作作风。突破了我馆传统阵地读书活动模式，实现了图书馆与社会公益机构联合的有益尝试，减少图书馆图书采编工作的盲

目性，提高藏书的针对性和利用率。

体现了"以人为本，读者至上"的服务理念。"图书淘宝我快乐"亲子阅读活动凸显了读者在图书馆藏书建设中的主导地位，提高了读者对图书馆工作的参与度，体现了对读者的人文关怀。

7. 活动成效

促进亲子交流，融洽亲子关系。"图书淘宝我快乐"亲子阅读活动不仅有利于激发孩子阅读兴趣、感知阅读力量、养成阅读习惯、提升知识水平、扩大社会影响力，还加强了孩子和家长之间的沟通、交流，融洽了亲子关系。既培养孩子的独立性，又让他们学会互助友爱，同时锻炼了他们的实际操作能力。

发挥图书馆教育职能，推动全民阅读落地生根。此活动是家长与孩子一起参与，以孩子带动家长、以家长带动家庭、以家庭带动全民，更好地推动了党和政府全民阅读战略的贯彻落实，充分发挥了公共图书馆社会教育和文化传播功能，吸引了更多少儿走进图书馆。

宣传图书馆，扩大图书馆的社会影响力。读者现场选书，既优化了图书馆藏书结构，提升了图书品质，又加强了图书馆馆员与读者的现场互动，使图书馆工作能够做到有的放矢。同时，图书馆积极以"图书淘宝我快乐"亲子阅读活动为契机，主动向大家宣传介绍图书馆的社会职能、理念，宣扬图书馆精神，从而扩大了图书馆的社会影响力。

营造浓郁的社会读书氛围，提升城市文化品位。图书馆开展"图书淘宝我快乐"亲子阅读活动，吸引了广大读者热情参与，既丰富了读者业余生活，又能够引导读者与书为友，养成爱读书、读好书的良好习惯。这一活动大大激发了人们的读书热情，营造出浓厚的社会读书氛围，也提升了城市的文化品位。

（撰稿人：重庆市少年儿童图书馆　杨　柳　蔡长军　刘小丽　王乾芳）

"e读"线上亲子阅读系列活动

1. 活动主题

为了让家长和孩子在家里享受亲子阅读时光，帮助家长、孩子有效开展亲子阅读活动，重庆市少年儿童图书馆打造了"e读"线上亲子阅读系列活动，包括少年儿童电子绘本创作征集活动、我有"画"对你说绘画大赛、亲子共读"拍拍乐"摄影大赛、童梦飞花令——六一少儿线上诗词大会、线上云端故事会、战"疫"美术创新网课等线上活动。

2. 活动背景

2020年初，新冠肺炎疫情的突发给公共图书馆的服务方式带来了许多挑战。2020年1月24日，重庆市决定启动重大公共卫生突发事件一级响应后，重庆市少年儿童图书馆于当日正式闭馆。闭馆期间，市少儿馆虽然暂时停止线下服务，但坚持线上服务，利用网站、微博、微信、小程序等平台提供形式多样、内容丰富的"e读"线上亲子阅读活动。

3. 参与对象

由于线上亲子阅读活动项目丰富，形式多样，各项活动分年龄段实施。

4. 准备情况

图书馆拟定活动方案，发布活动预告，联系线上资源，确保顺利实施。家长与孩子在家里亲子共读与创作相结合，采取线上投稿，线上和线下展出的方式进行。

5. 活动流程

精心策划，广泛征集。根据不同年龄段孩子的特点精心策划活动内容。在举办之前，通过微信公众号平台、官网发布活动方案，进行广泛宣传。

精选作品，指导亲子阅读与创作。精心阅读，录制朗诵视频，创作电子绘本，拍摄亲子阅读照片等。

认真评审，发布获奖情况。报名及参赛由全市各区县图书馆组织征集作品，统一报送至市少儿图书馆，按照活动方案组织参加评审。

6. 实施情况

（1）少年儿童电子绘本创作征集活动

此活动成功入选"2020全国少年儿童阅读年系列活动"，面向全国7～18周岁青少年，分为小学组（7～12岁）、中学组（13～18岁）2个组别征集绘本。鼓励青少年在家长指导和共同参与下通过阅读与创作相结合，以电子绘本创作征集的形式，集中展现抗疫期间涌现出的感人事迹和抗疫英雄们的担当精神，激发孩子们爱家爱国的情怀。共收到全市多家公共图书馆报名，并组织赛前线上直播培训2期，共2550人观看直播课程，家庭亲子互动积极，培训后即收到8家单位的参赛作品，其他作品正在收集汇总中。

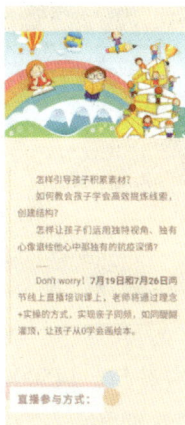

（2）我有"画"对你说绘画大赛、亲子共读"拍拍乐"摄影大赛

绘画大赛作品以"抗'疫'"为主题，针对18岁以下青少年；"拍拍乐"主要是拍摄亲子共读照片投稿参加活动。此次共收到各类青少年作品30幅，已评选出10幅优秀作品在微信公众号上展出。

（3）童梦飞花令——六一少儿线上诗词大会

为传承中华诗词文化，提高文化底蕴，让青少年通过活动了解渝城，热爱渝城，重庆市少年儿童图书馆联合全市公共图书馆首次共同开展此活动。在六一期间，全市6～12岁少儿读者均可参与。每位读者在家长指导下共同参与阅读中华诗词，反复品读，录制视频进行评比。全市34家公共图书馆积极参与，活动共收到热爱古诗词的少儿精彩的诵读作品 1000 余份，累计点赞量达 94 万多次。活动历时一个月，深受全市少儿以及家长、老师们的喜爱与关注。

（4）线上云端故事会

我馆创立的新的线上活动品牌，每月 2 期，至今已开展了 9 期。此活动联合喜马拉雅开展"10 万 +"故事无限畅听，每期绘本内容由音频和文字组成，少儿与家长一起收听，细细品读优秀绘本，深受读者喜爱。

（5）战"疫"美术创新网课

重庆市少年儿童图书馆联合黄淋艺

术研究院共同主办，活动 2 期共 16 次直播，全国 100 余家机构参与，145000人次观看和学习，在线提交作品 7000 余幅，推荐课程、相关好书 61 种。"童心战'疫'少儿美术线上展"于六一正式上线，展览精选了 1000 余幅作品，以绘画、插画、手抄报等形式展示少儿居家抗疫生活，讴歌抗疫英雄。该展览还被重庆市文化和旅游发展委员会官方微信公众号、学习强国 APP 收录宣传。

7. 活动特色

一是充分利用"互联网 + 图书馆"的方式，开展网络时代的亲子阅读推广。少年儿童图书馆搭建亲子阅读的网络互动平台，传播亲子阅读理念，开展阅读指导，推动网络时代阅读推广方式的深入发展。

二是通过"互联网 + 家庭"的模式，使线上亲子阅读从图书馆阅读向家庭共读延伸。公共图书馆通过开展各类亲子阅读服务，提供丰富的阅读资源和亲子互动活动来更好地促进亲子阅读。

三是通过"互联网 + 社会"的方式，打破以图书馆为亲子阅读活动唯一阵地的单一模式，线上亲子阅读服务模式具有阅读环境的独特性、阅读对象的广泛性、阅读方法的灵活性、阅读形式的多样性等特点，获得极高的社会认可程度，更好地承载了社会教育职能。

8. 活动成效

一是促进了文化公平化服务。开展线上亲子阅读活动,不限年龄、不限形式、不限场地,让偏远山区的孩子们获得和城区孩子一起平等享受公共文化服务的权利。

二是培养了良好道德品质。线上亲子阅读活动形式多样、内容丰富,基本保持每周至少1～2次的频率。在活动过程中激发少年儿童的阅读兴趣,培养良好阅读习惯,开阔少儿视野,陶冶情操,助力少年儿童形成良好的道德品质和健全的人格。

三是增进亲子感情。"e读"线上亲子阅读活动不仅有助于孩子认知能力的发展,激发孩子求知潜能,提升知识水平,还加强了少儿和家长之间的沟通交流,有利于建立融洽的亲子关系,增进亲子间的亲密情感。

四是受到社会广泛好评。疫情时期,让孩子与家长共同阅读,用文字、用画笔、用照片、用朗读等记录生活点滴、展示阅读之美;让他们在阅读中品味喜悦、在阅读中感悟真情、在阅读中历练成长。结合疫情特殊情况,线上线下双管齐下,丰富少年儿童课外生活,做到寓教于乐,活动受到家长和孩子的大力支持与好评。

（撰稿人：重庆市少年儿童图书馆　吴小蕊　傅小燕　周　欣　罗春芳）

"我是抗疫小战士"主题活动

1. 活动背景

2020 年初，面对突如其来的新冠肺炎疫情，有人坚守岗位，有人奋战一线，更多的人选择了居家抗疫。

家庭是孩子栖息的港湾，父母是孩子的第一任老师，巫山市博物馆发挥基地优势，发起"我是抗疫小战士"主题活动，以家庭亲子阅读为依托，倡议广大家长在疫情防控过程中，与孩子一起认真学习抗疫防疫知识，科学防疫，争做"抗疫小战士"。同时营造亲子共同成长的家庭氛围，晒晒居家生活的亲子时光。

2. 参与对象

此次活动主要是线上形式，以家庭、班级、学校等为单位开展。

3. 准备情况

严格落实疫情防控工作，保障健康安全。

拟定活动主题：我是抗疫小战士。

明确活动方式：通过巫山市博物馆微信公众号、微博等自媒体账号发布相关活动信息，结合实际情况，以线上方式开展。

搭建共享平台：主动与县妇联、县教委等部门联系，通过各自传播平台发布活动信息，动员社会力量，积极参与其中。

4. 实施情况

以我们的节日、传统佳节等为契机，组织单位员工开展亲子阅读、为爱阅读、亲子约会等征集活动。作品分别在微信公众号、微博等自媒体账号上发出。

组织基地工作人员，通过分享居家故事的方式，在自媒体账号上推出含有博物馆、本土文化元素的"讲古巫山"专栏，通过"文字＋图片＋音频（普通话＋方言）"的方式，让家长与孩子在玩中学，了解家乡文化，提升文化素养。

与县妇联、县教委共建共享平台，充分发挥校园凝聚力，通过书法、绘画、写作、视频录制等多种方式，将抗疫小知识、感想等内容表达出来。

建立"亲子阅读体验"微信群，为家长、孩子搭建一个交流沟通平台，及时解答各种问题。

5. 活动效果

充分运用线上自媒体账号的优势，先后在微信、微博上推出了"我是抗疫小战士"系列宣传片：《居家战"疫"的有效方式——亲子共读》《开心宅家为爱阅读》《时光正好，来场亲子约会吧》《讲古巫山》以及全民抗疫、全民读书季、天使在身边等10余个内容和话题。

活动推出后，线上浏览量达到40万次，得到全市各家庭、学校的积极参与和支持，共收集亲子作品上千份，包含有书法、绘画、视频等。活动的开展得到了广大家长、孩子的一致认可。

（撰稿人：重庆市巫山县博物馆　李丽娟）

亲子阅读故事会
——儿童阅读与父母沙龙融合的阅读故事会

1. 活动主题

第一期经典故事亲子阅读故事会：《母鸡萝丝去散步》。

第二期科普绘本亲子阅读故事会：《这样的尾巴可以做什么？》。

第三期科普绘本亲子阅读故事会：《小种子》。

第四期经典故事亲子阅读故事会：《小黑鱼》。

2. 活动背景

书店旗下的咪哞亲子阅读馆是一家以绘本阅读为载体，为 3 ~ 6 岁的低幼儿童创建一个读绘本、画绘本、演绘本、讲绘本的优质阅读空间，希望通过绘本阅读激发孩子们的阅读热情，培养他们主动阅读的兴趣。

3. 参与对象

3 ~ 6 岁低幼儿童家庭。

4 期系列活动共开展 6 次，共 90 组家庭参与，270 人受益。咪哞亲子阅读馆 2020 年共举办了 50 多场儿童阅读故事会，直接参与儿童 500 多人次，超过 1500 人受益。

4. 准备情况

为了让孩子们在参与活动时，现场场景更加生动有趣，老师们专门在钟书阁书店的智慧讲堂，进行了氛围营造，准备了许多的自制道具。

课件 PPT 创作：为了一堂优质的阅读课，老师们反复讨论，反复研究，推敲课件逻辑，根据孩子们的心理特点，手绘插图等，以期呈现出最好的效果。

5. 实施情况

活动第一步：正式活动前的有效引导和氛围营造。

咪哞亲子阅读馆的专业老师首先举行了活动的破冰行动，由演绘本开始，让孩子们在欢乐中相互认识，消除彼此的陌生感。然后再让孩子们投入到绘声绘色的朗读之中，琅琅的读书声，让家长们感动不已。由此，开启咪哞阅读的高品质亲子阅读时光。

活动第二步：儿童独立完成阅读思维任务。

孩子们按照老师们的指引走进绘本，去寻找阅读思维任务的答案。这个找寻答案的过程，实际上就是让孩子们体会成就感的重要时间。每个孩子都沉浸在书的海洋中，一边阅读，感受书中人物的快乐，一边围绕老师们给出的阅读任务，寻找答案……当孩子们发现答案的时候，会看到他们眼中流露出的喜悦。也正是这个环节，有效地激发出孩子阅读的热情，因为他们感受到阅读的快乐了。

活动第三步：家长参与父母沙龙，跟随专业家庭教育老师进行自我梳理，成为智慧家长。

每个第一次做父母的年轻人，在面对自己的孩子时，似乎都有手足无措的尴尬，在本期亲子阅读活动里，咪哞家庭教育老师和家长们分享的主题是"走进孩子内心 如何提升亲子沟通？"。本次分享不是知识性的讲授，而是体验式学习。老师带领家长们在安静和放松的环境下做整理，回顾这几年和孩子在沟通上，有哪些值得欣赏的地方，有哪些困扰的地方。

在整理后，老师再请家长们作分享和回应。在该环节里，家长既感受到放松和赋能，同时又收获了专业的解答和帮助。最后，老师还分享了一个好用的工具：客户调查表。家长可以经常把孩子当作自己的客户，询问下孩子的感受、需要及诉求。

活动第四步：亲子交流，赋能家庭。

活动的最后一个环节，是家长和孩子敞开心扉地交流。他们相互之间聊彼此喜欢的话题，一起看一本喜欢的绘本，其乐融融……

6. 媒体宣传报道

7. 活动效果

效果一：有效连接起城市各专业儿童教育机构。

通过系列活动的组织和举办，让我们有幸结识了贵阳市从事低幼儿童教育的诸多优秀机构，如贵州省科技馆等，它们为了孩子们的成长，形成了系统的、有效的专业化课程，为年轻父母植入科学育儿、健康育儿的理念，为孩子们创造良好的受教育环境。

效果二：有效促进街道和咪哞亲子阅读馆的关系。

在咪哞亲子阅读馆系列亲子阅读故事会活动中，阅读馆所在的贵阳市观山湖区长岭街道办，给予了我们诸多的帮助和支持，搭起了阅读馆和辖区家长、孩子的沟通桥梁，每次活动长岭街道都协助进行招募和报道，每场报名爆满，家长们反馈收获颇丰，孩子们也在不断积累中形成良好的阅读和亲子沟通习惯，为所在街道和贵阳市带来了良好的亲子阅读文化。

效果三：为低幼儿童阅读方式作出了有价值的尝试。

相较于传统的知识灌输型阅读教育，咪哞亲子阅读馆一直坚持内在激发式的阅读教育理念，希望以绘本为载体，通过读、讲、画、演等形式，充分调动孩子们的展示和自我表达意愿，让他们在游戏中，使其语言表达能力、沟通协调能力、四肢协调能力、思维能力等得到提高，真正通过绘本阅读，让孩子们感受到阅读的快乐。

（撰稿人：贵州省贵阳市钟书阁书店　黄利军）

森蓝读书会

1. 活动主题

一个专注的阅读推广者——"森蓝读书会"品牌阅读活动。

2. 活动背景

为培养 0 ~ 12 岁孩子的阅读习惯，为广大家庭搭建学习、交流的平台，森蓝亲子阅读空间于 2015 年开启品牌阅读活动——森蓝读书会。

3. 参与对象

0 ~ 12 岁亲子家庭、教育从业者、阅读受益人、森蓝生活方式推广者。

4. 准备情况

确定"森蓝读书会"策划方案。

组建活动负责团队，确定人员分工。

建立讲师团队、评课制度。

进行媒体报道、宣传。

5. 实施情况

开展线上"森蓝读书会"活动，邀请云南省著名大学的教授、全国作协作家、昆明市著名电台主持人、国家级普通话水平评测员等作为主讲嘉宾做阅读分享；邀请云南各校校长、老师，宣威共青团志愿者，宣威文学爱好者，摄影爱好者，亲子家庭等进行读书分享。

开展线上"森蓝读书会"活动，通过"宅家读书""好听""森蓝读书""抗疫知识"等系列语音分享，让家长们足不出户也能学习、分享，提高了大家居家阅读的兴趣。

◎"全国家庭亲子阅读体验基地创新案例"材料——森蓝读书会（1）

◎"全国家庭亲子阅读体验基地创新案例"材料——森蓝读书会（2）

"森蓝读书会"活动一览表

宣威市妇女联合会"家庭教育"培训专场	王玲玲：《后疫情时代：重新审视家庭教育》
	木兰：《阅读的力量》
	辛勤：《社会主义核心价值观亟须细化于家庭》
	过晓松：《阅读吧，爸爸》
	木兰：《绘本携手阅读　孩子幸福一生》
共青团宣威市委"青年之家"专场	王远：我为什么推荐《公司的力量》
	刘明龙："青春之歌"我爱宣威！阅读和创业同行……
	邹丽萍：《我的青春无悔》
	孔垂称：《怎样拥有一颗清净之心》
	甘宁：《我想飞进天空》
	张韦城：《两京十五日》
	祖莉磊：《中国震撼》
昆明市经开区社区家长学校专场	小洛羊社区家长学校家庭教育亲子实践活动——爷爷一定有办法
	大洛羊社区家长学校家庭教育亲子实践活动——阅读的重要性
	大洛羊社区家长学校家庭教育亲子实践活动——爷爷变成了幽灵
	大洛羊社区家长学校家庭教育亲子实践活动——如何做好亲子阅读

6. "森蓝读书会"开展情况

"森蓝读书会·亲子家庭专场"。通过开展"森蓝读书会·亲子家庭专场"，不仅在家庭教育方面给家长一些实际帮助，锻炼孩子自信心、表达力，发现孩子闪光点，同时，亲子家庭读书分享平台让更多的家庭参与进来，共同学习，形成良好的阅读氛围。

宣威双龙一小三年级学生童雯，2019 年 7 月在其语文老师的推荐下参加宣威"森蓝读书会"后逐步爱上阅读，是森蓝阅读的"铁粉"。在 2020 年疫情期间阅读了 70 多本书，有文章在《蜜蜂报》上发表。

邀请云南省网络文化协会副秘书长、昆明市作家协会理事赵立，昆明市广播电视台老年频道节目主持人、京剧演员杜振宝，在新华书店吴井路店开展"从童年到暮年，看西游阅一生"亲子阅读活动。宝叔以京剧为切入点，为现场观众讲述了"云南美猴王"的故事，并表演了孙悟空经典唱段。

"森蓝读书会·教师阅读专场"。森蓝阅读从 2003 年开始推广云南山区学校儿童阅读，根据对云南山区"2+2"图书教室计划的学校研究，发现让学校的老师、校长重视儿童阅读这件事很重要。针对如何做好阅读推广，在教学中实践阅读，如何研发属于自己的阅读课程等问题，森蓝教师读书会为各位老师、校长、教育工作者和学生家长等群体提供交流、学习的平台。通过与亲近母语、21 世纪教育研究院和全国其他权威的阅读推广机构合作，把老师们送到成都、上海、南京等地方培训。经过培训后老师们认识到阅读对于自身和儿童的价值，他们逐渐成为志愿者和阅读推广人。同时，也培养出了一批如清风、小馨、石宏静等名师，马龙中心校、宣威明德小学、丽江宁蒗秀清希望小学等成为积极践行、推广阅读的学校。

"森蓝读书会·女性阅读"。在新时代下，独立和自主，成为更多女性的追求，如何让自己具备新时代新女性的能力呢？森蓝女性读书会，让女性在家庭、生活中学会和自己对话，发现未知的自己，让自己拥有幸福的能力，懂自己、懂教育、懂生活、做一个好妈妈、好妻子、好女儿。

邀请云南知名电视节目主持人文倩，围绕热播网剧《隐秘的角落》，一起探讨、分享了《隐秘的角落》触动到自己的点。

邀请从事瑜伽教学10余年的舒心老师，与大家分享张德芬的《遇见未知的自己》以及冥想训练。现场听众朱女士表示："听完舒心老师的分享，我感触很深，在学校，我是一名老师；在家里，我是一位妈妈、一位妻子。通过舒心老师的分享，我明白了自己不能浮躁，要沉下心来去面对每一个人，每一件事。"

7.实施效果

"森蓝读书会"让广大家庭有了分享的平台，大家的每一次参与和聆听，都有机会了解一本新书、一种生命状态，发现真实的自己。从孩子和家长身上的改变，感受到阅读的力量。

"森蓝读书会"也让参与的孩子，得到参与、发言、主持的锻炼机会，从而在表达力、学习力、倾听力、思考力等方面，有了显著的进步。另外，对亲子关系的改善、孩子性格的塑造与改变也起到一定的积极作用。

（撰稿人：云南省昆明森蓝亲子阅读空间　晏巾杰）

"秦韵国学堂"亲子阅读活动

1. 活动主题

通过亲子参与互动活动,向孩子们展示中国传统文化,激发他们的爱国主义思想,传承中国传统文化。

2. 活动背景

党的十九大以来,习近平总书记多次强调要传承和弘扬中华优秀传统文化。为了响应总书记的号召,落实中央关于开展全民阅读、打造书香社会的重要部署,陕西省图书馆少年儿童馆专门开展了一个全新的系列亲子阅读活动——"秦韵国学堂",利用节假日、周末开展寓教于乐的亲子活动,将中国优秀的传统文化通过诵诗歌、听故事、做剪纸、画国画、写书法、唱戏曲等多种艺术形式来展现,让家长与孩子一起全方位地感受传统文化的魅力。

3. 参与对象

活动参与对象是 10 岁以下少年儿童及其家长,截至 2020 年 1 月已经举办了 7 场亲子活动,共计 200 多组家庭 400 多人参加此活动。

4. 准备及实施情况

活动准备:在每场活动开展之前,活动策划的老师都会精心选定活动主题,根据主题搜集、整理大量的素材,邀请相关专家来为孩子们奉献一场场高水准的活动。活动场场都有新的创意,内容丰富,形式多样,既动手又动脑,并通过家长的陪伴和鼓励培养了亲子之间的情感。

活动开展:我馆在阅览区专门划分了小舞台空间,并利用投影设备和音响设备,为亲子共读共画共参与创造一个新奇的、变幻无穷的视听空间。

活动案例:我们的活动不仅给孩子和家长普及传统文化知识,还设置家长与孩子的互动环节。在"多彩非遗·魅力戏曲"这场活动中,老师在向家长和孩子们讲述了中国戏曲的起源、发展历程和分类之后，让每一位家长选择一种戏曲的形式向自己的孩子展示其最突出的特色，家长有的学京剧中的花脸大笑："哇呀呀呀呀"；有的模仿昆曲中的花旦舞起了水袖；还有的家长本身就是戏迷，直接现场唱了一段《苏三起解》。孩子们从未在家中见过这样的父母，也从未有机会这样了解过父母亲的喜好，他们有的惊喜，有的激动，与父母的距离更近了，亲子之间的互动在传统文化的承载下更加有爱。

在"粽意满省图"亲子活动中，老师向参与活动的家庭介绍了端午节的由来和民俗讲究，家长抱着孩子听得仔仔细细。当工作人员拿出粽子请大家品尝时，家长们纷纷主动向孩子们介绍起了粽子的包法和粽子的各种口味。品尝过美味的粽子，老师又带领大家画起了国画粽子，最后在家长和孩子们的共同努力下，家长画一笔，孩子学一笔，一幅幅国画粽子完成了。参与活动的孩子说："在家里妈妈从来没有和我说过粽子的包法，我好喜欢这里的妈妈！"还有"葫

◎大家的作品

◎画葫芦

◎庆祝国庆

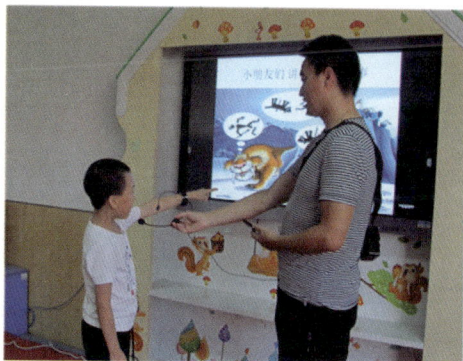

◎唐诗小达人

芦挂藤"活动，工作人员向家长和孩子们讲述了代表"福禄"的葫芦由来，并带领着孩子和家长们画了"葫芦挂藤"国画作品。暑期开展的唐诗鉴赏活动"夏天的诗句"，老师引导家长和孩子们一起欣赏了白居易的《池上》、袁枚的《所见》等诗，细细品味古诗的韵味，并共同合作吟诵了夏天的诗句。

国庆前夕，我们开展"小小中国追梦人"活动，喜迎祖国 70 年华诞。活动现场，老师向家长和孩子们讲述了中华人民共和国成立前的那段壮烈的革命史，还教孩子们和家长穿针引线，共同缝制了有天安门、华表、中国地图等图案的挂包，培养了孩子们热爱祖国的情怀。

5. 活动效果

亲子阅读品牌活动"秦韵国学堂"通过丰富多彩的亲子活动内容，在潜移默化中提高了孩子们和家长们的中国传统文化素养，培养了他们热爱中华民族的情感，有助于内化民族意识，升华民族精神，让参与活动的家庭更加和谐幸福。

（撰稿人：陕西省图书馆少年儿童馆　孙红侠）

多彩阅读，你我同行

1. 活动主题

图书就是孩子们认识多彩世界的重要窗口。因此，我院全方位地开展了多项读书活动，旨在号召全体教师、幼儿及家长共同读书，以读书长知识、以读书增智慧、以读书树理想、以读书育人格，一同体验读书、品书、思书的快乐之旅。

2. 活动背景

为进一步贯彻落实习近平总书记关于注重家庭、注重家教、注重家风的重要指示精神，落实中央关于开展全民阅读的重要部署，落实全国妇联"书香飘万家"家庭亲子阅读活动的重要指示，我院积极开展以"品味书香，静享阅读"为主题的阅读活动，指导家庭开展优质且独具特色的亲子阅读活动，进而形成浓郁的家庭阅读氛围，培养幼儿阅读习惯，使阅读走进家庭，走进全社会。

3. 参与对象

在保育院精心安排、组织下，延安洛杉矶保育院东关总院及新区分院共972名幼儿及家长参与，通过"亲子朗诵""每日一读""故事分享""绘本推荐""角色扮演""你问我答"等不同形式参与阅读。

4. 准备情况

（1）阅读指导

在阅读活动开展之前，我院以班级为单位对家长在亲子阅读中存在的困惑进行了收集，通过教研讨论、教师书籍分享，为家长答疑解惑，帮助家长有效地陪伴、指导幼儿享受快乐的亲子阅读时光。

（2）打造阅读场地

我们为孩子准备了丰富、生动有趣的图书，配备了书桌、坐垫、沙发，搭建了小小的活动平台，并配置话筒、支架等设备，为幼儿打造了一个温馨的读书小屋。

5. 实施情况

图书漂流：漂流的图书就像蒲公英，在经过的地方撒下知识的种子。小朋友通过分享自己喜欢的图书，讲述这本书的奥秘，引起其他小朋友的兴趣，在亲子阅读中既解决了家长选择书籍的困惑，又增强了小朋友们的阅读兴趣，同时也在潜移默化中让小朋友了解要爱护书本，培养了幼儿的良好阅读品质。

书香悦读展风采：在阅读活动中，适当的阅读效果展示会激发幼儿的阅读兴趣，提高阅读专注力。阅读展示不仅可以采用诵读，还可以表演，特别是亲子共同展示，既增进了亲子间的感情，又加深了家长对于阅读的认识理解。

在阅读效果展示中，孩子们表现得落落大方，亲子之间的配合也非常默契，共同演绎了一个个经典有趣的故事。《猜猜我有多爱你》《小红帽》《王二小》《三只小猪》……夸张的表演动作、灵动的面部表情、流畅的故事讲述等体现了亲子共读的魅力。清新动听的背景音乐、巧妙运用的表演道具也使得整个表演更加引人入胜，赢得了在场观众的阵阵掌声，孩子们也在欢乐的故事表演氛

围中潜移默化地体验到了读书的乐趣，收获了自信。

亲子朗诵赛：挑几本好书、找几篇美文，录制亲子朗读视频，让孩子感悟文字的魅力，体会阅读的乐趣。通过对阅读活动材料的收集，最后评比筛选出了坚持打卡、坚持阅读、录制了亲子视频的125个家庭荣获"书香家庭"称号，并甄选了12位小朋友录制的亲子阅读视频，推送到市妇联的微信公众号平台，勉励大家愿读悦享。

读书作品集：请家长和孩子一起制定读书计划，制作读书笔记、读书小报，用视频和照片记录下来，与大家分享。从小培养孩子能静下来潜心阅读，让读书成为陪伴孩子一生的好习惯。

6. 活动效果

亲子互动，收获精彩。为了促进阅读活动的有效开展，鼓励家长、幼儿在家园平台、班级阅读分享群、朋友圈、小打卡程序等平台坚持打卡，并录制亲子阅读视频，使家长多一些心思，多一些投入，多一些陪伴，与孩子一起收获精彩。

阅读悦享，自信自强。通过亲子阅读活动，孩子们乐于分享，主动阅读，在读书中形成了你追我赶、多读多快乐的阅读氛围。形式多样的阅读展现形式，使得孩子们在面对镜头分享阅读感受时，自信大方，活泼开朗。本次活动孩子们无论是阅读能力还是情感体验，都有明显的变化。

（撰稿人：陕西省延安洛杉矶保育院　付　慧）

"书香三秦　德润万家　亲子阅读　相伴成长"系列活动

1. 主题

建书香家庭，做智慧父母，育时代新人。

2. 活动背景

为深入贯彻落实习近平总书记关于注重家庭、注重家风、注重家教的指示精神，积极响应党中央、国务院"全民阅读"的重要部署和全国妇联"书香飘万家"家庭亲子阅读活动的指示，将培育和践行社会主义核心价值观与生动有效的家庭教育实践活动有机结合，陕西省妇联积极联合省委宣传部、省委文明办、省教育厅、省新闻出版广电局和陕西广播电视台等单位组建亲子阅读办公室和阅读推广大使团队，持续深入开展了"书香三秦　德润万家　亲子阅读　相伴成长"系列活动。充分发挥阅读经典、书写家书在传播科学家教理念、弘扬优良家风、促进儿童健康成长中的重要作用。

3. 参与对象

全省城乡广大家庭，中小学和幼儿园，企业、机关和社会各界。

4. 准备和实施情况

高度重视，建立保障机制。陕西省妇联牵头，由省委文明办、省教育厅、省新闻出版广电局等 10 部门制定了《全省家庭教育工作联席会议制度》，为活动提供机制保障。定期召开主席办公会、成员单位联席会，专题研究部署此项工作，与省委文明办、省教育厅、省新闻出版局共同下发文件，制定活动方案、总体规划和年度目标，明确具体措施要求，通过全省联动、多部门合作、"五个一"（阵地、网络、团队、机制、品牌）建设和"六进"（进家庭、进学校、进社区、进乡村、进机关、进企业）活动，构建家庭、学校、社会"三位一体"工作机制平台，持续推进亲子阅读活动在全省广泛深入、常态化开展。

精心组织，系列活动引领。省妇联作为全省亲子阅读的主要组织者，认真履行全省"三秦书月"全民阅读活动组委会成员单位职责，坚持在"家"字上做文章，在"联"字上下功夫，通过"五个一"建设和"六进"措施，不断创新出优，打造亲子阅读示范品牌，扩大活动覆盖面和影响力。截至目前，在各级领导和各成员单位的大力支持协助下，全省联动开展"优秀家书家训家风家教故事征集评选""亲子阅读指导""亲子阅读分享会""爱心图书捐赠""妈妈读书会""家庭读书会""家庭故事会""好书分享会""家庭情景剧表演""亲子阅读沙龙""我和爸妈同读一本书"等丰富多彩的主题实践活动 1000 多场次，参与家长和儿童 100 多万人次。

发挥已创建的 45 个亲子阅读基地和省市县妇联 100 余所家风馆和家教中心阵地独特优势，发挥 2 万多所妇女儿童之家、家长学校阵地作用，通过"三秦父母大讲堂""三秦父母微课堂"常态化开展"建书香家庭做智慧父母，育时代新人"及"好家风好家教大型公益巡讲"，受益家长、儿童 300 多万人次。使全省"亲子阅读"公益活动真正做到了接地气、解民需、出实效。

组织专家学者、作家、教师为主体的"亲子阅读推广大使团（百名志愿者团队）"，走进学校、社区、乡村和贫困地区，开展"家庭阅读与儿童健康成长"专题讲座、名人名家领读经典，将亲子共读的理念、方法、内容传授给广大家庭，引导家长和儿童爱读书、读好书，共建书香家庭氛围。

持续开展爱心图书捐赠，积极助力全省"巾帼扶贫扶智（扶志）千村行"活动。动员社会力量，组织"爱心妈妈"志愿者和亲子阅读推广大使，为贫困家庭儿童、留守儿童、困境儿童讲故事、诵经典、传家风，让 10 万名困境儿童共同享受阅读快乐和亲情关爱，帮助他们通过读书启智、励志。

加强宣传，持续深化。通过全省妇联网上公众平台"秦女子之声"和陕西广播电视台《长安夜话》，开设"一封家书"专栏，开展"优秀家书和家风家教故事""三秦幸福家庭随手拍""亲子阅读微视频"线上线下征集评选展播活动，广泛传播中华优秀家风家教文化和科学教子理念，让优秀的家训、良好的家教、淳朴的家风得以薪火相传。

抢抓重要节点，加强组织推进。连续 4 年，利用"4·23"世界读书日、"5·15"

国际家庭日、六一儿童节和寒暑假，共同举办"建书香家庭、做智慧父母、育时代新人"为主题的"亲子阅读分享"、"亲子诵读比赛"、"大爱同行，情暖童心快乐成长"、"百童书家训·墨宝传家风"、"书香最美家庭"、"悦读越高"儿童书尺比高趣味赛等系列亲子阅读活动。

承办全国阅读活动。2019年5月24—27日，联合全国"书香三八"组委会，共同举办了"全国书香'三八'嘉年华，读书成果展示暨陕西行走阅读"系列

◎ "6·1"小小考古家活动

◎ 877厂子校阅读分享

◎ "耕读传家 书香一世"活动现场

◎后宰门小学手拉手活动

◎亲子阅读云竞赛颁奖典礼

◎亲子阅读展演

活动；7月26—30日，联合中国出版协会和未来出版社，在西安共同举办了"全国首届少年儿童阅读节暨家庭阅读高峰论坛"系列活动，并共同发起成立了"全国少儿阅读联盟"。据不完全统计，各级各类媒体宣传报道150多次，各类新媒体发布转发62639次，2018年全省"庆六一　做智慧父母　育时代新人"亲子阅读分享大会现场网络直播，省电视台、西部网等省内外30多家媒体相继报道，当日点击量达50多万次。

5. 活动效果

"书香三秦　德润万家　亲子阅读　相伴成长"系列主题实践活动，在培育和践行社会主义核心价值观，传承中华优秀传统文化和优良家风，传播科学家庭教育理念，促进儿童健康成长中发挥了积极而重要的作用，受到各级党政、社会各界和广大群众的广泛欢迎和赞誉，同时有效激发了各参与部门的热情和共识，得到了全省各级妇联和相关部门大力支持，活动特色鲜明、内容丰富，寓教于乐，吸引了100多万家长和儿童的积极参与，获得全媒体宣传报道，取得了良好的社会效果和阶段性成效，成为陕西全民阅读一项独特的品牌活动。

（撰稿人：陕西省妇女联合会　卓　瑞）

"书香四溢，与爱同行"亲子阅读主题系列活动

1. 活动背景和主题

我院积极响应习近平总书记关于读书的号召，优化院所阅读环境，营造良好的阅读氛围，激发家长、教师、幼儿的读书热情，发展个性，增长知识，促进亲子共读、师幼共读、同伴共读。在院所活动基础上，充分借助甘肃省妇联、兰州市图书馆、社会教育机构等多方力量，开展了"绘本漂流""为爱朗读 陪伴成长""书海品读经典 书香润泽童年""相遇中国节——读中国故事""小手拉大手，讲好普通话""我和图书做朋友""童心童趣亲子原创绘本""书香妇联·悦讲堂"等各类亲子阅读、讲座、赛事活动。自2018年来，组织各类阅读活动30余次，参与人数上万人。

2. 参与对象

保育院全体幼儿、家长及老师。

3. 准备情况

根据历次活动具体情况，制定详细活动方案。

4. 实施情况

（1）精心策划，细致准备，做好家院同步工作。

我院以幼儿日常阅读活动、节日主题活动、社会实践活动、环境创设活动等为契机，组织开展各类阅读活动。在每次活动前，征求家长建议，精心策划具体活动方案，做好家院同步工作。

（2）形式多样，内容丰富，调动家院合作。

① "绘本漂流"活动，构建共育桥梁

挑选、确定符合各年龄段幼儿阅读书目，与家长交流活动意义，获得家长支持，每个家庭自愿购买一本绘本，以班级为单位进行漂流活动。每周五幼儿离院时将"漂流绘本"带回家中，进行亲子共读、分享、交流，亲子共读时间为2天。周一将绘

本带回班级，消毒后周内在班级活动区幼儿自选阅读。为保证幼儿阅读内容的有序更新，每周为幼儿更换阅读内容，家长、班级教师以不同形式开展了"绘本漂流记"记录活动，真实再现亲子阅读过程。在充分发挥班级交流互换优势的同时，也减轻了家长的经济负担。

◎"绘本漂流"之"漂流记录"

②节日主题活动，萌发爱国情怀

结合世界读书日，我院开展了"书海品读经典　书香润泽童年""小小书籍，大大世界，闻书香，润人生"世界读书日主题系列活动；结合元宵节、端午节、中秋节等传统节日，开展了"相遇中国节，读中国故事"亲子阅读活动，从小萌发幼儿的爱国情怀。

③日常阅读活动，创设阅读环境

我院投入大量资金，为幼儿购置各类绘本4000余册，适宜家长、教师阅读的各类书籍3000余册（仍在持续增加），投放于公共阅览室及班级阅读区内，每周各班进入阅览室阅读一次，教师组织开展师幼共读活动、幼儿自选阅读活动。在班级内自选时间进行集体、分组阅读活动，逐步培养了幼儿良好的阅读习惯，从小增强了幼儿爱读书的意识。

④社会实践活动，丰富阅读形式

参与"手拉手传递真情，心连心点亮希望"活动，家长、教师巾帼志愿者走进东乡、积石山县，带去了全院师幼为当地幼儿园、小学捐赠的大量图书，实地开展了普通话教学活动，在推广普及普通话的同时极大地调动了当地幼儿阅读的积极性。

⑤环境创设活动，养成良好习惯

我院将阅读活动与礼仪课相结合，为幼儿创设温馨教育环境，如公共区域内的"爱心书屋"、"秋之韵"、"阅读角"、"文明之车"绘本墙等。

班级环境中，"徜徉书海"利用照片形式展现了孩子和家长共同阅读的场景；"水果屋"通过绘画形式表现了孩子们阅读完绘本后的丰富想象；"阅读回忆"记载了师幼阅读、亲子阅读的美好过程等。

◎爱心书屋　　　　　　　　　　　◎"文明之车"绘本墙

⑥"双线联动"活动，激发阅读兴趣

根据疫情防控现状，充分利用院所公众号、班级群等平台，线上、线下相结合，小、中、大班根据不同年龄段幼儿特点，分别开展形式不一的线上"云阅读"，如大班组"我推荐一本好书"、中班组"故事大王讲述"、小班组"听爸爸讲小时候的故事"等活动。线下开展"小巧手"活动，如大班组"自然物书签制作"、中班组"图书医生　爱护图书"、小班组"小手动动　书柜齐齐"等活动。

全体师幼、家长参加了由甘肃省新华书店举办的"阅读让生活更美好"线上朗读比赛活动，多个家庭、多位教师获得奖项。在全院开展了"我的故事"亲子绘本制作、"绘本'慢'阅读"主题讲座、"玩转绘本"情景剧创编等活动。家长、教师参加了"爱与梦想　温暖启航"幼儿园绘本阅读分享交流会，听著名绘本大师宫西达也讲述绘本阅读的故事。

5. 活动效果

"书香四溢，与爱同行"亲子阅读主题系列活动的开展，丰富了幼儿家庭文化生活，营造了良好教育氛围，增进了幼儿与家长的亲子关系。

同时我院紧紧围绕立德树人的根本要求，积极利用社会资源，进一步发挥了在引领亲子阅读风尚、开展亲子阅读培训、提供亲子阅读指导方面的示范带头作用。

（撰稿人：甘肃省妇联第二保育院　周　蕾）

"亲子共读好时光" 活动

1. 活动背景和目的

西宁市保育院成立于 1951 年，历史悠久，有着"红色摇篮"的底蕴。由于城市建设的需要，2014 年 12 月底搬迁至城东区韵家口地区，所处地区教育资源不够均衡，教育力量薄弱，正确的教育观尚未形成，过度保护或过度放任的教养态度普遍存在。针对此情况，我院把家庭亲子阅读活动作为家庭文明建设、家庭教育的主要抓手，制定了以"阅读 共读 悦读"为核心价值的 5 年发展规划。其目的是以书为媒，以阅读为纽带，促进幼儿健康成长，转变家长教育理念，让阅读成为孩子认知和交流的重要途径，成为童年快乐生活的一部分。为让家长与孩子一起享受阅读的快乐，让快乐阅读的习惯陪伴孩子终身，我院开展了"亲子共读好时光"的主题活动。

2. 参与人数

活动参与对象是我院全体教师、幼儿及家长。共计 301 组家庭，活动参与人数达 900 多人。

3. 前期准备

各教研组结合幼儿年龄特点，研究制定适合本年龄段幼儿的亲子阅读计划。

各班召开家长会，向家长宣传早期阅读的重要性，并发出"亲子共读好时光"活动的倡议书，引导每个家庭积极参与。

各班教师积极与家长沟通，建立班级推荐图书目录。

制定"亲子共读好时光"阅读记录表格、图书借阅记录表。

丰富院所公共阅读区域的图书，各班级利用图书角，班级走廊设置图书漂流区，供幼儿自由借阅图书。

4. 活动实施

2019 年 3—10 月，本次活动历时 8 个月，分 3 个阶段开展。

导读阶段：

举行"亲子共读好时光"活动启动仪式，开展主题为"陪孩子一起阅读"的家庭教育讲座。

成立了"宝妈故事团"，由各班有一定文化素养、普通话标准的宝妈们借助多媒体手段录制故事音频，通过院内广播，午餐前定时播放。

各班教师向家长推荐阅读的图书书目，并将制定的"亲子共读好时光"阅读记录表发给家长，利用家长会、QQ 群、微信群、入园和离园交流等形式来督促、指导家庭亲子共读活动的开展。

◎亲子阅读启动仪式暨家庭讲座

亲子共读阶段：

家长与孩子每天共读半小时，孩子每天在幼儿园打卡记录是否坚持阅读。

教师鼓励家长为孩子创造良好的阅读环境和家庭氛围，指导家长用多种形式（图片、视频、文字、表格）记录亲子阅读情况。

请部分参加阅读活动的家长，利用家长会、QQ 群、微信群的形式，和其他家长交流自己的经验。

开展"我是小小故事家"

晨间活动，由一名幼儿讲述昨天阅读的故事。

组织青年教师录制故事、诗歌、古诗、成语故事的音频、视频，分享给其他班级教师、家长和幼儿。

分享共读成果阶段：

组织开展"祖国在我心中"亲子阅读诗歌朗诵展演活动。

7个家庭参加省妇联举办的"快乐读书　幸福成长"家庭朗读活动。6个家庭参加市妇联主办的"相伴共读　幸福成长"家庭亲子阅读活动并分别取得较好的成绩。

院所对评选出的21个书香宝贝、21个书香家庭、18个故事大王进行表彰。

开展"庆六一亲子阅读绘本展演"活动，8个家庭为全院幼儿表演绘本故事。

5. 活动效果

（1）向家长传递了坚持亲子阅读的理念

我院本次参加活动的家庭共有301个，家长的参与率达100%。尤其是进入活动的第二阶段，要求家长每天陪伴孩子阅读半个小时，由孩子入院后打卡记录。在前2周的记录中，有部分家长不能完成阅读任务，班级的平均完成率只有65%，教师通过公布阅读记录表，孩子主动提醒家长按时完成，督促家长每天坚持亲子阅读，第2个月家长的完成率大幅度提高，3个班平均完成率达到98%以上。

（2）切实感受到阅读益处

家长和幼儿从选择阅读内容开始，直到阅读后的交流，形成一个"选书—读书—聊书—再选书—再读书"立体循环的环节，在这个亲子共读的过程中建立了平等的关系，找到共同感兴趣的话题，帮助孩子拓展学习兴趣，促进孩子的心理机能和语言机能的发展，引导家长通过阅读观察自己的孩子、了解孩子，同时发现孩子的问题，引导孩子进行更广泛的思考。

（3）提升了家长育儿的能力

教师在引导、督促家长与幼儿共同阅读的过程中，总结出可以延伸阅读活动的4种方法，指导家长采用互相朗读、交换阅读、角色演读、绘画阅读4种形式开展阅读，确保亲子阅读活动有序有效开展，提升了家长育儿的能力。

（撰稿人：青海省西宁市保育院　高红珊）

亲子阅读，快乐成长

1. 活动主题

最是书香能致远，万古人间四月天。阅读不仅能够滋润一个人的灵魂，而且可以塑造一个民族的精神。我园开展的"亲子阅读，快乐成长"主题系列活动，旨在通过家长的陪伴进行有效阅读，丰富孩子的阅读体验，并在幼儿园通过有趣的形式展示，激发孩子们对阅读的兴趣，让家长和孩子们在阅读中开阔视野，增长知识，陶冶情操，改善家长教育方式方法，促进孩子健康快乐成长。

2. 参与对象

第二师师直幼儿园大班 9 名教师、101 位幼儿及家长。

3. 准备情况

各班制定亲子阅读计划，通过制定计划，明确活动内容，保证活动的有序开展。

幼儿园进行"陪伴滋养心灵，阅读绿润生命"专业培训。

开展亲子阅读动员会，通过线上家长会，鼓励家长积极参与亲子阅读活动。

4. 实施情况

每日亲子阅读活动。教师引领家长和幼儿积极参与到钉钉阅读打卡活动中来，家长认真陪伴孩子进行每日 10～30 分钟的亲子阅读，通过亲子共读、互动式提问、填写亲子阅读记录卡等方式，让孩子养成坚持阅读的好习惯。

开展"我是故事大王""小小朗读者""童音广播站"展示活动。孩子们阅读的内容充满童趣、内容广泛，有绘本故事、经典诵读、科普图书等，针对孩子们的不同兴趣点，开展"我是故事大王""小小朗读者""童音广播站"展示活动，孩子们以讲故事、朗诵诗歌、绕口令、故事表演、小小主持人等多种形式，将自己喜欢的内容进行表演，展示孩子们丰富的阅读内容，提升孩子们的自信心，同时也诠释着他们对阅读的热爱。

"跨班式""大带小"阅读。大班幼儿带着自己最喜欢的图书来到小班，给弟弟妹妹讲自己最喜欢的故事，培养孩子自信的同时，也潜移默化地影响着小班的弟弟妹妹爱上图书。

词语开花、成语故事。在阅读的过程中，孩子们会认识很多的新词，为了让孩子们对故事中的词语有更多的兴趣，教师组织孩子们进行词语开花、词语接龙、你做我猜（成语故事）等游戏，让孩子们在开心、轻松的游戏中学习词语，加深对故事的理解。

最喜欢的图书清单。在有一定阅读量的基础上，我们组织家长统计"我家宝贝最喜欢的图书清单"，给孩子和家长进行推荐，激发孩子们对更多的书籍的阅读兴趣。

图书漂流活动。孩子们将自己喜欢的图书带到幼儿园，和小伙伴在餐后进行分享，进行图书漂流活动，孩子们在分享与讲述的过程中，不断地成长。

我和宝贝的阅读故事。在阅读的过程中，家长和孩子总是有着有趣而又难忘的故事，学期末通过"我和宝贝的阅读故事"一起品味阅读的快乐，并激励家长和孩子们在阅读的路上一直向前。

爸爸故事时间。充分发掘家长资源，让家长参与到讲故事中来，将家长讲的优质故事以视频的形式分享到班级群中，提升家长讲故事的技巧，同时也使孩子们对故事更加感兴趣。

自制绘本。家长和孩子通过自制绘本，将自己创编的故事以绘画、手工等形式进行设计，创作属于自己的独一无二的绘本。

绘本墙。在美工区展示孩子们喜欢的绘本，激励孩子们去发现和阅读更多优秀的绘本。

5. 活动效果

家长和孩子们参与亲子阅读积极性高，90%的家长参与频率在每月 20 天以上，将近 500 本图书进行了"图书漂流"。丰富多样的展示活动提升了孩子们的自信心和表现力，激起了孩子们的求知欲，培养了孩子们对画面、对语言、对文字的感知力，让孩子们爱上读书，极大地提高了孩子们的阅读能力，积累和发展语言，开发智力，发展创造性思维。

活动加深了父母与孩子的感情，使孩子们深切地体验到父爱、母爱的温暖，每晚的亲子阅读，是家长和孩子最亲密的亲子时光。一旦养成阅读的好习惯，孩子会主动要求阅读，家长也能体会到孩子为自己讲故事的幸福感。

（撰稿人：新疆生产建设兵团第二师师直幼儿园　胡文娟）

亲子阅读《声律启蒙》

1. 活动主题

阅读是学习的基础，在幼儿园阅读的时间是远远不够的，我们希望家长可以利用空余时间带着孩子进行亲子阅读，通过亲子阅读活动帮助孩子养成独立阅读的良好习惯,使家长和孩子更好地沟通和交流,拉近家长与孩子之间的距离,增加老师与家长之间的沟通，增强全民阅读的意识。

2. 活动背景

家庭是孩子们栖息的港湾，幼儿园是孩子学习成长的乐园，父母是孩子的第一任老师,家庭和幼儿园是孩子接受教育的两个最重要的地方。我园联合家长，通过亲子阅读活动培养孩子阅读的习惯和阅读的良好方法，增进家长和孩子间的沟通和交流，拉近家长与孩子之间的距离，并且增加教师与家长之间的沟通,增强全民阅读的意识。

3. 参与对象

大班全体 120 名幼儿及其家长。

4. 准备情况

"书香伴成长"活动开展于第一师塔里木第一幼儿园户外活动场地，我园为孩子准备了服装、音响、奖品（各种有趣的新书绘本）等道具，以班级为单位进行朗诵比赛。

5. 实施情况

制定家庭读书计划。请幼儿在家和父母一起看 15 ~ 20 分钟的读物，看完之后和父母讨论自己想用什么书作为亲子阅读的读物，之后记录下来带到幼儿园。我们发现有十几个家长选择了《声律启蒙》，后来发现它不仅能传承中华传统诗词文化，也是当今文化发展需要的读物；不仅朗朗上口，且能培养幼儿的良好语感，所以我们选择了《声律启蒙》作为亲子阅读的读物。

实施阶段：

①确定读书时间：确保每天在固定时间内坚持阅读，一般阅读时间不少于20分钟，节假日可以自行增减。

②活动推进：为了鼓励家长和幼儿积极参与亲子阅读活动，我们进行了亲子阅读21天打卡活动以及在班级群分享父母和幼儿共同朗读的方式。伴随着亲子活动的开展，很多家长反映孩子阅读习惯也越来越好。

成果汇报：

为了鼓励幼儿和家长继续坚持亲子阅读活动，我园举办了一个"书香伴成长"活动。利用一个上午的时间，展示本次亲子读书主题活动成果，组织了一次以班级为单位的朗诵比赛。

活动开始前各班教师先各自进行排练，排练后在塔里木第一幼儿园的户外场地上进行了一场以班级为单位的朗诵比赛。各班级的教师、幼儿各显神通，有单独朗诵，有带手语朗诵的形式，展示出了古典文化的魅力，也展现了孩子的阅读成果。这个活动获得了园领导的认可和支持，让我们把这个活动作为六一活动的一个开场节目，4个班将《声律启蒙》编排了一个简单的情景配乐朗诵节目，将亲子阅读活动推广到了整个幼儿园，让所有的小朋友及家长都积极参与亲子阅读活动。

6. 活动效果

此次亲子阅读活动取得了一定成效，每个孩子从不同程度上感受到了阅读带给他们的快乐，在亲子共读过程中，家长们也用镜头记录下了一个个亲子共读的温馨画面，不仅增进了家长和孩子之间的情感交流，也为孩子们的成长留下了美好的回忆。而举办的"书香伴成长"活动，不仅让幼儿明白了阅读的重要性，也让幼儿体会到了成功的喜悦，让家长认识到了阅读的重要性。所谓言教不如身教，要让孩子有良好的阅读兴趣和习惯，家长必须以身作则，且尽可能做到多和孩子一起看书，多与孩子交流，鼓励孩子把书中的故事情节或具体内容复述出来，把自己的看法和观点讲出来，然后与孩子分析、讨论。久而久之，孩子的阅读兴趣就变得更加浓郁，阅读水平也会逐步提高，既营造了和谐的亲子关系，又让孩子享受到读书的乐趣，还让孩子体会到了学习的满足感。

（撰稿人：新疆生产建设兵团第一师塔里木第一幼儿园　许　艺）

儿童之家"六点半课堂"

1. 活动主题

"阅享童年、健康成长"亲子阅读。

2. 活动背景

为培养儿童良好阅读习惯,传播科学家庭教育理念,培育和践行社会主义核心价值观,传承中华优秀传统文化和优良家风,促进家庭文明新风尚,促进社区青少年儿童健康成长和家庭的幸福和谐,腾飞里社区充分发挥社区"六点半课堂"作用,开展了亲子阅读活动。在"六点半课堂"的大教室里,教师组织孩子们开展趣味活动,包括看教育影片、青少年法制知识讲座、剪纸、绘画、阅读比赛等,增强孩子们的学习兴趣。下课后家长到社区将自己的孩子接走,解决了家长的后顾之忧。

3. 参与对象

跟随父母来本地打工的农民工子女、困难家庭子女、孤儿等。

4. 准备情况

社区图书室40平方米左右,为使服务更精准化、精细化,社区充分发挥各界人士的力量,由党员志愿者、大学生志愿者和工作人员轮流值班辅导孩子们做作业,并开展寓教于乐的游戏。

5. 实施情况

培养学生良好的学习习惯,使学生具备终身学习的能力,并指导学生开展好课外活动。积极组织学生开展课外学科小组活动,增强学生学习兴趣,拓宽知识面,培养学生自学能力、动手能力和创造能力。

根据不同年龄段儿童的兴趣爱好和心理特征,开展亲子阅读主题游学活动。利用节假日,围绕社会主义核心价值观、中华传统文化、感受大自然魅力等内容,引导家长和儿童传承美德，感受大自然的美，享受阅读的乐趣。

将创先争优与美化生活环境相结合。组织开展"爱心志愿服务"等活动，组织儿童积极开展美化家庭、清洁环境活动，为我社区争创文明社区作出了积极贡献。暑假期间组织孩子们开展"环保之行"活动。

开展慰问贫困对象活动。六一期间，慰问了社区数名贫困、单亲儿童，让他们感受到了社区党组织的温暖。

◎为低保儿童送学上门

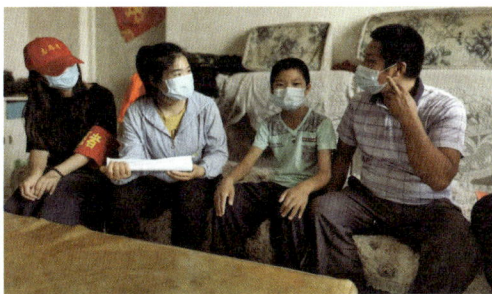

◎走访慰问社区单亲儿童家庭

6. 活动效果

通过一系列活动的开展，儿童形成了浓厚的读书、学习兴趣，养成良好读书习惯，促进良好的学风、教风的形成，提升了学习质量，亲子关系得到了改善，收获了社区居民真心实意的点赞。

今后，腾飞里社区亲子阅读基地活动中心将积极发挥基地作用，以社区"新时代文明实践站"为依托，积极开展师生共读、亲子共读活动，让"六点半课堂"成为培养师生浓厚的读书兴趣和良好读书习惯的驿站，成为家长与学生共同的精神家园，为我社区的青少年健康成长保驾护航！

（撰稿人：新疆生产建设兵团第七师胡杨河市 128 团腾飞里社区　臧薇薇）

书本的世界

1. 活动主题

书是一颗小小的种子，当父母把它种在孩子的心田，再用耐心去浇灌，小小的种子就会爆发出勃勃生机，长成参天大树，从而启迪孩子的心灵，滋养孩子的智慧。

亲子阅读可以让家长和孩子一起分享阅读的乐趣，并且增加与孩子的互动与交流。在亲子阅读活动中，辅之以游戏，既提升了孩子的阅读兴趣，又可以增强亲子的情感，而且在亲子阅读过程中还可以培养孩子的良好习惯和性格。

2. 活动背景

阅读，能给孩子带来无限的乐趣。热爱阅读可以改变孩子的一切，使孩子受益终身。阅读是一种能给孩子带来无限乐趣的活动，同时，也是他们获取知识、开阔视野的一种学习方法。阅读习惯是人生最有价值的习惯，亲子阅读更能给家长和孩子带来愉快的享受和情感的交流。

早期阅读，是早期教育的一个关键环节。在充满亲情的欢乐氛围中，和孩子一起徜徉在书本的世界里，一起享受读书所带来的快乐与幸福，是营造家庭阅读氛围必不可少的一种途径。

3. 参与对象

各班家长、孩子及教职员工。

4. 准备情况

书房、阅读室、图书馆，以家庭的形式进行参与。

5. 实施情况

孩子的阅读不仅仅限于在家里和学校，带孩子逛书店、逛图书馆也是培养孩子阅读的重要方式。

我们开展的"亲子共读"读书活动，从总体上来说取得了一定的效果，每个孩子从不同程度上感受到了课外阅读给他们带来的快乐，并增进了家长和孩子之间的情感交流。

为了让家长认识到亲子阅读活动的意义，积极地参与进来，首先，我们给家长寄发了《亲子共读倡议书》，呼吁家长与孩子共同阅读，主要内容是：为孩子建立温馨、舒适的阅读环境，建立一个家庭图书架，并适时添置一定数量的好书；每天抽出 20 至 30 分钟的时间与孩子共同阅读，父母和孩子相互监督读书情况，用亲子阅读记录卡记录下来，使老师能比较清楚地了解到每位孩子的家庭亲子阅读情况。其次，是推荐读书内容，如《吹口哨的猫》《舒克和贝塔》以及经典名著的背诵（《三字经》《弟子规》等）。这样就保证了孩子课外阅读的时间。

6. 活动效果

与家长携手，通过一定的方法与途径，为孩子营造了更加多元化的阅读空间，进而激发了孩子对于亲子阅读的兴趣。

活动后很多家长都说，通过这样的活动，再次重温了他们童年的读书梦，让他们再次感受到了亲子阅读活动的乐趣，营造了良好的学习氛围，提高了孩子的读书兴趣，实现了家长与孩子共同阅读与学习，阅读与生活，阅读与成长。

（撰稿人：新疆生产建设兵团七师一团　奚　娟）

健康成长·快乐阅读

1. 活动主题

为了深入贯彻习近平总书记关于注重家庭、注重家教、注重家风的重要指示精神，传承中华优秀传统文化和优良家风，传递科学家庭教育理念，推动家庭文明建设新风尚，怡和园社区依托"妇女儿童之家"开展以"健康成长·快乐阅读——打造学习型家庭"为主题的亲子阅读活动，引导孩子和父母共读一本好书，共读一段经典。活动以"家"为主题，凝心聚力，整合社会资源、学校资源、社区资源，为辖区家庭的幸福和成长构建起坚实的服务平台。传播科学的学习方法，培养家庭、亲子的阅读兴趣和习惯，提高孩子的阅读品位，使家长和孩子在阅读中开阔视野、增长知识、陶冶情操、感受快乐，寻找共同交流的密码，实现在家庭中共读共写共成长，探索家庭教育的新途径，改变家庭教育理念，改善家庭教育方式，进一步优化家庭关系。

2. 活动背景

怡和园社区共有图书12000册，图书类型包含文学类、散文类、诗集、经典名著、科技类、教育类、哲学类、漫画小说。怡和园社区充分利用现有资源，同时吸纳退休教师、退休老党员、老干部等文化素质较高的人群参与到社区家庭教育工作中。

亲子阅读是家庭教育的重要载体，孩子通过阅读开启对世界的认识。阅读不仅开阔视野、培养道德情操，还有助于兴趣爱好的发掘。辖区很多家长忙于工作，缺少与孩子沟通交流和共同阅读的时间，部分家庭经济能力有限，很少给孩子买书，辖区失亲、贫困儿童缺失父母的关爱和陪伴。"健康成长·快乐阅读——打造学习型家庭"主题活动通过开展"亲子阅读""趣味亲子游戏""亲子读书交流会"等一系列活动，不仅能提高家庭综合素质和文化底蕴，还能进一步促进亲子沟通、交流，促进家庭和谐，是怡和园社区创新亲子阅读活动的重要形式，也是创新家庭文明建设的重要举措。

　　活动旨在培养儿童爱读书、快乐读书、会读书的习惯，营造书香家庭的环境氛围；引导儿童与经典书交朋友，营造浓浓的读书氛围，丰富孩子的知识，开阔他们的视野，活跃他们的思维，陶冶他们的情操，真正使他们体验读书的快乐；指导家长共同营造家庭教育环境，促进孩子健康快乐成长。

3. 参与对象

　　辖区 30 名儿童和家长，失亲、贫困儿童。

4. 准备情况

　　活动在怡和园社区"妇女儿童之家"开展。准备工作包括：确定适合儿童及家庭阅读的书目；发放亲子阅读倡议书，通过微信、微博、抖音等多媒体渠道进行线上宣传；鼓励儿童及家长积极主动报名参与活动，并发动家长，鼓励孩子将自己家里的好书带到活动现场，与同伴一起分享；准备大量丰富的绘本、插画、儿童读物、儿童玩具、游戏道具等。

5. 实施情况

　　活动以六一儿童节为契机，开展丰富多彩、形式多样的活动。一是开展"好书分享"活动，引导孩子进行"我最喜欢的一本书"的交流。二是开展"讲经典故事"活动，引导父母为孩子讲一个经典小故事。三是开展"共读一段经典"活动，父母和孩子一起朗诵《三字经》《弟子规》等国学经典。四是开展"晒我家的阅读照片"活动，鼓励家长和孩子多读书，并大胆分享自己的读书心得和读书照片。五是开展"亲子读书交流会"活动，引导父母以尊重、倾听、同理心、鼓励合作为基础与孩子进行沟通交流，还鼓励家长和孩子共同写读书日记。六是开展一系列亲子互动游戏活动，通过开展"亲子互动小游戏""亲子古诗接龙""亲子科

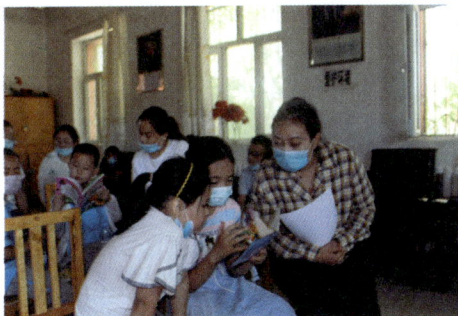

◎爱心妈妈与失亲、贫困儿童一起阅读、交流

◎鼓励孩子与家长一起参与手工制作

◎家长鼓励孩子积极大胆展示自己的才艺

◎家长和孩子们一起互动玩游戏

◎社区工作人员带领孩子一起阅读绘本

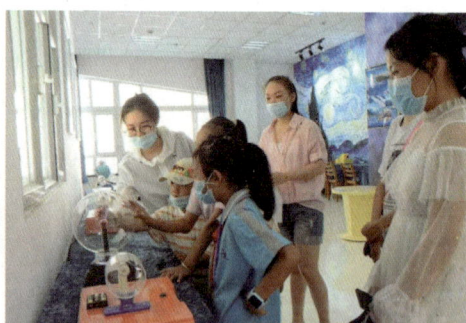
◎社区工作人员为孩子和家长普及科学知识

普活动""亲子创意手工""亲子家风家训故事会",引导父母和孩子共同积极,参与互动,在游戏中享受亲子互动的快乐。七是爱心妈妈与失亲、贫困儿童一起阅读互动,爱心妈妈及时了解孩子的烦恼与困惑,关心孩子的学习状态,用朴实的语言和行动来表达对彼此的关爱和感激。

6. 活动效果

通过开展一系列亲子阅读活动,提高了孩子的阅读兴趣,提高了家庭教育水平,增进了父母与孩子之间的情感交流,传递了良好的家风家教、营造了健康快乐的亲子关系,也让失亲、贫困孩子感受到妈妈般的温暖和社会大家庭的关心关爱。

(撰稿人:新疆生产建设兵团第十二师五一农场怡和园社区 李晓玲)